全国高等教育自学考试指定教材
小学教育专业（专科）

小学教育科学研究

Xiaoxue Jiaoyu Kexue Yanjiu

（附：小学教育科学研究自学考试大纲）

全国高等教育自学考试指导委员会　组编

主　编　杨小微

副主编　郭元祥

高等教育出版社·北京
HIGHER EDUCATION PRESS　BEIJING

图书在版编目(CIP)数据

小学教育科学研究/杨小微主编.--北京:高等教育出版社,2014.1
ISBN 978-7-04-030042-0

Ⅰ.①小… Ⅱ.①杨… Ⅲ.①小学教育-教育科学-科学研究 Ⅳ.①G622.0

中国版本图书馆 CIP 数据核字(2014)第 017247 号

策划编辑 朱丽娜　　责任编辑 朱丽娜

出　　版	高等教育出版社	咨询电话	400-810-0598
社　　址	北京市西城区德外大街 4 号	网　　址	http://www.hep.edu.cn
邮政编码	100120		http://www.hep.com.cn
印　　刷	北京瑞德印刷有限公司		
开　　本	880mm×1230mm 1/32	版　　次	2014 年 3 月第 1 版
印　　张	11.125	印　　次	2018 年 8 月第 3 次印刷
字　　数	315 千字	定　　价	16.30 元

官方淘宝网 网址: http://shop136348527.taobao.com
本书如有质量问题，请与教材供应部门联系。

组编前言

当您开始阅读本书时，人类已经迈入了21世纪。

这是一个变幻难测的世纪，这是一个催人奋进的时代，科学技术飞速发展，知识更替日新月异。希望、困惑、机遇、挑战，随时随地都有可能出现在每一个社会成员的生活之中。抓住机遇，寻求发展，迎接挑战，适应变化的制胜法宝就是学习——依靠自己学习、终身学习。

作为我国高等教育组成部分的自学考试，其职责就是在高等教育这个水平上倡导自学、鼓励自学、帮助自学、推动自学，为每一个自学者铺就成才之路。组织编写供读者学习的教材就是履行这个职责的重要环节。毫无疑问，这种教材应当适合自学，应当有利于学习者掌握、了解新知识、新信息，有利于学习者增强创新意识、培养实践能力、形成自学能力，也有利于学习者学以致用，解决实际工作中所遇到的问题，具有如此特点的书，我们虽然沿用了“教材”这个概念，但它与那种仅供教师讲、学生听，教师不讲、学生不懂，以“教”为中心的教科书相比，已经在内容安排、形式体例、行文风格等方面都大不相同了。希望读者对此有所了解，以便从一开始就树立起依靠自己学习的坚定信念，不断探索适合自己的学习方法，充分利用已有的知识基础和实际工作经验，最大限度地发挥自己的潜能达到学习的目标。

欢迎读者提出意见和建议。

祝每一位读者自学成功。

全国高等教育自学考试指导委员会

1999年10月

导　言

一、为什么要学习《小学教育科学研究》

改革开放的二十年间，一个十分引人注目的现象就是中小学教育改革，其中，小学界广大教师投身改革的热情最高、成就最突出，在很多学校和地方都形成了科研兴教的良好氛围。然而，也有人认为“教师的本职是教书，没有必要搞科研”。要判明这种说法有没有道理，必须弄清楚“教书”与“科研”的关系，尤其要在当前的社会发展背景下认识二者的关系。

首先，社会的发展与进步要求提高教师劳动的科学技术含量。

20世纪中期以来，由于电子技术、电子计算机等科技群的出现，开始了现代科学技术史上一场席卷全球的第三次技术革命。这场新的世界技术革命，其内容之丰富，影响之深远，都远远超过了第一次和第二次技术革命。出现了包括六大领域在内的高科技群，即信息技术、新材料、新能源、生物工程、海洋工程和空间技术。这些领域里的高科技成就，不仅给个人生活带来很大变化，对整个社会生产力、社会的生产组织都带来了根本性的变化，精明的政府官员和战略家都认为，“科学技术的发展，正使世界发生变化。谁掌握这种变化，谁就是明天的胜利者。”从教育学的角度看，以高科技为中心的整个社会的经济、政治和文化的全面进步，不仅从人才质量规格上，而且从教育内容、教育方法、教育手段及教育的组织形式等各方面都提出了新的要求。每一个教师都应把握新的教育质量标准，都应领会新课程新教材的精髓，都应掌握新的教学方法和手段。一句话，社会进步要求提高教师劳动的科技含量，要求教育工作者运用教育科技手段，把先进的教育思想转化为改造教育行为、提高教育质量的现实力量。

其次，教育科研对教育教学起促进作用而不是额外负担。

人们在长期的教育实践中积累了丰富的教育工作经验，这些经验帮助教师顺利地完成各项工作任务，在一种平稳渐进的社会中，凭经验施教就足够了。然而，我们是处在一个急剧变动发展的时代，要应付社会对教育越来越高、越来越新的要求，仅凭经验是远远不够的了，必须通过教育科研来提升经验、改造经验和发展经验，把自发的盲目的摸索变成自觉的科学的探索。还应当看到，教育科研并不是游离于教育教学之外的任务，它总是针对教育教学工作中一些实际困难和问题而提出来的，教育科研成功与否，恰恰是以是否有效地解决了这些困难和问题为依归的。“教书”与“科研”二者之间，似乎在时间和精力上会造成一些冲突，但这只是一时的表面现象，从长远、从本质看，“科研”只能是“教书”的动力而决不会是阻力或负担。

综上所述，要提高教师劳动的质量和效益就必须增进教师的科研素质。

增进教师科研素质的途径和方式是多种多样的，如脱产或业余进修、承担科研课题等等，但无论哪种途径和方式，都需要加强理论学习、加强实际操作，而《小学教育科学研究》正是为小学教育专业学员系统掌握教育科学研究原理和方法而提供的一个基本框架。

二、《小学教育科学研究》的主要内容是什么

目前国内外有关一般教育科学研究方法的专著和教材已为数不少，但针对小学教育的此类书籍并不多见。在这本教材中，根据小学教育与其他层次教育的共同性，我们在本书中以一般教育科研方法原理为基本框架；又根据小学教育的特殊性，我们尽可能地反映小学教育科研的任务、意义、原则、模式及特殊案例等等。本书内容的基本框架如下：

总论部分：由第一、二两章构成，主要概述教育科学研究的对象、任务、过程、原则、方法类型等一般原理以及小学教育科学研究的选题与设计。这两章给出教育科研及其方法的概貌，也是后面

各章学习的总纲。

分论部分：由第三至八章构成，主要介绍教育观察、教育调查、教育经验总结、教育实验、教育文献、教育理论研究等具体方法，还给出一些研究的实例，帮助读者理解这些方法。

终结部分：由第九章和第十章构成，介绍常用的教育测量技术和研究数据的处理技术，以及教育科研报告的种类、格式和撰写要求。

三、怎样学习《小学教育科学研究》

高等教育自学考试的特点在于自学，一般来说，自学的态度有两种，一是为拿到60分而学，一是为充实自我、推进事业而学，前者只能导致被动学习，无乐趣可言，而后一种态度才是积极主动的态度，它会使学习者流连忘返，视合格分数为副产品。《小学教育科学研究》这门课难度较大，尤其需要积极的学习态度、顽强的意志努力和正确的学习方法。

首先，要弄清“小学教育科学研究”这门学问的性质。如果说可以把知识分为“陈述性知识”和“方法性知识”两大类的话，那么“教育科学研究”或“教育科学研究方法”基本上属于“方法性知识”，掌握起来相对于“陈述性知识”要难。陈述性知识靠记诵还能勉强过关，而方法性知识必须靠经验和操作的支撑才能牢固掌握。

其次，要针对“小学教育科学研究”这门学问的经验性和操作性等性质，选择适当的学习方法。学习方法很多，如圈点勾画、笔记摘录、听课辅导、实地考察观摩、动手操作等等，一个基本原则是——理论联系实际。在学习或听课过程中，要始终注意调动自己的经验储备，运用回忆、联想、想象等方式加深对理论知识的理解与保持。

最后，还要注意在学习过程中保持一种愉悦的心态。学习固然是一种智力活动，但人的学习同时也是一种精神生活、一种情感生活。视学习为畏途、为负担，只能大大降低学习效率。如果你能把这门课的学习与你事业和生活的前景联系起来，你将从中获得无穷乐趣。

目　录

小学教育科学研究

附　小学教育科学研究自学考试大纲

小学教育科学研究

第一章　小学教育科学研究概述

本章提要

教育科学研究是社会科学研究的一个领域，在现代社会,它越来越受到重视并已成为教育改革与发展的先导。在小学开展教育科研，不仅有助于改进小学教育实践，而且也能推进教育科学理论建设，提高小学教师科学素质和科研能力。本章讨论了科学研究及教育科学研究的涵义和价值，小学教育科学研究的对象与主体，介绍教育科学研究的过程和原则以及小学教育科研方法的基本类型。理解这一章的内容，对于把握教育科学研究全貌、了解小学教育科学研究特质、掌握后续各章内容，都是十分重要的。

第一节　小学教育科学研究的含义

教育科学研究是科学研究的一个部门，小学教育科学研究则是其中的一个重要层次。要准确地理解小学教育科学研究的含义，必先把握科学研究及教育科学研究的本质.下面先从科学研究的涵义、特征和价值谈起。

一、科学研究及其价值

（一）什么是教育科学研究

教育科学的上位概念是科学。科学是一个相当普遍的概念，但人们在理解和使用这一概念时很不一致，有人仅把自然科学称为科学，有人理解的科学无所不包，有人则把所有好的正确的事物归于科学。由于这是一个核心概念，有必要加以廓清。一般说来，可从如下三个角度去理解科学：

“科学是某种知识体系”。国外有辞典把科学称为“合乎逻辑地排列起来的知识体系，尤其是指那些通过观察和实验所获得的知识”，广义地讲，反映自然、社会和人类思维的客观规律的一切知识都属科学。

“科学是一种经历”。有的科学家认为科学是一种“探求意义的经历”，如果说“科学即知识体系”属于静态描述的话，“经历说”就是对科学活动的一种动态刻画了。

“科学是一种精神、一种人生态度”。这是一种更宽泛的理解，意在强调蕴涵于科学活动之中的那种最本质的精神——追求真理、实事求是！

研究是人们探求事物真相、性质或规律以便发现新的事物、获得新信息的活动。“科学研究”一词相当于上述对科学的动态刻划。学术界对“科学研究”有多种表述，如有的认为“科学研究是人类根据一定的条件，使用正确的观点和方法，去探求事物的客观规律性，从而获得新知识的认识活动，其本质是创造性”①。有的认为，“科学研究，是人们为了探索人类对学科尚未掌握的规律并对已发现的规律不断进行检验的活动”②。这两种定义指出了科学研究意在探索规律、获得真知等本质属性，定义基本成立，但不够完整和准确。在此我们可以下一个更为完整些的定义：

科学研究是人们在科学信念的支配下，采用一定的方法，遵循一定的规范，探究事物的性质和规律，以便发现新事物、获得新知识的活动。

在这个定义中，信念的支配、方法的选用及规范的遵循是科学研究的条件，探究事物的性质和规律，是科研活动的实质内容，而发现事实、获得新知，则是科研活动的目的和结果。

---

① 薛天祥主编：《高等学校科研管理》，华东师范大学出版社，1988年。
② 陈静逊主编：《小学教育科学研究方法》，华东师范大学出版社，1990年。

我们所理解的教育科学研究并不是以“教育科学”为对象的研究，而是以“教育”为对象，具体说是以“教育现象和教育问题”为对象的科学研究。展开来说，教育科学研究就是以教育现象和教育问题为对象，运用科学研究的原理和方法，探寻教育活动规律及有效教育途径和方法的一种科学实践活动。

（二）教育科学研究有何特性

教育科学研究既有一般科学活动所具有的那些特性，又有自身的一些独特性。科学研究一般具有哪些特性呢？有的教材把它概括为：是一种探索性的活动，是一种创造性的活动，是一种揭示规律的活动，是一种对已有规律不断进行检验的活动，是一种连续性的活动（包括研究过程的连续性、脑力劳动的连续性和作为群体劳动代代相传的这种连续性）①。有的教材列举了研究的如下特征：以解决问题为导向、着重于预测未来、以可观察的经验为基础、搜集新材料、有审慎设计的程序、需要专门技术、力求客观及合乎逻辑、需要耐心细致、需要理论勇气等等②。在上述知识的基础上，我们可以把科学研究的特征概括如下：

1. 问题性

科学研究作为人类特有的实践，是一种有目的的行为过程，每一项科学研究，总是因某个某些前人尚未解决的问题所引起，而每一个研究者（或研究者群体）的研究思路的措施，又总是围绕着如何解决这个问题而展开的。没有真实的问题，也就没有严格意义上的科学研究。进一层讲，提出什么样的问题和怎样提出问题，就决定了是一种什么样的研究。倘若是要证实某一事实、某种假定，那开展的就是观察、调查等实证研究；倘若是一个有关概念原理或理论体系的问题，那开展的就是理论研究；如果提出的问题要求作精致的论证，那就少不了实验的检验和精确的统计推断……总之，问题决定了研究的方向，也决定了研究的方式。

---

① 陈静逊主编：《小学教育科学研究方法》，华东师范大学出版社，1990年。

② 王文科：《教育研究法》，台湾复文图书出版社，1984年。

2. 创造性

科学研究是以求新为目的的人类实践，需要发现新事实、获得新知识、寻找新途径、解决新问题。欲求新，就不可能因循守旧，必须在解决科学问题的角度、方法、材料或结论上，向人类提供首创的有价值的精神“产品”或物质“产品”，发现前人尚未检验过的认识与实践成果。缺乏创造性的研究，也不能算严格意义的研究。

3. 历史继承性

世界是变化发展的，人们的认识也是没有止境的，尤其是对复杂问题的研究，往往不能毕其功于一役，而需要几代人乃至几十代人前赴后继地努力。牛顿说，如果说他比别人看得远，是因为他站在巨人的肩膀上。这很形象地点明了科学研究所具有的历史继承性。以力学的发展史为例，从伽利略确定惯性定律开始，到牛顿力学的建立，直到相对论力学，这些不同发展阶段的力学都是在继承前人工作的基础上不断发展的。尽管人类历史已经经历了几个社会形态的变革，但力学的基本规律并没有被推翻。

4. 规范性

欲使科学研究得以准确地揭示事物的规律和因果关系，达到预期目的，就必须尽可能地排除干扰、克服随意性，从而保证全过程的客观性，这就要遵循一定的研究规范，比如研究假说的表述、研究对象的选择、研究资料的搜集整理和分析、结果的推论等等，都必须严格遵循科学（学术）界要求共同遵循的原则，其研究过程及其结果才会得到公认。

教育科学研究同样是由教育问题所引导并围绕教育问题而展开的；创造性同样是其根本特性，即没有创新意识和创新效果的教育研究是毫无价值的研究；教育科学研究也是在前人研究的基础上不断丰富不断发展的；教育科研也必须严格遵循科学研究的基本规范，否则难以称其为科学。除此之外，由于教育科学研究涉及教育对象——学生，所以必须考虑教育科研的教育性、伦理性原则。又由于教育活动的周期较长，教育研究难以速见成效，故不可操之过急。从教育科研的目的看，既要追求揭示因果关系的认识效果，即“求真”，又要追求改进改善的社会效益，即“求善”，也就是说“求真”与“求善”并重，且往往更偏重“求善”。

（三）教育科学研究有何价值

“科学技术是第一生产力”这个命题，越来越成为现代人的共识，科学研究也早已不是象牙塔中可望不可及的奢侈品，它越来越接近生活并给人们带来直接的益处。且不论科学作为一种精神力量（要素）渗透于生产力全要素，即劳动对象、劳动工具和劳动者主体，成为推动生产力发展、推动国民经济增长的首要因素，就是哲学、社会科学，也早已摆脱了“建国君民”之术的局限，日益成为人们从事社会管理、解决各种社会问题的不可缺少的工具，人口问题、家庭问题、伦理问题、犯罪问题、城市问题，都迫切需要哲学、社会科学对它们进行系统研究并提出各种可供选择的解决方案和建议。社会科学的社会职能扩大了，像经济科学、管理科学、行为科学、心理学在这方面的功能尤其突出。概括地说，科学研究的社会价值主要表现在深化认识和改善实践两个方面。

1. 深化认识的价值

科学研究帮助人们深化认识的这一价值，主要是通过揭示事物的性质和规律表现出来的，一是发现并揭示规律，二是对已有的反映规律的原理（学说）不断进行检验。

规律是事物发展过程中的本质联系和必然趋势，科学研究就是以寻求各种事物之间的必然联系、揭示隐藏于现象背后的本质为自己的任务的，不仅揭示事物的本质和规律，而且还将其准确客观地陈述出来。

但是，科学研究也不会在已有的学说或原理上停步不前，它必须随着条件的变化和情境的转移而对已有的学说（原理）进行不断地检验，考察在新条件新情境下规律存在和起作用的真实性，从而使人们对规律的描述更准确、对本质的刻画更深入。

2. 改善实践的价值

科学研究不仅有助于人们弄清“是什么”、“为什么”一类问题，即认识问题；还能帮助人们解决“怎么办”的问题，即实践问题。认识问题的明确，是人们决定如何行动的前提。行动的有效途径和有效方式，也可以通过科学研究去探寻。现代兴起的工程问题研究，更是有力地帮助人们把理论（尤其是应用理论）转化为操作技术，并与人们的生产实践和社会事务活动结合，变成改造自然和社会现实的物质力量。自然科学早已形成包括基础研究、应用研究和发展研究在内的多层次结构体系，可以保证知识形态的理论转化为现实的生产力；当代社会科学也在应用过程中开始形成一套社会技术，所谓社会技术，即指在经验和理论的基础上总结出的调查和研究社会问题、管理和控制社会过程的一系列的手段和方法，有了这套技术，并且在理论的正确指导下实施，将使社会科学的实践价值得到更充分的实现。

在教育科学研究中，深化认识的价值表现为深化对教育活动特点及规律的认识，从而推动教育理论的建设；改善实践的价值，则表现为改进教育活动实践，寻找有效的教育内容、教育方法、教育途径等，努力提高教育质量。此外，教育科学研究还有它独特的价值，那就是锻炼培养教育科学研究者主体——教师队伍，提高教师的科研意识和科研能力。

二、在小学开展教育科学研究的意义

（一）小学教育的地位、特点及改革与发展状况

小学是学校教育制度的起始阶段，是基础教育的基础，对社会发展和个人成长都起着十分重要的作用。无论是一个国家还是一个地区，其小学教育质量的高低，都直接影响着后续初中、高中或职业技术教育质量的好坏；对一个人来讲，在小学所打下的素质基础牢固与否，对他今后学习和事业上的成就都有十分密切的相关。

相对于初中、普通高中、职业学校、中专和大学，小学教育有它自己的若干特点，了解这些特点对于正确把握教学教育科学研究方向、提高教学教育科学研究的质量和效益，都是十分关键的。

首先是起始性。小学教育基本上是启蒙教育，中国教育在传统上称小学为“蒙学”，对每个人来说，有“发蒙”、开启“童蒙”之意。也就是说，小学是人走向理性世界的起跑线，个人对自然、对社会、对自我的系统认识，就从这里开始。

然后是基础性。前已说到，小学在国民教育体系中是基础的基础，一个人无论他将来进入社会的哪个层面、从事哪种职业，都必

须在小学打好全面的扎实的素质基础。德智体美劳每一育、理化生史地每一科，都不可偏废，不存在分流或分科的问题。

第三是全体性。小学教育处在义务教育阶段，是社会必须提供、每一个适龄儿童必须接受的教育。因此，学校必须面向全体学生施教，不仅给予同等的受教育机会，而且给予同等的教育质量。

总之，小学教育的上述特点，使得它成为教育科学研究的一个基本“领地”，研究者可以从这种最普遍的教育现象中得到最单纯最典型的例证，从而探寻教育活动的本质和规律。近20年来我国小学成为教育改革最活跃最繁荣的领域，不仅仅是因为它远离高考，更多的是由于它的本质特性使然。

我国小学教育的改革，可以追溯到建国前艾伟的汉字教学实验，其后，小学学科教学的改革相对较为活跃。改革开放以来，小学教育改革全方位展开，从教育目标到课程教材、从教学方法教学模式到班主任工作和学校管理，都开出了灿烂的改革之花，结出了丰硕的质量之果。

这20年间，小学教育改革在目标上经过了强调“知识就是力量”、重视智力和能力的发展、关注情感乃至非智力因素、注重整体的个性或人格的发展这样一个嬗变过程；在课程上，经历了从重学科到重“活动”到并重、从单一的必修课到增加选修课、从完全的国家规定课程到留出地方课程的进步与发展；在教材上，打破了多年来的一纲一本的一统天下，开始了一纲多本乃至多纲多本的广泛探索；在教学方法、教学手段、教学组织形式上，更是百花齐放、交相辉映，往往是由一点切入、带动相关因素乃至引起全方位的改革，全面、综合、整体地改革的结果，不仅表现在教育教学质量的大幅度提高，而且形成了丰富多样的教育教学模式。在小学德育方面，思想品德课、生活指导课的探新以及班级活动与管理的改革等等也卓有成效。

（二）开展小学教育科学研究的意义

小学教育科学研究，是以小学教师为主体或与专职教育研究人员相结合，通过观察、调查、实验、文献分析、理论探讨等方式，探讨或解决小学教育领域中各种有研究价值的现实问题和理论问题，从而达到认识小学教育活动规律或找到提高教育质量的有效途径和方法的一种科学研究活动。

小学教育实践性很强，对它的研究侧重于应用和发展研究，教育行政部门及小学教师自己对开展教育科研的期望也倾向于此；但是，小学教育又是很典型的教育现象，对它的研究也不应排除那些基础理论方面的课题，不应忽视小学教育研究的理论探索价值。由此观之，小学教育研究属综合性质的，有较宽的研究范围，这个范围大致如下：

（1）小学生身心发展过程研究。

（2）小学生身心素质结构及教育目标研究。

（3）小学教育课程研究。

（4）小学教育途径与方法研究。

（5）小学教育政策法规研究。

（6）小学教育体制及运行机制研究。

（7）小学教育环境研究。

（8）小学教育质量评价研究。

（9）小学教师素质研究。

总之，小学教育科研是科学研究的一个分支，开展小学教育科研，必须弘扬科学精神，遵循科学规范，坚持科学态度，为教育事业的兴旺发达，也为人类的认识能力发展而尽心竭力。

在小学开展教育科学研究的意义，可大致归纳为如下三个方面：

1. 改善教育实践

小学教育是基础教育的基础，其对年轻一代成长的重要性不言而喻，它在国民教育体系中的地位是举足轻重的。在以改革促发展的年代，各级教育的实践模式，包括办学模式、管理模式、教学模式、教育模式、师生关系模式等，也因环境、对象、内容等因素的变化发展而被要求更新。要为教育教学的新观念、新模式、新方式找到科学根据，就必须通过科学研究。以教学模式为例，我国近十余年中各地小学教师自发地或自觉地有理论工作者指导或独立探索出来的许多富有成效的教学新模式，如目标教学、学法指导和愉快教学等等，这些都无一不是长期大量的实践研究的结晶。

2. 推进理论建设

如前论及，小学教育实践性强，研究往往偏于应用，但小学教育又是典型的教育现象，对其开展研究的意义不仅在于揭示小学的特殊规律，更在于从中提炼一般教育原理。比如，教材知识结构、教学过程结构与学生认知结构三者的内在联系，从知识到能力的内在转换机制，课桌椅排列方式与学生集体观念养成，师生关系类型与学习积极性，教师期待与学生成绩等成对因素之间的因果关系或相关关系，均可以抽取小学教育的典型场景或有意控制一些条件、操纵一些变量来使期待的研究结论出现。总之，无论是揭示培养小学生的特殊规律还是培养人的普遍规律，在小学教育这片广阔天地是大有可为的。

3. 提高教师素质

小学教师是小学教育的基本力量，其素质高低直接关系到小学教育的质量。传统的师范教育仅仅着重学科训练和教学规范，轻视科学研究能力的培养。在欧洲一些国家，至今都不主张中小学教师从事教育科研。瑞士著名心理学家皮亚杰早在1965年就批评过大学里对中学教师缺少教育学训练的现象。美国较为重视中小学教师的教育科研，认可那些在教育科研上显示实力并做出一定成绩的教师。原苏联对中小学教师开展教育科研则一向持积极态度，在前苏联杂志上经常发表普通中小学教师的论文，教育理论家与第一线教育工作者结合搞科研的现象十分普遍。前苏联享有世界声誉的教育家苏霍姆林斯基生前一直任一所普通中学校长，一生边实践边从事教育科研，著述颇丰，影响甚广。合作教育学派的实验教师也因其锐意改革、敢于向传统教育学挑战而闻名全国，并引起国际关注。

尽管各国对小学教师应否参加教育科研的看法不一致，但行业劳动的技术含量日益提高相应要求从业者具备科学的头脑和开拓进取意识，已是大趋势无疑。从我国中小学现实看，我们正处于改革时代，这个时代要求教育面向现代化、面向世界、面向未来，要以改革推动教育事业发展，首先就要以科研来导引改革方向、加大改革力度、提高改革的效益。所以说，是时代要求教师从经验型转向学者型、专家型，教师要掌握教育科学，其中道理如同厨师要懂营养学、工艺师要懂美学一样地不证自明。

教师劳动本是一种创造性劳动，但在表面上又显出年复一年日复一日的重复，容易滋生匠气和惰性，只有坚持科学理论的指导，保持探究的精神和革新意识，才能在平凡中品尝出不平凡，才能从教育科研成就中发现自身价值进而激发起继续开拓创新的愿望。正如有人说道：实验的学校是最好的教师进修学校。

第二节　小学教育科学研究的对象和主体

一、小学教育科学研究的对象及其特殊性

（一）小学教育科学研究的对象是教育问题

小学教育科学研究的对象是什么？是学生么？是教育现象和教育规律么？是！但又不全是。

首先，教育是培养人的活动，人是教育的对象，也是自我教育活动的主体，教育科学研究对象中必然包括人。但是，人并不是教育科学研究的全部对象，如果把教育科学研究的对象仅限于人，那么，研究的结果仅仅说明了教育的对象而不是教育。教育的对象与教育科学研究的对象显然不是一回事。

其次，一般教育学教科书都把教育现象及其规律称为研究对象，但事实上我们并不需要研究所有的教育现象，而只研究教育现象中那些重要的有研究价值的教育问题；规律是隐藏在现象背后的本质联系，是人们力图认识的对象，也是研究活动所最终要达到的目的，确切地说，揭示教育活动的客观规律是教育研究的目的和永无止息的任务，而人们在研究过程中得出的有关客观规律的认识（即科学规律或规律性认识）才是教育研究的对象之一。由王道俊、王汉澜主编的《教育学》（新编本，人民教育出版社 1989 年版）对教育学作了更明确的界定，即“教育学就是研究教育现象和教育问题，揭示教育规律的科学。”这就把研究对象和研究目的（任务）明确地区分开来。

是不是说整个小学教育领域都是小学教育科学研究的对象呢？也不是！某一学科的研究者所针对的领域，往往同时也是其他学科

研究者涉足的领域，譬如教育实践与教育理论同时也是心理学、社会学、文化学、科学学等多种学科研究指向的领域。那么，小学教育科学研究所特有的对象是什么？

根据一些学者的看法，研究者的活动所针对的实际领域是该研究的客体，而研究主体与研究客体之间的中间环节才是该研究的对象。这里的客体和对象不是一回事。研究对象包含在研究客体之中，并不是研究客体的全部。那么，什么是研究主体与研究客体之间的中间环节呢？从研究活动的一个相对完整的周期看，科学研究是以发现和提出问题为起点，以解决问题并提出新的问题为终点的一种理性的探究过程，问题贯串始终且引起研究主体与研究客体之间的相互作用。所以说，问题是联结研究主客体的中间环节，特定性质的问题是特定学科研究的对象。

小学教育科学研究的对象是小学教育领域中已经发生或正在发生的教育问题。总之，是已经引起研究者关注的教育问题。在小学教育与其他教育层次、与社会教育和家庭教育的关系上，会发生“幼儿园——小学”、“小学——初中”的过渡与衔接问题，学校、社会和家庭教育影响的一致性问题；在小学教育内部，会发生教育价值取向及教育目标定位问题，课程结构优化问题，教材和教法改革问题，班级管理与教育问题；在小学教育的微观层次上，还会发生师生交往问题，教室空间配置问题等等。随着社会的进步和教育的发展，新的问题还会层出不穷。

（二）小学教育科学研究对象的特殊性

国内有学者将教育实践和教育理论的基本特征概括为六点：即教育系统的人为性，教育系统的实践性，教育系统中主客体的复合性，教育系统结构的层次性，教育系统的自控性与它控性，教育系统效果的滞后性和隐蔽性①。应该说这种概括是恰当而全面的，但正如前文所说：“教育问题”才是小学教育科学研究的对象，所以以上六点应是教育研究客体的基本特性。这里需要进一步明确的是，作为小学教育科学研究对象的教育问题有哪些特征？

---

① 参见叶澜著：《教育研究及其方法》，中国科学技术出版社，1990年版。

首先是复杂性。教育问题总是来自教育这一复杂的人为系统（或称人为事物），兴办教育涉及的因素十分复杂，它与各行各业、千家万户、男女老少都有不同程度的联系。这种多因素多变化的广泛联系，再加上人的价值与愿望参与其间，就使任何一个教育问题的提出及其解决都被纠结在复杂的因果关系之中。一因多果，多因一果，多因多果，亦因亦果的事例举不胜举，这就使我们无论是提出一个问题，试图理清其线索，还是解决一个问题，试图作出归因分析时，不得不以复杂的眼光、复杂的头脑去观察和思考任何一个教育问题。即令我们从局部按逻辑简单性原则加以探究，但最终还要把这一问题及研究结论“放回”到复杂的教育中去。

其次是整合性。在教育研究活动中，研究者所着手剖析的任何一个问题，都很难将其简单地归于理论问题或是实践问题、历史问题或是现实问题，比如，以升学率为基本导向的应试教育改造问题，既涉及教育目的、教育价值、教育思想等一系列问题，又牵涉教育内容、教育方法、教育技术等诸多实践问题，并且，片面追求升学率，既有历史文化的积淀，又受制于现实社会条件诸多因素。当前的教育改革研究越来越倾向于学者、教师和行政人员三方面的协作研究，倾向于多学科专家共同参与，正是教育问题的整合性特征的反应。

第三是二难性。综观教育研究活动的历史与现实，存在有大量悬而未决的二难问题，如社会本位与个人本位、教师中心与儿童中心、兴趣与努力、自由与纪律、科学逻辑与心理学逻辑、减轻负担与提高质量等等。限于社会历史条件和人们的认识深度，人们对二难问题的研究策略，往往是在某些时期某种条件下侧重或突出某一方面，还在某些时期条件下侧重或突出另一方面，于是，不断地有人把“深刻”推向“片面”，而后又有人矫枉过正，最后一次又一次地在更高更深一层的意义上谋求互补。

最后是开放性。教育是一个开放系统，它不可能也不应该在完全封闭的状态中自我发展。这里所谓开放，既包括对域外教育的开放，也包括对一定教育所处的特定社会大环境的开放，因而，所产生的问题也具有开放性，人们通常所说的“不能就教育论教育”，就是出于对教育问题开放性的考虑。但是，开放与封闭总是相对的，教育活动系统也具有在相对封闭条件下自主运行和自我完善的特性，所以也不能排除这种可能性：把教育看作一个相对独立的系统，暂且抛开外界环境条件，置教育活动于一个理想的状态之中，探讨其内在结构、特点和规律。比如，要研究基础教育由应试模式向素质模式的转型，除寄希望于外在环境优化而外，还有大量的微观机制的文章可做。当然，从局部着手是要以从全局着眼为前提的。

二、小学教育科学研究的主体

究竟谁是小学教育科学研究的主体？时至今日，仍有不少人仅仅把专职的理论工作者看作是教育科学研究的主体，是“设计师”、“主角”，而把中小学教师仅仅看作是“助手”、“施工队”。这种看法是相当片面的。事实上，无论是作为个体的主体，还是作为群体的主体，中小学教师都扮演着十分重要的角色。无数事例表明，中小学教师在教育科学研究中，既是“行家”，又可以是“专家”，还可以“当家”。在研究者群体中，教师既可以是专职科研人员的得力助手，又可以是身体力行的教育科研主力军；而作为研究者个体，教师既是教书育人的行家，又可以是独当一面的科研好手。西方国家教育科研中风行的“行动研究”①，就经历了一个由以科研人员为主向以教师为主的转变。下面，分别介绍群体的和个体的两种研究者主体的素质结构。

（一）作为科研群体的研究者主体

尽管研究中的理性思维有很强的个体性，但在现时代，只要涉及稍复杂些的问题，且又希望尽快研究出结果，那就不是单个人所能胜任的，必须有更多的研究者结合成这样那样的组织形式，分工协作，共同承担研究任务，这就有了一个如何组建研究者群体使其发挥最佳研究效益的问题。下面将分述科研群体的含义以及教育科

---

① 行动研究（Action research）实质上是教育科学研究的一种组织形式，它强调教育科研需要实际工作者与理论工作者的结合。其中，以教师为中心的行动研究实质上是以教师（“用户”）为主体的研究活动。行动研究的具体内容仍然离不开观察、问卷、访谈、前实验等等。有鉴于此，本书不拟专章讨论这一研究方式。

研群体的类型与结构①。

1. 科研群体的含义

科研群体，是指为适应特定科研任务的需要而将专业人员组织起来从事科学研究的学术（专业）团体。一般以课题组的形式结成科研群体。小学教育科研的群体往往同时也是教育教学群体，以教研组或同一班级任课教师为单位。科研群体的基本特征是优势互补、协同攻关。具体表现在：

（1）在同一群体内，有共同的研究方向和共同研究的课题。

（2）群体内组成人员在知识、技术、能力、专业等方面具有不同的特质，各有专长。不同知识能力结构，不同的思维方式，不同的研究风格，形成异质互补的优势。

（3）群体不是单个人的简单集合体，而且有一定组织结构及行为规则以约束和规范每个成员的行动，从而在组织体制上保证科研群体的正常运转。

（4）群体由理论基础宽厚扎实，有丰富经验，作风正派，具有组织能力的人担任课题负责人，并在群体内形成一支积极主动、认真负责的骨干研究力量。

群体科学研究具有很强的灵活性和适应性。既能承担难度大的理论性课题，又能承担针对性强的应用性研究课题和决策性研究课题，并且能从一个研究方向迅速转到相关的另一研究方向，高质量地完成科研任务并尽快地出成果。群体科研，有利于建设、发展学术梯队，培养学术研究的骨干，尤其是使中青年研究人员，通过课题研究迅速增长经验和才干。群体科研还有利于从多种渠道争取经费，保证有效足够的经费投入和提供较好的设备条件。正因为如此，群体科研成为现代教育科学研究的主要形式并发挥着越来越重要的作用。

2. 教育科研群体的基本类型

在以实际教育工作者为中心的教育科研活动中，科研群体也就是教育教学业务群体，如教研室（组）、年级组、校领导班子等等。

---

① 裴娣娜：《教育研究方法导论》，安徽教育出版社，1994年版。

而在实际工作者、专职科研人员和行政管理人员相结合开展的教育科研活动中，科研群体的模式则是多样化的。目前我国已形成各具特色的科研群体类型模式，大致可概括为以下几种。

（1）以专业为基础的学科科研课题组结构模式。

这种类型多半建立在高等学校以专业为基础的系、所以及专门的教育研究机构，既有校内相同专业或不同专业的协作研究，也有校际间、国际间跨学科的研究。它任务明确，目标单一集中，承担有一定难度的较大型研究课题，研究性质侧重于系统理论性研究以及决策性研究。科研群体组织较严密、系统，追求研究的质量。

（2）以教育实际问题为中心，在基层教育组织建立的三级教育科研课题组结构模式。

这里所说的“三级”，指市、区教育机构（如教科所、教育学院、教研室等）和小学学校教研室。课题组一般由三部分人组成，即行政领导干部、有某方面专长的教育研究人员以及有丰富教育实践经验的教师。参加人数多，课题范围广，覆盖面大，针对性强，侧重于应用性的研究课题，强调科学的理论指导与研以致用的实效性相结合，为提高教育质量、发展教育事业服务。

（3）以教育实验研究为基础，理论研究工作者与教育实践工作者相结合的科研课题组结构模式。

这种类型的科研群体，一般由三部分人组成，既有在高校或专门研究所工作的理论研究工作者，又有各级教育行政干部，还有在第一线工作的教师。理论与实际结合进行有一定深度和难度的实验研究，侧重于探索性的研究课题。其研究成果既有很强的理论性，又有很强的实践性。

以上三种群体科研形式相得益彰，形成我国多种层次类型的科研格局，从组织形式上保证了教育科研的蓬勃发展。

3．教育科研群体的合理结构

按系统科学方法论观点，任何系统都具有多层次的结构，系统功能取决于系统内部各要素结构的程序。科研群体的层次结构是否合理，同样关系到群体研究潜能的发挥。

合理的科研群体层次结构应全面考虑以下几方面：

一是专业结构。教育研究对象的复杂性决定了多学科的参与，需要有懂得教育学、心理学、脑科学、教育统计学、教育社会学等各领域的专门人才。尤其是带有综合性或边缘性质的研究课题，更需要各种专业人才的优化组合。

二是智能结构。据大量研究证明，不同人有不同的智能特长，有人擅长于抽象逻辑思维和推导演绎，而有的人却擅长于具体形象思维，有的人善于观察、实验和操作，有的强于动手能力，有的人则具有出众的理解力和很强的分析整理、综合归纳能力。因此，需要根据课题的性质，恰当地选择和搭配人才结构。

三是年龄结构。不同年龄的人具有不同的经验，要尽可能老、中、青结合。老一代研究者理论功底雄厚，学识渊博，经验丰富，考虑总是辩证而全面，但体力和精力有限。中年研究人员年富力强，有一定的实际工作经验和独立工作能力。青年研究人员朝气蓬勃，知识结构较新，思维敏捷，不拘泥于陈规，易于接受新事物，但缺乏经验，阅历较浅。三部分人结合，将发挥出组合的优势和综合的效益。

此外，科研群体聚合力以及科研课题管理的制度化、规范化，对于保证这个群体密切合作、有效运作也是十分重要的。

（二）作为个体的研究者主体

现代科学研究对研究者个体的素质有一定的要求，这些要求总的看来包括认知和人格两个方面，这两方面素质又是以科研能力为核心的。下面先谈谈研究者个体研究能力的构成。

1. 研究能力的构成

教育研究能力是一个综合的能力结构，它具体包括以下能力：

（1）活动定向能力。

研究者应具有在大量教育问题中准确地抓住今后有发展前途的两三个研究方向的胆识，能准确判断某个课题该不该做、值不值得做，而且也能把握住自己最突出的兴趣和特色，明确自己能不能做。这种科学的预见，即人们常说的“远见卓识”。

（2）理论思维能力。

能在纷繁复杂的教育现象中，把某个教育现象的本质提炼出来并准确地把握问题的实质，同时善于从一个基本思想导出一系列新的见解，善于从理论上思考教育问题。

（3）发现创新能力。

即产生新思想、发现和创造新事物的能力。研究者要善于借助直觉、联想和想象以发现问题和解决问题，富于开拓创新精神，敢于突破原有理论框架，从新的角度和高度分析研究教育问题。

（4）动手实践能力。

是研究者运用一定的方法、手段，进行有意识有目的地变革教育现象的物质活动能力。

（5）评价分析能力。

即综合力和判断力。包括客观公正地对自己和他人所进行的科研过程、科研成果作评价分析。

（6）组织科研活动的能力。

应该看到，组成教育科研能力结构的六种能力，每个人发展的水平是不平衡的，从而形成了每个人不同的研究风格。有的人可能擅长于教育的理论研究，而有的人则可能在进行教育实验操作性研究方面更具特长。

2.研究人员的基本修养

在科学研究中，工具、手段本身是无生命的任人操作的，赋予科研方法以生命和力量的是那些运用它们实现自己的科学追求的主体——科研工作者，这种生命力和力量除来自研究者的知识能力修养外，更来自他们的毅力、勇气和敬业精神。所以研究者除应具备并不断提高上述科研能力而外，还应注意从如下方面提高自身修养。

（1）敬业精神。

教师所从事的事业既不显赫也不招摇，可以说是平凡的甚至是让人感到寂寞的。由于教育研究面对的极其复杂的人和事物，周期长，成效也往往不能马上显现，所以，用以支撑研究信念、维持科研行为的外在激励是不多的，这就要求研究人员具有热爱教育及其研究这一事业的强烈情感、探索教育问题的极大兴趣以及实现自己抱负的执着追求。在中国现代史上，毕其一生为中华民族的教育事业奔走呼唤、探索创新的陶行知先生，原苏联坚持几十年在校长岗位上孜孜不倦探索人的全面发展的教育奥秘的苏霍姆林斯基，还有西欧甘冒政治风险并倾其全部家产投身新和谐村实验的欧文等等，都因其执着的敬业精神和强烈的使命感而受到世人的崇敬。

（2）毅力和勇气。

在教育科研过程中，研究人员的思想和行为有可能受到外界的压力或经验的束缚，外在的压力可能来自书本、权威、行政部门，更多的是传统和习惯势力，内在的束缚则一般来自自己的经验，若不能顶住压力，摆脱束缚，畏首畏尾，缩手缩脚，没有心灵的自由，也就谈不上有什么创造。科研人员应铸就一颗只服从真理的自由的心灵，要有不屈从于权势和传统的傲骨，同时也有敢于承认修正乃至放弃自己错误的勇气，以及耐受挫折和失败的意志力，只有这样，才能在科学的崎岖道路上披荆斩棘，取得成功。

（3）知识结构。

从事教育科研的人员应当不断丰富和改善自己的知识结构，以适应研究对象复杂性和研究过程艰难性的要求。首先要具备并不断提高教育学、心理学、教育研究方法等一般教育科学知识。其次，应具有与所从事的具体研究领域相关的知识，如研究教学法的，必须掌握某学科的知识和相关教学法理论，研究教育规划的需掌握经济学、预测学及工程系统和控制理论等，同时，还需学会综合地运用相关各学科知识。第三，还应尽可能地扩大自己的知识面，广泛涉猎哲学、历史、科技、文艺等知识领域，从中获得研究的灵感、启示或可借鉴的方法。

此外研究人员还应当注意从自己的科研实验中积累经验和教训，不必醉心于成果的数量，而应重视每一次研究中和研究后的反思，一旦这些做法成为习惯，就会获得实践给予的知识和经验的双重回报。

教育科学研究的对象虽不能简单地归结为“人”，却总是与人密切相关、总是围绕着人展开；同时，教育科学研究的主体也是人，研究主体与研究对象的关系在教育科学研究过程中往往表现为人与人的关系，人与人打交道，必然产生相互作用，进而会对研究过程产生影响、给研究过程增加难度。例如，人对人的观察，要通过相互接触，但接触本身就会使被观察对象改变原有的行为方式，使研究者无法了解对象在未被接触时的状态，观察显然是在决定被观察对象行为的诸要因素中加入了一个无法替代、同时也无法排斥的因素。另一方面，如果观测者和观测对象不产生接触，不发生物质、信息和能量的交换，不干扰对象的存在状态，不熟悉对象生存的环境和文化规则，他又不可能获得关于对象的任何真实的感性材料。可见，人对人的研究要比人对自然的研究要困难得多，在研究中我们要正视这一困难，但也不必惧怕它，而要想办法克服它。比如，在观察时利用单向观察设备，在实验中采用“单盲”或“双盲”设计等等，都是避免或减少人际交互影响的有效办法。

第三节　教育科学研究的过程和原则

小学教育科学研究的一般过程和原则与其他学段的教育科学研究过程和原则之间存在许多共性，这里不专谈小学教育科学研究的过程和原则，而是从共性上揭示教育科学研究的一般过程及原则。

一、教育科学研究的一般过程

（一）对教育科学研究过程的基本认识

科学研究过程有着十分明显的程序特征，然而，这种表现于外部的环节、步骤及其顺序关系，却是由研究者内在的思维活动逻辑所支配的。因此，我们应当从内隐的思维过程和外显的活动步骤的统一上来认识教育科学研究的一般过程。这里所说的“一般”过程，意指从各种“特殊”的具体的研究过程中抽象出来的过程，反映了任何人在任何时候用任何方法从事研究时的一般性质或一般规律。

美国哲学家杜威曾提出思维过程要经历五种形态，他在《我们怎样思维》一文中指出思维过程从一个迷惑困难或纷乱的情境开始，以达于一个澄清、统一和解决的情境告终。在这两端之间，经历以下五个形态，即（1）情境的暗示；（2）感觉到问题之所在；（3）提出假说并搜集资料；（4）推理，得出结论；（5）检验假设。

肯尼思. D. 贝利则在《现代社会研究方法》一书中指出的社会研究五步骤：（1）选择课题和陈述假说；（2）制定研究方案；（3）搜

集资料；（4）登录和分析资料；（5）解释结果。

教育科学研究过程实质上也是一个解决科学问题的过程，其基本阶段当然也应与上述描述一致。国内外教育科研方法的论著和教材有关描述虽有差异，但本质上也是一致的。现以叶澜在《教育研究及其方法》一书中的描述为例：

准备阶段	选择课题	发现问题
		初步阅读资料
		分析课题的价值和研究的可能性
	研究设计	课题研究的目的、假设的表述
		确定研究对象
		设计研究方法、工具、手段
	制定工作计划	行动规划
		时间规划
		组织形式规划
		经费规划
实施阶段	形成科学事实	搜集事实材料
		整理事实材料
	形成科学理论	建立科学概念
		作出科学判断
		构建理论体系
总结评估阶段	总结研究工作	
	评价研究工作	

（二）各阶段的主要工作及实施要领

1. 教育科学研究的准备阶段

这一阶段的主要工作如下：一是发现问题并确定课题，要运用怀疑、变换思考角度、类比与移植、探究和体察等思维策略，发现值得研究的问题之后，要分析课题的价值，包括课题自身价值和滚动发展价值，还要考察主观条件如研究的实力和研究的兴趣。接下来要限定课题变量的范围，构思并表述研究假设。然后是文献综述和课题论证，以便从一个真实而准确的起点开始你的研究。最后是形成研究方案，通过明确对象总体和分析单位、选择抽样方法来确定研究对象；选择研究方法和手段；制定行动计划。

在这个阶段工作的基本要领可概括为：选择课题要慎重，研究设计要科学，制定工作计划要周密。

2. 教育科学研究的实施阶段

教育科学研究的实施阶段的主要工作是搜集和整理资料、形成科学事实，分析事实或已有理论、形成新的科学理论，得出研究结论以后，还要撰写研究报告。

资料是科学研究的基本材料，意义十分重要。资料的主要类型有：计数资料（用整数表示，如，有45人赞成），计量资料（也可用小数表示，是通过测量得到的数值，如身高、体重），等级资料和描述性资料。搜集和整理资料的方法有观察、测量、问卷、访谈、文献分析等等，这些都将有专章阐述。

分析资料、形成事实的操作要领是：要避免由于研究者本身观念、倾向而造成的认识上的偏差，还应敢于面对不利于证实自己假设的事实或有歧义的结论。

形成科学理论往往要以事实为基础，当然，有些理论是在分析批判旧理论的基础上建立起来的。这样，理论加工的对象事实上可以分为三类：已有的科学事实，已有的正确经验，前人已建立的理论。对前两类材料加工的任务是概括提升；对第三类材料加工的任务是突破和创新。

形成科学理论的方法是一组方法的集合，主要有归纳、演绎、类比等推理方法以及分析、综合、比较等具体的思维方法。

形成科学理论的要领，首先是要掌握大量的高质量的事实材料，然后是要在理性思考过程中调动批判性、创造性思维，同时，研究者还应注意增进理论修养，提高思辨能力和思想方法水平。

3. 教育科学研究的总结评价阶段

这一阶段的主要工作有撰写论文或研究报告、进行研究工作的总结及成果的评鉴等等，这些将在本书第十章展开叙述。

二、教育科学研究的原则

原则就是一种基本规范，人们提出种种原则，目的是保证一项科学研究能按预定计划实现预期目标。科学研究一要“求真”二要

"求善"，即又要发现真理，又要保证对人类有利有效。因此，要从两方面提出教育科学研究的原则。

（一）教育科学研究的操作原则

教育科研应当遵循科学研究的一般原则，即：客观性、操作性、公共性、检验性、系统性、解释性①。这些原则在小学教育科学研究中运用时，应从小学教育的实际出发，作适当的变通或补充。

客观性原则，也称价值中立原则，要求在搜集资料、分析和解释结果时，不容许带有价值偏见。教育活动的人为性，决定了教育研究不能绕过人的意志和价值标准，表面看来似乎难以保持中立，但客观性原则强调的是研究者在搜集、描述和解释事实的过程中，不能为了证实假说而任意剪裁、有意忽略甚至歪曲实证材料。人们一般更愿意使假说得到证实，如有的人甚至认为教育实验只能成功不能失败，殊不知，研究假说的证伪，可能也就宣告了实验的失败，但实验失败并不意味着教育的失败，就针对这种倾向而言，倒是更需要提倡一种承认证伪的勇气。

操作性原则，即在研究中所使用的概念术语要有明确的可操作性的语义规定，使其能够进行定性或定量的测量。操作性原则。从理论上讲，任何事物和现象都可以构造出操作性定义，即描述出被定义事物的可观测到的具有独特性的特征，因此，教育研究也应遵循这一原则。只不过，由于教育研究的客体中，有人这种多变的、综合的复杂因素参与其间，而且常常就是直接以人的思想、行为、态度（如"热爱"、"拥护"、"关心"等）为观测对象，增加了构造操作性定义的难度，尤其像情感信息这种整体的、流动的、夸张的因素，要准确而详尽地描述其可观测特征就更为困难，这就需要在陈述教育研究中变量的特征时，注意把状态与情境、动机与效果、行为表现的频次与条件等联系起来详加说明。

公共性原则，用明确的文化符号清楚地表达研究工作的研究程序、方法和成果，以保证同行专家了解整个研究过程。这条原则在

---

① 杨小微、刘卫华主编：《教育研究的理论与方法》，湖北教育出版社，1994年版。

国内尤其在大陆的传播范围中执行应该是不成问题的，因为大陆学者群对教育中许多基本概念术语尚有基本共识，但需强调两点：一是对于一些尚有争议的或语义模糊的概念如智力、非智力因素、整体改革、愉快教育等等，在研究报告中必须自我定义并将这一定义贯彻到底；二是对于一些与国外学者在释义上不一致的概念，如“知识”，在国外有些学者那里被解释为“识记”，“教学”在英语文献中是Teaching-Learning这一复合词，或为Instruction等等，在国际交流中也应特别注意详加辨析。

检验性原则，即同行专家能在相同的研究条件下，依照相同的程序和方法重演研究过程，并得到同样的结果。检验性原则的核心是重复操作以便验证，教育研究中不可能像自然科学研究那样贯彻彻底，这是因为，进入教育研究程序的各种因素、条件或场景不可能异时异地原样重复，也就不可能得到完全相同的结论，所以，只能以概率方式加以陈述和印证，表现在文字上，也就不可避免地要用“基本”、“部分”、“相当”之类的修饰词作程度限定。

系统性原则，一方面要有中心概念和可以为实证性材料检验的命题，另一方面，还要有能够将这些分离的命题联系起来的理论构架，以便使各项研究成果逐渐累积成为一个知识系统，获得对研究对象的整体认识。这项原则要求研究活动具有中心概念，可检验命题以及具有统整作用的理论构架，这几点对教育研究来说不应该有什么例外，故不多叙。

解释性原则，即能达到探索客观规律的目的，揭示因果联系，使其成为认识深化的知识基础。这条原则要求研究者应揭示事物之间的因果联系，这也是教育研究应当发挥的功能，但需明确两点：一是不同类研究在解释性上应有不同要求，如观察与调查主要是以获得事实为目的，重点是对观察到的事物因果联系作出客观的描述和中肯的解释，而一些改革性和建设性的实验，除要说明因果联系外，还应以此为基础，陈述其效用及其产生的条件；二是解释的方式上，不应以精确的定量描述来苛求，应允许（在许多场合下也只能）以模糊的概率描述加上定性分析来表述研究结论。

这六条原则理当适合于包括教育科学研究在内的社会科学研

究；即令是考虑到社会现象的特殊复杂性，这六条原则至少也应作为一种精神或态度来体现，否则，将难以同日常工作中的“研究”划清界线。

（二）教育科学研究的伦理原则

由于小学教育科学研究的对象往往是儿童、青年及其学习等行为，某些性质和方式的研究就有可能会妨碍他们的生活，伤害他们的身心，侵犯他们的某些权利以及产生其他一些消极影响。因此，研究者应当遵守一些伦理上的准则。国家领导科学研究的部门，特别是社会科学、教育科学、心理科学等专门研究机构，应为这些以人为对象的研究事业制定一些伦理上的准则，以保证这些研究工作健康地开展。

教育科研作为以人为对象的研究领域之一，在其伦理原则中既应反映社会科学研究的普通道德准则，也应考虑自身特殊要求。现将教育科研工作者必须遵循的伦理原则概述如下：

1. 尊重受试者权利

无论是作为直接对象参加到研究过程中，还是作为研究对象的一个部分（如教师作为某种新方法的使用者）参与研究；无论是儿童少年、青年（如学生），还是成人（如教师、家长），受试者都享有法律所赋予的权利和人身自由。所以，不论研究多么急需、多么紧迫，首先要考虑的就是受试者的若干权利，其主要权利如下：

有私人不参加协作权；

有保持不署名权；

有保密权；

有要求实验者承担责任权。①

2. 审慎解释研究成果

一般说来，公众对科研工作者正式产出的科研成果有一种信任感，也乐于成为成果使用者，越是这样，科研工作者就越应本着高度的责任感，审慎地解释研究成果和结论。错误的结论或不真实的成果付诸实践，产生的后果是难以估量的。所以，作为研究人员，应

---

① 郝德元、周谦编译：《教育科学研究法》，教育科学出版社，1991 年版。

详尽解释成果有效性条件和范围，不能因为私利或其他原因来曲解研究结果，骗取公众信赖；作为教育行政部门或教师，在推广某项成果前，应以科学的验证为依据；传媒在进行宣传介绍时，也应实事求是，不能为追求新闻效应而夸大其辞。

3. 避免给受试者不适当的压力和负担

避免给受试者带来不利的压力和负担。不同的教育方法、内容等会给儿童造成不同的心理承受。比如某研究者希望发现表扬、批评和无评价给学生的学习带来的不同效果，先确立三个小组分别进行控制：(1) 有好的行为就表扬，不好的行为不予批评；(2) 好的行为不表扬，有不好的行为给予批评；(3) 各种行为都不予评价。在这个控制过程中，就涉及到一定的伦理限度，如第 (2) 组学生至少在实验过程中存在着过量的压力和负担。

4. 消除或避免不良后果

教育科研人员应充分考虑到研究课题的项目内容和措施可能给受试者带来的不良后果，想办法消除或避免。如在思想品德研究中，有意让某组儿童说谎或让某一部分青少年看黄色读物，显然是违背伦理原则的，这样就不能选择实验方法，而只能采用调查方法对已成事实的对象作问卷或访谈调查。又如，对实验组学生进行某种学法指导，结果证明这种学法是不科学的，甚至对他们的智力操作结构是有害的。如何补救？我们应该未雨绸缪，在实验进行之前，就应该在方案设计中增加一个补救措施的环节。设立这一环节，与其说是科学的规范，还不如说首先是伦理的要求。

在实际的教育科研过程中，每一个研究者都应该自觉地遵循上述伦理原则，并逐步将这些要求转化为一种研究信仰和职业品质，从而有效地实现求真与向善的有机统一。

第四节　小学教育科学研究的基本方法

一、科学方法及其特殊性

(一) 方法与科学方法

1. 方法的含义

方法一词，古已有之。在我国，“方法”这个词的最早的意思是度量方形之法，相对于度量圆形之法的“圆法”。在古希腊，方法一词由“沿着”、“道路”两词构成，是一种动态的描述。中外两种古老的用法虽然是一静一动，但表达了一个共同的意思：规范！后来，方法渐渐被广泛地理解为工具和程序。当方法被理解为工具时，我们常常联想到“船”和“桥”这样一些“渡河”的工具，也就是说，方法是人们用来解决问题的手段。当方法被理解为程序时，它可能是指组织思维的程序，如逻辑的方法；也可能是完成某件工作的程序，如讲授法；还可能是作为研究活动的程序，如观察法。

由此可见，方法的概念有一个不断丰富、扩展、深化的过程，即量规→工具或手段→程序。

2. 方法的性质

方法是人的活动所必不可少的因素，是调节人的思想、行为的非实体性的工具、手段或媒介；方法的选择、创造和应用都要受活动的任务、对象的制约；方法只有被人掌握和运用才能发挥，其生命力在于创造。时代越进步，方法越丰富；活动越有创造性，就越注重方法本身的思考、改造和创造。当前中小学普遍重视教育方法、教学方法、教育研究方法，正是教育改革充满活力的表现。

总之，方法是多样的、必要的、中性的（即本身无好坏之分），贵在一个“用”字。

（二）科学方法的特殊性

科学方法（Method of science）是人们在科学研究中所遵循的途径和所运用的各种方式和手段的总称。又称为科学研究方法。

科学方法除具有方法的一般特性而外，还具有如下一些特殊性：

首先，科学方法总是服从并服务于科研任务。科学研究是一种创造性认识活动，其方法上当然更富有理论色彩和创造特征。

其次，科学方法具有更为严格的规范性。在自然科学研究中这一特性十分突出。科学方法的这一特性是与科研活动追求客观、准确并揭示规律有关的。

二、小学教育科学研究方法的分类

（一）科学方法的由来

科学方法可上溯到古希腊早期自然哲学家如泰勒斯、阿拉克西米尼等人对自然现象的观察方法和概括方法，然而，他们只是通过观察得出结论，如得出世界的本源是“水”还是“火”，却并未说明是如何得出结论的。亚里士多德首次提出了论证自然知识和解释自然现象的一般模式——“归纳—演绎”程序。在以后漫长的科学历程中，这个模式不断得到丰富、改造和发展，由归纳和演绎在方法层次上的共容，进展到两种方法论的冲突与对立，再发展出假设—演绎方法论。与此同时，单纯的、自然状态的（即对对象不加控制的）观察法，也发展出有假设支配的、对对象加以控制、对自然过程加以干预的实验方法。再加上公理化方法、数学方法等的“加盟”，自然科学研究无论在搜集整理资料、形成事实上还是在分析事实和已有理论、形成新的理论上，都拥有十分丰富的方法及系统完整的方法论。

18 世纪中叶以来，自然科学的原理和方法开始向社会科学领域渗透，社会科学家逐渐脱离了以往那种冥想的、推论的研究风格，进入了用经验材料来验证理论的阶段。到 19 世纪末，形成了具有现代意义的社会科学体系，确立了有关社会发展的观点如历史唯物主义观、社会进化的观点等，建立了社会科学研究的基本原则如客观性原则。这些观点和原则极大地促进了社会科学研究方法的发展，如经济学研究上运用和发展了数学方法；比较的方法、逻辑和实验方法在验证社会科学研究成果、提高社会科学研究的精密性上，都发挥了较大的作用。同时，在社会科学内部，各种学科也逐渐分离出来，向着独立的方向发展，经济学、民族学、人类学、社会学、政治学和心理学先后在 19 世纪以内成为独立的学科。

如果从德国的实验教育学崛起算起，实证的教育科学研究也有了将近百年的历史，教育和教育学研究者不仅广泛运用了自然科学、其他社会科学的方法论及具体方法，而且探讨了教育科学研究的独特范式，也呈现出方法论及具体方法上的繁荣。如要较准确地把握这些方法，分类是十分必要的。

（二）教育研究方法的分类

根据不同的标准，可将教育研究方法作不同的分类。

1. 以研究过程的阶段为标准分类

社会调查研究领域中有一种分类，是根据方法出现的不同阶段而把方法归属于三大类，即初始方法、中间方法、终程方法。参照这种分类，可把教育研究方法分为：收集资料的方法，分析资料的方法，撰写报告的方法。更详细些说，可分为确定课题的方法，查阅文献的方法，研究设计的方法，形成事实的方法，形成理论的方法，撰写报告的方法，成果评定的方法。这种分类，有助于教师在实际的科学活动中循序掌握。

2. 以问题性质为标准分类

日本学者村井实等人把教育学定义为研究教育问题的科学，因而以问题性质为标准把教育研究方法划分为四大领域，即：理论方法，实证方法（观察、问卷、访谈、测量等等），实验研究，历史研究。在此，"实证"是狭义的，广义的实证方法包括实验在内。

3. 其他的分类

根据研究所针对的问题，可分为教育价值研究与教育事实研究；根据研究的不同目的，可分为纯粹研究和应用研究；根据方法上是否关心对象的数量变化，可分为定量研究和定性研究。价值研究主要探明"应该是什么"的问题，事实研究要描述"是什么"。纯粹研究又可分为描述性研究和解释性研究，旨在揭示规律，以深化认识为目的；应用研究则关注于用理论成果解决实际问题，以改进实践为目的。定性研究对影响研究对象行为的因素种类及其意义，而定量研究关注这些因素在数量上的变化对研究对象的影响。

三、小学教育科学研究中常用的方法

为方便读者理解并在小学教育实践中运用这些科研方法，我们以小学教育科学研究过程的阶段推进为顺序，列出常用的小学教育科研方法。

（一）准备阶段

选择课题的方法，包括发现问题、查阅文献、分析课题价值的方法；

研究设计的方法，包括提出和表述假设的方法、抽样的方法、研究工具手段编制的方法；

制定研究工作计划的方法，包括编制研究操作方案、经费预算的方法。

（二）实施阶段

形成科学事实的方法：

（1）搜集事实材料的方法　A. 以活动为对象搜集事实材料的方法有：观察、调查、经验总结、个案追踪、实验等等；B. 以文献为对象搜集事实材料的方法有：文献法、内容分析法。

（2）整理事实材料的方法　A. 描述统计的方法，主要有图示法、表列法、集中量数、差异量数、地位量数、相关量数等；B. 推断统计的方法，主要有平均数差异的显著性检验等。

形成科学理论的方法：

（1）基本的推理方法　如归纳、演绎、类比等。

（2）具体的思维方法　如分析、综合、分类、比较等等。

（三）总结评估阶段

（1）总结研究工作的方法，如经验总结、资料综述等等；

（2）评价研究工作的方法，如自我评价、专家评审、行政验收等方法。

思考题：

1. 解释下列名词：

（1）科学研究

（2）小学教育科学研究

（3）科研群体

（4）科学方法

2. 怎样理解科学这个概念？

3. 科学研究有何特性、有何价值？

4. 谈谈小学教育的地位、特点及改革现状。

5. 为什么要在小学开展教育科研？

6. 小学教育科学研究的对象是什么？有何特殊性？

7. 一个好的科研群体有哪些特征？

8. 作为个体的研究者应具有哪些素质？

9. 教育科学研究的一般过程是什么？各阶段的实施要领是什么？

10. 教育科学研究的操作原则有哪些？

11. 教育科学研究的伦理原则有哪些？

12. 教育研究方法有哪几种分类？

13. 小学教育科学研究常用的方法有哪些？

第二章 小学教育科学研究课题的选择与设计

本章提要

教育科学研究是以课题研究为基本方式运作的，课题选择是否恰当、方案设计是否合理，直接关系到研究有无成效。本章介绍了问题的发现与课题的确定，文献检索与课题论证，假设的提出与表述，以及研究方案的形成。这一章的内容，对我们在小学教育领域开展教育科研、或评鉴同行的教育科研，无疑具有十分重要的意义。

在小学教育科学研究的准备阶段，必须考虑两个关键问题，一是研究什么，一是怎样研究。课题的选择就是要确定“研究什么”；课题的设计则回答“怎样研究”。选题的作用在于明确研究的方向、任务、对象与范围，课题的设计则关系到预期的研究目标能否实现、研究工作的效率如何，最终影响着研究结果的科学性和可靠性。要在小学成功地开展教育科学研究，必须首先学会选择课题和设计课题。

第一节 问题的发现与课题的确定

一、课题的来源与类型

（一）课题来源

课题（project），在若干年前似乎只是高等学校和科研机构专职研究人员的专利，而今，在中小学已成家常便饭，“国家级课题”、“省级课题”也不是那么高不可攀的了。有心人也许会想一想：他们从哪儿得到这些课题的？下面就来谈谈课题的几个主要来源。

1．纵向来源的课题

纵向来源的课题，一般称为“纵向课题”，是指由国家、省市（区）等上级科研主管部门发布（或招标）、个人或集体申报、有关部门及专家审查批准的项目。这些课题大多由一些基金组织资助，项目执行过程中，要由有关管理部门和基金组织实施监督和检查，项目结题时也要由这些部门组织专家鉴定。我国教育口的纵向课题，主要来自由教育部设在中央教科所的“全国教育科学规划领导小组办公室”负责组织审批的五年一度的规划项目。这些项目所需经费，由国家哲学社会科学基金、中华基金、教育部基金等共同承担（并非全部经费）。此外，还有教育部一些司局如直属司、社科司、师范司等，也拨出一些专项经费来资助某些热点问题研究。近些年来，各省市教育科学规划办相继成立，也组织实施一些地方规划课题。

纵向课题在内容上大多与社会热点问题有关，偏重于解决较为重大的实践问题和一些应用性较强的重大理论问题。

2．横向来源的课题

通常也称委托课题，是指由一些企事业单位或非直接的上级部门委托实施研究的项目，如由国家移民局委托某科研小组实施的“三峡库区移民心理与对策研究”，由某国营大型企业委托某教授实施的“企业子弟学校管理体制改革研究”，由某县政府委托某大学教育理论队伍实施的“科教兴县发展战略研究”等等。横向课题也十分重视项目研究的应用性，资助额度一般要比纵向课题大。

3．研究者自选课题

这类来源的课题虽说主要是个人行为，却是非常重要的研究资源，许多有价值的选题及成果出于其中。绝大多数的硕士论文和博士论文都属于自选课题；许多中小学教师在看似平凡的长期实践中悟出深刻道理或闪现灵感火花因而自觉地展开教育教学研究，也属于自选课题。这类课题可能涉及很专很深的理论前沿问题，也可能针对很现实很具体的实际操作问题。

当然，三个来源的划分只是相对的，三者之间也是可以转换的。比如，国家的规划课题在组织申报前，一般要向不少专家征询选题意向，以便编制课题申报指南，这样，许多本来只是属于自选课题范围的题目，因为被编入指南而成为纵向课题。

（二）课题的类型

1. 理论性课题和应用性课题

根据所研究问题的性质及研究的目的，可把研究课题分为理论性课题和应用性课题两大类。

理论性课题又被称为基础性研究课题。主要包括那些以研究教育现象及过程的基本规律，揭示青少年身心发展以及影响因素间的本质联系，探索新的领域等为基本任务的课题。

理论性课题是不可能都在同一层面上展开的，根据课题对理论不同程度上的突破与发展，可以把课题分为三级。

凡是那些对构成教育科学理论体系具有全局性影响的核心概念、基本范畴和基本原理等作突破性研究的课题都属于一级课题。教育史上一些世界著名的大教育家选择的都是此类课题，如夸美纽斯的《大教学论》、赫尔巴特的《普通教育学》、杜威的《民主主义与教育》等。近年来，国内教育理论界关注的教育本质问题、教育与人的全面发展的关系问题、教育与社会经济发展的关系问题、教育的主体性问题等，都属于一级课题的研究。

教育理论研究的一级课题是难度较高的研究课题。这类课题具有开创性，又涉及全局。它要求研究者有较强的批判思维能力、较高的专业理论修养和较宽的知识面。

凡是对教育科学某一领域中已形成的概念、原则作进一步探讨（或使它更完善，或使它更具体细致）的课题均可列入二级课题。它所要达到的目标不是对理论的根本性突破，而是补充性的发展；它所涉及的不是全体，而是局部。如赫尔巴特的弟子们在发展赫尔巴特学派理论方面所进行的研究。近些年，国内关于教学过程优化理论的研究，思想品德教育模式构建的研究，以及教学过程中掌握知识与发展能力之间的关系的研究等课题，都属于第二级课题。

选择二级理论研究课题，一般要求研究人员对该领域内的基础理论有透彻的了解，知其长又知其短，只有这样，才能通过研究达到补充、完善理论的目的。

第三级理论研究课题指对教育理论中个别原理、概念等作出修正或更详细说明的研究课题。如对教学中启发式原则形成、发展以及基本思想的阐述，对政治思想教育中正面引导原则的分析，以及对教育史上某个教育家或某种教育观的分析和评述等。

第三级课题涉及的范围较小，是对个别理论问题的探讨，所以与前两级课题相比难度较低。

应用性课题，主要包括那些为基础理论寻找各种实际应用可能性途径的课题，是以改造或直接改变教育现象和过程为主要目的。与理论研究的课题等级相对应，也可以把应用性研究的课题分为三级。

第一级的应用性研究课题探讨的是涉及教育实际的某些全局性问题，这类课题要求能提出前人未提出过的解决问题的方法，并能在全国范围内推广，对教育实践的发展具有直接的推动作用。从近年的研究实践看，全国招生制度改革的研究、中国教育法的制定、学生品德评价方法的改革、教育评价的研究等都可算是一级课题。

研究教育领域中某一方面或某一部门、地区内提出的实际问题的课题，属第二级的应用性研究课题，这一级研究的目的，主要是寻找在一定条件下解决某些实际问题的科学、有效的方法。如：山区或少数民族地区如何实施义务教育法；中学语文教学方法改革研究；犯罪青少年的教育问题；教师工作的评价问题等。在这些研究中都不涉及应用性的基本原理、原则和一般方法本身的研究，它主要涉及的是这些原理原则或方法在某一地区或领域的具体应用。

属于第三级应用性研究的课题是与个别实际问题的解决相关的。它的研究成果使用的范围更小，大多局限在与该课题研究条件接近的范围内，提出的解决问题的方法，也较多局限在一些操作性问题上。如：为某课程设计一系列高质量的教案；某些教师的富有特色的工作经验总结；关于学生的个案研究；校史编写等等。

正如理论与实践经验不可分割一样，理论研究与应用研究之间的区别只具有相对意义，很难把二者截然分开，它们间最理想的关系是相辅相成。

2. 承续性课题、再生性课题、热门性课题、创见性课题、开拓性课题

（1）承续性课题。

承续性课题是进一步研究他人已经提出的问题，在他人已经取得的成果的基础上的更有深度或广度的课题。例如：他人已经分析了社会发展的需要、应试教育的弊端，得出要进行主体性教育这样一个结论。但对于怎样进行主体性教育，中小学主体性教育有什么区别与联系的研究课题，就属于承续性课题。

（2）再生性课题。

为了比较而研究的他人曾经提出与完成过的课题，叫再生性课题。这类课题不是简单地重复他人已经搞清楚了的问题，而是在不同的时间、地点等条件下，对他人已经完成的课题及其规定的同类对象进行再调查与再研究。如暗示教学法、纲要信号法、发现法、探究——研讨法等的引进。这类课题本身没有创造性，但课题具体展开后独立得出的结论，同他人研究的结论有比较意义，也使老课题在新的背景下获得再生。开展再生性课题研究，使用与他人相同的方法，可以检验他人的研究结论。

（3）热门性课题。

一旦有人提出、就有许多人纷纷响应的课题，即是热门性课题。这类课题容易引起人们注意，竞争性强，可能形成更大的社会影响与效益，弄得不好也容易一哄而上、一哄而下。例如，学法指导、创造教育、整体改革、心理辅导、素质教育等，都是近些年来教育研究的热门课题。

（4）创见性课题。

直接用新观点揭示的课题，即是创见性课题。这类课题不以“问题”的形式出现，而往往以通则或准则性假设的形式出现。也就是说，这类课题本身就是一种关于特定事物及其属性的陈述。著名的研究课题，创见性占的比重较大。在他人曾经研究过的领域可以提出崭新的见解，形成新的课题。

（5）开拓性课题。

研究从未有人涉足的对象领域的课题，即是开拓性课题。开拓

性课题在研究对象与范围方面，具有填空白的性质。这类课题适用于研究新情况与新问题，以及长期被人忽视的早已存在的情况与问题。

以上所述课题类型划分是不同维度的划分，两大类之间可能存在交叉现象，比如，热门性课题既可能是理论性课题又可能是应用性课题，理论性课题中有的可能是创见性的而有的可能是再生性的，注意避免孤立地或割裂地看待课题类型划分。

选择课题总是和发现问题联系在一起，没有问题就没有进行研究的必要，研究就是为了解决问题。选题从其本身的涵义来讲，是指经过选择来确定所要研究的中心问题。选题作为研究的第一步，应选择那些值得研究又有条件研究的问题作为课题。

二、发现问题的思维策略

教育科学发展的历史可以说是研究问题发展的历史，是问题的不断展开和深入的历史。就研究者本身而言，在自己研究领域内发现和提出一个有科学意义的问题，本身就是认识的成果。能否提出有质量的问题是能否进行高质量科研的关键，选题决定研究价值大小，决定研究的成功与否。正如杰出科学家爱因斯坦所说："提出一个问题往往比解决一个问题更重要，因为解决一个问题也许仅仅是一个数学上的或实验上的技能而已。而提出新的问题、新的可能性，从新的角度去看旧的问题，都需要创造性的想象力，而且标志着科学的真正进步。"这个见地是深刻的，并告诉我们真正的科学研究始于问题。

（一）发现问题的前提

发现问题（Problem）的首要前提是研究人员要对自己从事的领域有一定的了解并保持经常的关注。机会总是偏爱那些有准备的头脑，对头脑一片空白的人来说，问题往往与他擦肩而过，从事教育研究的人需要经常阅读教育方面的报纸、杂志，出席一些教育方面的学术会议，以便及时了解当前国内外教育理论界和实际工作者关心的问题，尤其是热点问题。这既有助于研究者把握教育研究的时代脉搏，又可以使研究者的头脑经常处于激活和开放状态。当然，阅读不限于教育科学领域信息，研究越深入，就越可能在涉猎其他领域时获得灵感与启示。

发现问题的另一重要前提是研究者具有好思索、不安于现状的性格。安于现状、把一切现存的都看成是合理的人，决不会有改革的意向和发现的冲动。尤其对那些不以研究为专职的中小学教师来说，容易被繁重的工作、琐碎的事务消磨掉理论兴趣和探索热情，所以他们要保持探索的精神需付出更大的意志努力。总之，实践只有对有好思索和善于思索的人才是创造之源。

（二）发现问题的具体策略

叶澜教授在《教育研究及其方法》一书中介绍了数种发现问题的思维策略，现简述如下：

1. 怀疑的策略

怀疑是对已有结论、常规、习惯行为方式等的合理性作否定的或部分否定的判断，怀疑必然引起人对事物的重新审度，会在原以为没有问题的地方发现问题。

怀疑不是胡乱猜疑，而是有依据的，作为怀疑依据的有两个方面，一是事实与经验，二是逻辑。

作为怀疑根据的事实与经验，总是与现有结论或常规不一致甚至相悖的。如在我国的教育学著作中，通常都无条件地承认学校教育对学生发展起主导作用，但在现实中，我们也发现在青少年品德面貌发展的过程中，家庭背景、社会风气的作用很大，有时学校教育在他们面前显得十分苍白，远不是在起什么主导作用。由此，我们可以对“学校教育对人的发展起主导作用”一说提出一系列疑问：学校教育究竟能否对人的发展起主导作用？是有条件的还是无条件的？是在一切方面起主导作用还是在某些方面起主导作用？是在人发展过程的任何阶段都起主导作用，还是在某个阶段起主导作用？等等。

逻辑是检验理论合理性的有效工具，对理论的逻辑推敲可以从推敲概念，尤其是一门学科的基本概念做起。对于一时十分流行的概念也应仔细推敲。如用“第一课堂”与“第二课堂”两个概念来表述学校课堂教学内外的活动是否科学？它有什么价值？“教师主导”与“学生主体”是否一对范畴？等等。通过怀疑发现问题的人，一般都具有批判性思维的品质。正如爱因斯坦所描述的那样，他们对陈旧过时的观念往往有一种不可遏制的挑战的冲动，而且具有一种内心的精神上的自由。

通过怀疑提出的问题，经过研究后，有两种可能的结果，一种结果是部分或完全证实了研究者的怀疑，自然，这是令人兴奋和满意的结果。另一种与此相反，研究的结果证明研究者怀疑错了，这是令人扫兴和遗憾的结果。但是，研究者大可不必为此沮丧，甚至从此丧失怀疑的勇气。

2. 变换思考角度的策略

与怀疑不同,变换思考角度不是把思维的利剑指向原有的结论，而是从与得出原有结论不同的角度、或不同的层次上来认识原有的研究对象，以形成关于对象的新认识。它需要摆脱原有的思维定势和已有知识的影响，另辟蹊径。

思考角度的转换是多类型的。一类是在同一层次上的转换。从思考问题的一个方面转向另一方面，如历来抓学校工作，都把教学放在第一位，在教学中又把几门主要学科的教学放在第一位，音乐、体育、美术等所谓副科一向不被重视。另一类角度的转换是在两个不同的层次上进行的。其中有的是从较抽象转化到较具体，如研究教学中传授知识与培养能力的问题，相当长的一段时间里停留在一般性目标问题的讨论上。美国教育学家布鲁姆（Benjamin S Bloom）把这个问题的研究推进到对知识与能力作出分类的具体水平上，并对教学过程中的情感目标和操作性目标也作出分类，提出了教学目标分类学的理论。也有的是从较具体的层次。如前苏联教育家巴班斯基对教学过程最优化的研究就是一例，他努力用系统优化的理论作指导，寻找教学过程各因素、各阶段、各方面的最佳组合。第三种转换角度的类型是把研究的重点放到事物与事物之间，同一事物不同发展阶段之间的结合部。这往往是人们容易忽视、但又有可能开发出新课题的地方。如前一段提出的幼儿园与小学、小学与中学、中学与大学各阶段的教育如何衔接等问题，就属于这一类型。第四种转换的类型是通过比较，这种比较可以是纵向的历史比较，如近代中国课程与现代中国课程的比较；也可以是横向的区域比较，如城市中等教育结构与农村中等教育结构的比较等，善于通过转变思考角度发现新问题的人，往往表现出具有灵活性和严密性等思维品质。

3. 类比与移植的策略

它是通过与其他学科研究对象类比和借用其他学科的思维方式，来发现本学科研究的新问题。这种思维策略的特点是从别的学科研究中获得启发，找到发现的“工具”。

捷克教育家夸美纽斯在17世纪完成的名著《大教学论》，就是在把教育现象与自然现象作类比的基础上，根据自然规律提出了一系列教学原则。夸美纽斯的依据为：人是自然的一部分，人的成长遵循自然规律，教育是模仿自然的艺术，故教育应遵循自然规律。又如，把教育看作有机体，移植病理学原理，开展教育病理学研究等等。还有，人们发现教育具有系统的特点，因此可用系统论来重新认识教育现象，构建教育理论。以上种种说明，由于教育现象的复杂性和综合性，通过移植其他学科的思维方法和与其他学科研究对象作类比而提出新问题的可能性是存在的。

善于用这种策略来发现问题的人，在思维品质上，往往表现为较强的迁移性和概括性。他们较善于发现表面看来不甚相近的事物间的相似之处，能在较抽象的层次上对它们进行概括、比较，从而为思维的由此及彼架起了桥梁。此外，这样的人一般知识面较宽。

4. 探究与体察的策略

前面说到的三种策略都与对事物的已有认识有关。探究与体察的思维策略则要求面向实际，从对现象的思考中提出新问题。

南京师范大学附小的教师设计了一种新型的实验课——听读欣赏课。这种课的设计除吸取国外的暗示教学理论而外，还从附小教师在实践中遇到的两件事情中受到启迪。一件是一位教师的侄女学语文的事。女孩还在幼儿园读大班的时候，父亲便经常在灯下给她讲《365夜》中的故事。孩子听得入迷，好多故事都能背，有时听完之后，还禁不住要翻开书看。父亲见女儿很想看书，就试着让她看着书上的文字听他读。不久，他发现女儿无意中识了不少字，就尝试着让女儿跟着自己读，有时遇到容易的地方，就让她独自读。这样，不到一年的时间，女儿居然能独立阅读《365夜》上的故事了。另一件是他们在家访时，了解到家长经常播放配乐故事给孩子听，孩子听得津津有味，从小就喜欢语文。附小的老师从这两件寻常小事中受到启发，他们设想：如果把听录音跟读文字材料结合起来，配上音乐，让“听”来激发“读”的兴趣，激发学生的感情；利用“听”的能力迁移，更有效地提高“读”的能力和识字能力，同时又让“读”巩固并提高“听”的效果，不就可以全面提高学生听、说、读、写的能力了吗？

生活在一个丰富多变的现象世界中，只要善于问几个为什么，就会发现许多值得研究的新课题。对于一些司空见惯的现象，我们的探究指向其背后的实质，像瓦特提出壶盖为什么会动，牛顿提出苹果为什么落地那样，我们也可以提出学生为什么要做作业，教师为什么要打分数，不打分数行吗等问题，通过探究弄明白教与学的一些内在机制。通过探究与体察发现新问题的策略，要求研究者具有敏锐、深刻的思维品质。只有敏锐，才能及时捕捉到有价值的现象；只有深刻，才能发现深藏在现象背后的本质。

三、确定课题的步骤与方法

（一）确定研究对象与内容

教育领域中需要研究的问题众多，一项研究不可能面面俱到，这就需要对研究的对象和内容加以规定。在考察研究背景的基础上，运用前述发现问题的思维策略，先“发散”、后“辐合”，逐步缩小研究范围，找准“题眼”并把握好研究方向与角度，以便收到事半功倍之效。

这一步骤中的一个不可忽视的方法是文献检索，从国内外已有的研究中找出空白点、薄弱点或新的契合点，才能找到真正的研究起点，否则，难免重复劳动、白白耗费时间、精力和财力。

找准角度也是至关重要的。譬如，综观本世纪以来国内教育改革实验的历史发展，可以发现研究视角的几次转换。最初的研究者一般从社会问题入手，如晏阳初的定县平民教育实验，主要解决我国农民的“贫、弱、愚、私”这一社会问题；陶行知在晓庄师范的“生活教育”实验以及小先生制、教学做合一、联村活动等具体做法，最终目的也是改造乡村文化。建国以来的各种实验中，除学制实验偏于宏观以外，大多为单项的微观实验，这显示出研究角度转向学校内部，以提高学校育人质量为目的。自80年代初开始，实验研究克服了视野上的单面单向性，注重宏观和微观研究上的互补，其突出例证是在学校、学区乃至市县不同范围内的综合的、整体的改革实验出现。今天，当我们选题立项时，了解这样一种趋势，就有可能发掘出更有新颖度、更带典型意义的研究课题。

（二）考察主客观条件，确定研究的切入点

1. 客观估价研究者的知识结构、研究能力和兴趣

知识结构指研究成员的各种知识的组织形式，例如，专业基础知识、其他学科知识的程度、水平。研究能力包括思维能力、选用各种研究方法的能力及写作表达能力。仅仅精通和爱好一门专业的“专才”，所从事的课题一般不要过多涉及外专业内容；知识广博、兴趣广泛的“通才”，从事跨学科项目，较为有利。具有多向性、逆向性、求异性思维的研究者，做探索性的课题较为合适，而习惯于从事实出发思考问题的人，能在应用性课题上取得成就。研究者对方法的掌握程度，则影响着对研究规模和主要研究方法的选择。兴趣对于科研来说，具有特殊的价值。兴趣是生活的向导，也是科研入门的向导、研究持续的动力。研究活动较之其他实践活动更需要发挥主体的主观能动性，浓厚的兴趣，可以激发超常的毅力、智力、灵感，使思路畅通、忘我工作。否则，强迫自己干不喜欢的事，难以调动积极性。

2. 分析资料信息来源、设备工具状况、经费以及可借助的力量

没有资料，研究寸步难行。课题的完成只能够达到所占有的资料积累能够支撑的高度。对于某些项目，活资料比死资料更重要。活资料的掌握有利于研究者动态地把握事物的发生、发展及变化趋势，对科研具有前瞻性意义。工具设备包括观察和实验设备、处理信息资料的设备、交通设备等；经费财力对于项目实施的规模大小是重要的，可借助的力量包括物力与人力两方面，人力包括可求教的导师、专家，可合作的同仁。

3. 考虑研究者的本职工作性质和环境

在某种程度上，研究者的本职工作性质和环境决定了选题的范围。因为，工作性质和环境制约着选题的动机和时间、精力、物力等各种条件。一位小学教师研究基础理论问题并非完全不可能，但至少会使自己面临极大的困难；如果选择有关师生关系优化、转变差生策略、教学方法和教学组织形式改革等方面的课题，就有得天独厚的条件，并能从理论与实践两方面获得收益。

第二节　文献检索与课题论证

在发现并初步确立了自认为有价值的选题之后，就应当从文献检索和课题论证中寻找支持。查阅文献有助于确认这一选题是值得研究的，课题论证则是利用专家的见识和智慧确认这项研究的必要性和可行性。

一、文献的检索与综述

（一）为什么要重视文献检索

1. 文献可以告诉研究者在本领域内已做了哪些工作

通过查阅有关文献，要搜集现有的与这一特定研究领域的有关信息，对所要研究的问题作出系统的评判性的分析。要了解该课题所涉及的领域内前人或他人的主要的研究成果，达到的研究水平，研究的重点，研究的方法、经验和问题。还要了解哪些问题已基本解决，哪些问题有待于进一步修正和补充，在此问题上争论的焦点是什么，从而进一步明确研究课题的科学价值，找准自己研究的真正起点。

2. 文献可以帮助研究者更具体地限制和确定研究课题及假设

找准研究的起点之后，要形成一个可以集中精力研究的具体问题也并不容易。换句话说，要选择适合研究者的兴趣和物力的、便于操作并有希望取得明显效果的研究变量，往往不是轻而易举的。这就需要从更详细的文献资料中，通过筛选和比较进一步缩小研究范围，找出比以往同类研究更集中的变量范围，形成更凝练、更准确的研究假设。

3. 文献可以提供一些可能对当前研究有关的研究思路和方法

文献资料反映了国内外研究学术思想和最新成就，是我们了解科研前沿动向并获得新情报新信息的有效途径。通过查阅文献资料，了解国内外最新的理论、手段和研究方法，从过去和现在的有关研究成果中受到启发，使研究范围内的概念、理论具体化，而且为更科学地论证自己的观点提供有说服力的、丰富的事实和数据资料，使研究结论建立在可靠的材料基础上。

总之，研究者充分占有材料，可以避免重做前人已经提出的正确观点，把握研究中可能出现的差错，并为解释研究结果提供背景资料。

（二）文献检索的基本套路是什么

对大多数小学教师来说，文献检索还是一件很少问津的工作，面对浩如烟海的文献资料，究竟从何处着手呢？

下页图 2.1 是对文献检索一般步骤的简略描述。

（三）怎样写文献综述

在正式的课题申报中，往往需要写一个文献综述，这个工作当然是在文献检索之后进行。写文献综述的目的，既是为课题评审人提供重要的参考信息，也有助于研究者自己进一步理清思路。

当研究者觉得一篇报告可以利用，或至少大部分内容是可以利用的话，那有关的信息就应综合起来并将它们写进该文献的综述之中。综述的长度可以依据正在准备的研究报告的类型而定。查阅的文献的数目比文献综述的数目大得多。综述可以包含 6～8 本参考资料，有时会少些，这并不意味着研究者只读过 2～3 本报告，许多内容可能都已读过，但只有最相关的材料才被提及。如果不考虑综述长度的话，研究者应尽可能在综述中包含最新的信息，这并不是指过去的信息是不相关的，而是综述应超前于时代。如果没有一份参考材料是近 10 年来的话，那么比如，有关教师效率研究的任何一份综述都肯定是值得怀疑的。

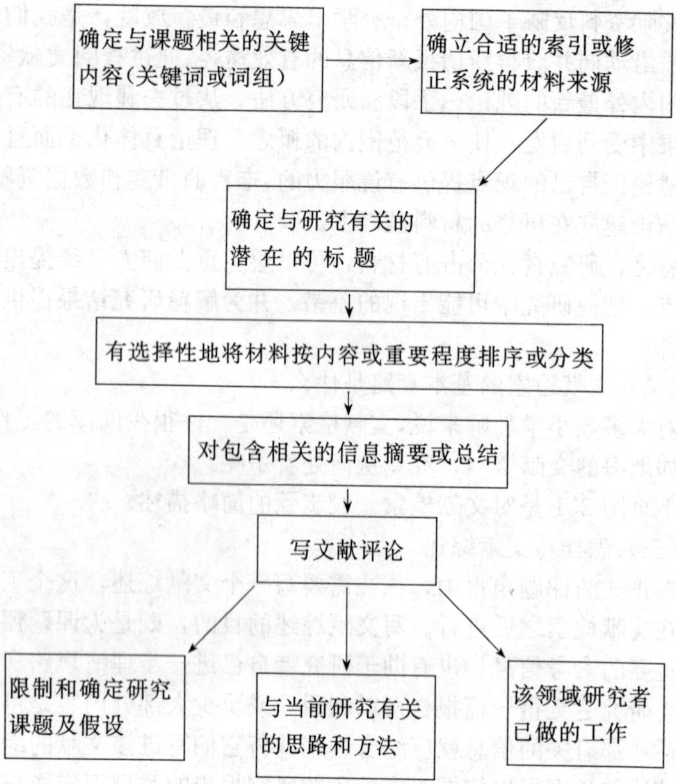

图 2.1　查阅文献论证课题流程图

二、课题论证的步骤和内容

(一）课题论证的意义和实施步骤

文献查询与综述本身就是课题的一种自我论证。文献综述表明了研究者对国内外同类或相关研究了解多少，把握得是否准确。但是，仅有自我论证是远远不够的，为确保课题的研究价值和效益，还应作正式的论证。

实践证明，对科研课题作详细的正式的论证，具有如下方面的意义：

1. 确认课题研究价值，明确研究方向

2. 完善课题方案，明确保障条件

3. 为参加课题研究的教师提供一个集思广益、取长补短的环境，达到带着问题进行教育科研理论方法学习的目的，初步认识课题研究的规范

4. 使科研管理部门本身更充分地了解到各个课题研究的条件，进而为今后保证重点，建立更完善的体系，进行科学管理提供更具体的依据

正式论证主要围绕以下问题展开：

A. 研究问题的性质和类型。

B. 课题研究的目的、意义（理论价值和实践意义）。

C. 与课题相关的国内外研究现状，预计可能有所突破的方面。

D. 分析研究的可能性、基本条件及能否取得实质性进展。

E. 课题研究策略、步骤及成果形式。

F. 论证报告的格式、语句等写作上的问题。

以上还只是很粗略的论证范围，一些教研部门通过实际运作，归纳出很有参考价值的论证步骤和论证内容条目。上海市普陀区教研室为了适应不同类型课题的需要，把详细论证确定为四个一般步骤：

第一步，明确课题评议的内容；

第二步，提供课题详细研究方案；

第三步，内部证论准备；

第四步，同行评议。

对研究人员提供的课题详细方案进行评议，可以归结为 7 个方面 16 个问题。

1. 课题研究依据

（1）课题研究目的、意义

（2）课题形成理论、实践、思维方法依据

（3）课题相关的国内外研究动态

2. 课题研究的目标系统

（4）课题的目标确切性

（5）课题的目标体系

3. 课题研究的范畴

(6) 课题研究的类型

(7) 课题研究内容、对象、范围

4. 课题研究的方法、步骤、进度

(8) 课题研究方法的预计效果

(9) 课题研究步骤的落实程度

(10) 课题研究进度的可行性

5. 课题研究策略

(11) 课题研究工作与常规工作的协调

(12) 课题研究的难点、重点、对策

6. 课题成果结构形式

(13) 课题成果的组成结构

(14) 课题成果提供形式

7. 课题研究保证条件

(15) 课题研究人员结构及与任务的匹配

(16) 课题研究的经费预算和物资器件

(二) 课题论证的实例

下面以上海市普陀区教研室的课题论证为例①介绍如何展开详细论证。

1. 关于课题形成依据的论证

任何一个研究课题的产生或是来源理论的启发,或是来自实践的发展,都要为课题提供一定的、确定的(可以不必充分)根据,又任何一个课题的提出总是伴随着一定的思维方法,或是演绎推理,或是概括归纳等等。缺乏根据与思维方法不合理的课题不应投入研究。

首先,必须充分注意对课题研究相关的理论与实践经验的把握状态,一方面可以避免与前人研究产生重叠,另一方面又包括对前人研究的继承问题。

在论证中,既要帮助研究者分析课题研究中必需的理论和当前的一些研究成果,还要考虑研究者对这些理论、有关的情报资料、研

① 详见阮龙培等《教育科研课题论证的实践和认识》《教育研究与实验》1989年4期。

究成果以及各种经验掌握的程度及占有量。从而提出相应的建设性意见。有助于问题的解决。

例如，普陀区的“生物学教学中学习迁移的探讨”实验研究课题，在理论上要涉及到学习迁移的一系列重要理论，如：迁移与认知结构的变量之间的关系；学习迁移与“先行组织者”材料之间的关系等等问题。

在上述方面，该课题组初步方案中存在着不少问题。但通过共同的努力，利用已掌握的资料，论证工作对于改善这方面的问题起到了极大作用。如在论证会上设计出了这样的一个“先行组织者”材料：比较两班被试学习有关菌类植物的知识的材料。实验班在学习该材料之前，先学习一个“陈述性组织者”。“组织者”强调了菌类植物与藻类植物（已教过）的异同，各自的主要特征和菌类植物中的地位。“组织者”是用学生能懂的语言写成，可以用来理解菌类植物知识的具有一定概括性、一般性观念框架的简短文字。控制班在学习菌类植物的知识时，学习这段材料，还设计了实验的两栖纲动物知识的“组织者材料”。

其次，课题形成的思维方法的论证，主要是指如何提出研究的问题或假设。例如，该区的一个研究课题“关于公开课教学研究问题”。研究者首先分析了当前公开教学活动中研究功能和教学功能混淆，两者关系不清，评价结论不明等大量材料，提出了如下的研究假设：公开课教学研究的成功是由公开课的研究行为和教学行为的各自强弱及其作用的方向性一致程度来决定的。对这个假设，论证主要着重从科学原理和逻辑推论两个角度出发。

论证者分析了“公开教学”这个概念：公开教学是各类学校探讨教学的规律、研究改革教学内容和方法、评价或推广教学经验、开展教学研究活动的一种教学组织形式。因此，公开教学是与日常教学有不同特征的一种活动形式,一方面具有教育科学研究的功能。另一方面，公开课教学又毕竟还是一种教学，当然应具有一致课堂教学那样的教学功能。我们总希望每次公开课教学研究后，既能强烈地体现出研究作用，又能强烈地表现出课的教学作用，但由于研究者的设计、执教教师的素质和学生的情况等等因素，经常造成实际上的研究行为和教学行为两者不能兼顾，而且还常常发生如下情况：由于教师远离研究要求而使自己的教学行为很少甚至无法适应研究的需要，造成研究作用与教学作用的方向性严重不一致。因此，努力促使公开课教学中的研究和教学的指向性一致，是公开课教学研究根本所在的又一个本质的问题。这里，“假设”中的所谓“研究行为”、“教学行为”之意也就显而易见了。因此对公开课教学的研究就涉及了教育科学研究方法论的研究和对教学理论的研究两方面。这两方面是不同的两个领域的活动，但作为公开课的教师行为表现就必须把这两种研究意识结合起来，以此来达到研究者原先假设中的研究和教学两重目的。

2. 关于课题目标系统的论证

作为一个科研课题，所确定的目标必须描述精确，要经过深思熟虑地推敲，才可能把研究的内容与方向把握住。一个研究项目往往会包含好几个层次上的问题、任务和目标，研究计划要对此作出分析，要按照由浅入深、由近及远的原则规定自己在研究过程各个阶段上的目标和任务。另外，有一些综合性较强的课题，往往存在着子目标系列，应当给以明确，按它们之间的关联影响以及隶属关系形成一个具有新质内容的目标系统，便于落实与管理，最后也容易使课题成果形成一个整体的有机体系。这些方面，必须在论证中详加分析。

例如，区教研室承担上海市普教系统第三次科研课题规划重点课题《综合地区特点组织学生参加社会实践的研究》，研究的总目标是解决新的历史时期下，地区如何使社会实践成为一种“课”，能在学校教育中有目的、有计划、有材料地进行，并且使之稳定化、规范化地就迁展开。显然这样的课题有一系列子目标，在课题设计时分解成三个阶段九个子目标完成。

第一阶段（87、8～88、7）前期研究阶段

子目标A：总结组织学生参加社会实践经验

子目标B：完成有关社会实践理论概括总结

子目标C：完成社会实践乡土教材及使用方案

子目标D：完成社会实践指标体系、评价组织与方法

第二阶段（88、8～89、4）分析综合构想方案阶段

子目标E：完成区、校两级社会实践管理系统设计

子目标F：筛选、确定本地区社会实践与乡土教材

子目标G：确定社会实践各年级时间序列与具体途径

子目标H：确定效果分析与评价方法

第三阶段（89、5～90、6）具体实验阶段

子目标I：完成整个研究任务

此外还有关于课题研究范畴的论证，限于篇幅，此处不再详述。

第三节　假设的提出与表述

当选定课题并经论证而将课题确立下来之后，就必须提出理论构想，导引进一步的研究。理论构想主要是通过建立明确的研究假设，准确地表述研究课题并按确定的目标决定研究方法。能否提出一个好的假设，不仅关系到研究的科学化水平，而且关系到能否取得好的研究成果。

一、假设及其作用

（一）什么是假设

假设是依据一定的科学知识和事实，对所研究的问题的规律或原因作出的一种推测性论断和假定性说明，是在研究之前的预先设想的、暂时的理论。也就是说，假设是教育研究课题选定后，根据事实和已有资料对研究课题设想出的一种或几种可能答案或结论。

所有假设都具有假定性和科学性。所谓假定性是说它具有推测的性质，即这种判断所陈述的事实或联系是现实中暂不存在或未被确认的，或虽曾见于彼处却未见于此处的，它对未知的构想是由已知推断而出的，有可能被实践证实，也有可能被证伪。假设又并非臆断，它总有一定的科学事实或经验事实作依据，在选题过程中又经过了论证，因而，假设又具有科学性。

由于教育研究是在活生生的教育活动中进行的，所以研究过程不能像自然科学研究那样创造出“纯化”状态。即令能在完全隔绝

的状态中进行，也不能消除学生的已有经验的差异。所以，教育研究不能做到高度精密的控制，从而也无法保证在结果与假设之间做出精确的描述，只能大致地说明对人的有利与有效。相应地，教育假设更偏重“求善”（即求得改善），推测研究的价值事实。

假设在表述上还应具有明确性和可检验性。研究假设要以叙述的方式说明两个或更多变量之间可期待的关系。概念要简单，表述要清晰、简明、准确，条理分明，结构完美，假设命题的本身在逻辑上是无矛盾的。并且假设必须是可检验的，一个原则上不可检验的假设是没有科学价值的。由于教育研究的假设是对教育事实或现象间的关系所作的推测性假定，要使假定变成理论，关键在于它所预期的事实为研究及以后的实践所证实。因此，原则上的可检验性是科学假设的必要条件。

（二）假设的作用

1. 假设为研究活动指明方向

假设的基本功能在于引导研究，起着纲领性作用。假设能帮助研究者明确研究的内容和方向，通过逻辑论证使研究课题更加明确，并按确定目标决定研究方法和收集资料，指导教育研究的深入发展，以避免研究的盲目性。一旦有了明确的假设，研究者就可以根据假设验证的要求，在特定范围内有计划地设计和进行一系列的观察研究、实验研究；而假设一旦得到观察、实验的支持，就会发展成为建立科学理论的基础。

2. 假设是教育科学探索的必经阶段

假设是建立和发展科学理论、正确认识客观规律的正确途径和有效手段。在事实、经验与新的理论之间，并不总是存在着逻辑通道，研究者在长久的对一个重大问题的思虑中，时常能借助灵感、顿悟等非逻辑思维方式得到解决问题的某种假设，实现“柳暗花明又一村”的转折。一个假设如能被证实，它将成为新的理论（或新理论的一“分子”）或者引出新的问题并刺激人们提出新的假设、开始新的研究；一个假设如果未被证实或完全证实，研究活动则将持续进行下去。

3. 假设可以提高研究活动的新颖度和预见性

科学的本质在于求新，而假设正是研究者对“未知”、“未有”领域的一种试探，是新事物新认识出现的前奏。当然，在科学昌明的今天，要找出严格意义上的完完全全的“新”是很困难的，但广义的“新”可以从不同角度不同层次来理解。例如，在不同学科领域、不同地域之间的迁移是一种“新”，把已有的因素加以重新组合是一种“新”，把某种口号、理论变成现实也是一种“新”。假设也是一种走在行动之前的思想、一种先于事实的猜想，是研究者从思想观念上对未来的洞察和把握，所以它能使研究活动更富有预见性。

事实证明，一个好的假设，是探讨教育问题、发现教育规律、形成科学的教育理论的前提，是进行教育研究的核心。

当然，一个好的有价值的研究假设的提出是要经过一个过程的，研究者要在研究过程中不断修改、完善研究假设。

二、假设的基本类型

（一）假设的几种分类①

1. 归纳假设和演绎假设

按照假设的形成逻辑，可将教育研究的假设分为归纳假设和演绎假设。

（1）归纳假设。

归纳假设是人们通过一些个别经验事实材料的观察、调查，得到启示，进而概括、推论提出的假设。

黎世法对“六课型单元教学法”的研究，通过对一万多名各类中学生的学习方法的调查，尤其是三百多名优秀生的学习方法特点的深入研究，将学生的“八环节系统学习方法”从心理活动上概括出十条学习规律，并将八环节学习和十条心理规律作为中学生学习的本质学情。以此为依据，将现成教材分成若干单元，每单元按照自学课—启发课—复习课—改错课—小结课等六种前后紧密联系的课型进行教学，以提高教学质量，达到优化教学的效果。

（2）演绎假设。

① 参见裴娣娜《教育研究方法导论》，安徽教育出版社，1994年版，第108～111页。

演绎假设是从教育科学的某一理论或一般性陈述出发推出新结论，推论出某特定假设。是根据不可直接观察的事物现象或属性之间的某种联系的普遍性，通过综合和逻辑推演而提出的理论定律和原理的假设。如北京师范大学冯忠良教授的“结构—定向教学实验”，依据能力、品德的类化经验说、学习的“接受—构造”说、教育的系统论观点和教育的经验传递说，推论出结构—定向教学实验研究的一系列假设。

又如赵宋光教授提出并在小学进行实验的“综合构建数学教学新体系”，按照现代哲学、美学、心理学所揭示的儿童智力结构、意志结构、情感结构立体镶嵌、全面发展的规律，依据他提出的构建生成学习理论，从而提出了“语言符号镶嵌结构教学模式”。这个实验研究的假设是：工具操作与语言符号结合，构建成“操作语言镶嵌结构”而导致从感性认识向理性认识的飞跃。

2. 研究假设及其方向性和非方向性

从操作上定义，研究假设陈述的是研究者所假定的两个（及两个以上）研究变量之间可能存在的某种相关关系或因果关系。

如有人认为传统的横平竖直的课桌椅排列方式不利于学生课堂上的交流，因而提出研究假设：马蹄组合式的课桌椅排列方式可以使学生在课堂上更好地交流，从而不仅提高学习质量而且有利于交往能力形成。

又如，通过数学教学过程中语言的培养来促进思维能力的发展的研究。准确地掌握数学概念是数学思维的基础，多角度思考复杂的数学问题时要求用较复杂的语言加以表达，探讨语言与思维发展的关系。这类研究形成的假设都是研究假设。

在研究假设中，呈现出方向性假设和非方向性假设两类。二者区别在于：方向性假设，指出相关或差异的特点，如“思维能力上男生的推理能力比女生强”；非方向性的假设只简单地指出那里存在一个相关或差异，如“思维能力上男女生有差异”。

如杭州大学教育系与杭州市天长小学综合实验组进行的“整体优化教育”实验，实验目的是探索一条从儿童实际出发，综合设计和组织教育过程，力求以不超过规定的时间和能力，取得尽可能高的教育效果的途径。实验假设是:“在整体性观点指导下，运用综合性的方法，综合设计和组织教学过程，其教育教学效果可以高于目前一般教育教学工作所能达到的水平，并使全班每个学生在德智体美劳诸方面都得到最优发展”。这是一个方向性假设。

非方向性研究假设，往往是当研究者对所研究对象的内在关系不甚了解，凭已有知识经验只能肯定研究对象内在诸变量之间有相关，但不能肯定是什么样的相关。如关于集中学习与分散学习两种学习方式在运动技能学习与语言学习中的不同效果的研究，关于惩罚与奖励在个性形成中的作用的研究，家庭教育对儿童智力发展影响的研究等等，这类课题的假设就是非方向性研究假设。

3. 描述性假设、解释性假设和预测性假设

按假设的性质和复杂程度，可以把研究假设分为描述性假设、解释性假设和预测性假设。做这样的区分，其实也是对研究假设形成发展三阶段的一种刻画。

(1) 描述性假设。

科学探索的最初阶段，描述认识对象的结构，向我们提供关于事物的外部联系和大致的数量关系的推测，是关于对象的大致轮廓的外部表象的一种描写。

例如，画出几何图形中的线段，研究学生对图形认知结构的心理特征。这一研究带有实证研究的特色。调查结果表明，初学几何的学生，在分析观察复合图形时，认知结构上可能具有“顺序”、“对称”、“封闭”及其组合的某种认知特征，这种特征对学习效果起着积极的作用。统计表明，在该实验中，认知特征较强者，相对误答率低（占 5%）；相反，认知结构上特征不显著者相对误答率较高（占 25%）。从几何教学的经验中归纳出假设命题“学生认知图形是存在着结构性心理特点的。不同认知结构对学习效率有不同影响”。

(2) 解释性假设。

是揭示事物的内部联系，指出现象质的方面，说明事物原因的一种更复杂、更重要的假设，这是比描述性假设高一级的形式。在研究中，处于解释这个层次的假设，是从整体上揭示事物各部分相互作用的机制，揭示条件与结果、研究主体的最初状态和最终状态

的因果关系原理。

（3）预测性假设。

对事情未来的发展趋势的科学推测，它是基于对现实事物的更深入、更全面的了解基础上提出的更复杂更困难的一种假设。比如：要对当前我们实行的计划生育、独生子女政策对今后50年我国社会结构和社会关系的变化，对教育结构及发展的影响这样一个问题提出科学预测，这是一项比较困难的研究课题，要求我们不仅对当前的人口构成和社会经济发展条件下的社会结构和社会关系非常了解，而且对西方由于人口出生率下降引起的社会在各方面变化也应有所了解。仅仅具备这些知识对于制定一个长期的科学预测还是不够的，解决制定科学预测的关键性问题是找出研究对象在未来发展中的决定因素，揭示这种决定性的要素对社会过程的影响以及社会过程对研究对象在未来发展的各要素的反作用。

预测性假设主要用于全国范围内的、具有战略意义的某些综合性课题的研究。如，要普及九年义务教育，如何解决农村普及教育的经费问题。又如，关于21世纪中国普及课程体制改革的设想。这类具有战略价值的研究课题，决不是哪一个学科研究所能承担起的任务，一般是多学科综合协调进行。当然，教育科学研究中多是一些与当前关系密切的现实课题，采用预测性假设不是太多。

三、假设的表达方法

如前所述，假设就是对所要研究的变量之间关系如因果关系、相关关系的一种假定性描述。假设所描述的变量必须是明确的，又是可操作的，其关系的假定又是可被检验的。为了避免掺杂进一些与概念无关的或模棱两可的意思，导致表述上的含混模糊，有必要对假设的命题进行语义分析，推敲每一个概念及联结词。从而，把课题变成可以测量的概念和可以经受检验的命题。

（一）研究变量

变量是与常量相对的概念，常量只有一个不变的值，如校名、人名、具体的时间值。变量则具有两个以上的值，如性别、年龄、抽象名词等。当某一对象的组成成分间在性质、数量上可以变化，并且可以操纵或测量，那么这些变化的特征就可以作为研究变量。如一群学生，可以有学业、成绩、智力、动机、兴趣等等不同的特征，这些特征就可以称为变量（或称纬度、因子、分类标准）。

一个具体的教育研究课题，往往涉及多个变量及其相互关系。所以，在确定研究计划时必须依据研究目的，详细列出研究所涉及到的研究变量，并加以具体确定和认真选择。下面简述一下研究变量的类别：

变量依其相互关系可分为自变量、因变量和无关变量（控制变量）。

自变量是由研究者主动操纵而变化的变量，是能独立地变化并引起因变量变化的条件、因素或条件的组合。在教育研究中，自变量一般是我们所关注的教材、教法、教学手段或教学组织形式等等。

因变量是由自变量的变化引起被试行为或者有关因素、特征的相应反应的变量，它是一种结果变量。因变量通常与教育目的有关，如知识的掌握、能力的增进、品德及其他优良个性品质的形成等。

无关变量又称控制变量，泛指除自变量以外一切可能影响因变量数值因而对研究可能起干扰作用的因素。说它无关，是指它与自变量无关，与研究目的无关。但由于它对研究结果将产生影响，所以需要在研究过程中加以控制。

（二）确定因变量

确定因变量主要包括两方面的工作：

1. 列出该研究主要的变量

研究中由于自变量的变化相应的变化的因素可能是很多的，因此有必要在若干可能产生的效果中有所倾斜，以确定研究重点目标。如，以五年为一周期的小学整体改革实验的总体效果，可概括为三个“一”：一批合格的学生，一套有效的教育模式，一支教育管理人员和实验教师队伍。其中，第一个“一”是最主要的，教育总是以培养人为最根本目的，有了第一个“一”，后两个“一”便是必然引出的副产品。

2. 确定加以测量和检验的反应指标——抽象定义和操作定义

所谓抽象定义，是指研究变量共同本质的概括，如卢仲衡的数学辅导实验，因变量是学生的自学成才能力，抽象定义则要对“自学能力”的概念、自学成才能力的结构进行界定，作出明确说明。整体实验中将学生发展质量分出知识、技能、智力、品德、个性和体质六个方面。在发展学生主体性的实验中，需抽象出主体的自主性、主动性、创造性等行为表现特征。抽象定义是操作定义的基础。

操作定义是指变量的较精确与不含糊的定义，将其以操作的方式表示，标明因变量是能被觉察和测量的。从本质上讲，变量的操作性定义就是关于用什么办法测量以及如何测量变量的描述。

以下是操作性定义的几个例子：

学习能力：在斯坦福—比奈智力量表 LM 表格中的分数。

发散思维：砖的用途测试的分数。

概念理解能力：要求准确回答 5 个概念的内涵以及回答所用的时间。

操作性定义不仅是为了满足交流的需要，而且是满足教育研究所必须的，同时也是如何测量变量所必须的。如，在构造“学生偏爱非命令式的教师，而不喜欢命令式的教师”的假设之后，研究者必须提出这样一个问题来：我所说的“偏爱”是什么意思？而“非命令式”和“命令式”的教师又指什么说的？对这几个问题的答案就要采取操作定义的形式。“偏爱”在操作上可以解释为学生对某位特殊的教师比对其他的教师更为喜爱；或“偏爱”可以要求学生把他们的全体教师按喜爱的程度排列成序来测定。对“偏爱”的操作定义侧重点不同，就会引起测量方法的不同。“偏爱”第一种操作定义要求把“特殊教师”与其他教师进行相比，而后一种定义则要求对全体教师进行两两相比。

（三）研究变量与假设

在对研究变量及其操作性定义有了简单了解以后，我们来说明研究变量与假设表述的关系。假设是一种推测或对问题答案及情况状态的一种猜测。一般地说，假设具有理论的某些特征。如前所述，假设从操作上讲是对所欲研究的变量之间因果关系或相关关系的假定，下面就列举几个假设以供参考：

假设 1：在无形的强化条件下，中班儿童较低班儿童的学习有显著的优良成绩。

自变量：在同一种条件下的中班儿童对低班儿童

因变量：学习的进度与质量

假设 2：在小学年龄组中，超出平均体高的儿童比低于平均体高的儿童往往被同班同学选为班长。

自变量：超出平均体高的儿童对低于平均体高的儿童

因变量：被同班同学选为班长

假设 3：优秀或比较好的教师特有的感性认识部分地取决于他对教育的态度。

自变量：教师对教育的态度

因变量：优秀教师或较好的教师特有的感性认识

假设 4：开放型的课堂教学有利于学生主体性的发展。

自变量：开放型的课堂教学

因变量：学生主体性的发展

一般认为，一个规范表述的假设，至少应具备以下标准：

（1）说明两个以上变量间的期望关系。

（2）假设必须是可检验的，即表述的语义是明确的、可操作的、不致于造成歧义的，假设语义模糊就无法检验。

（3）必须是陈述句，而不能是疑问句。当然，可以是肯定陈述，也可以是否定陈述；可以是全称肯定或否定，也可以是单称（部分）肯定或否定。

第四节 研究方案的形成

研究设计初步完成并得到确认之后，更为大量而细微的工作就是形成研究方案（Research plan）。形成研究方案主要包括确定研究对象，选择方法手段并编制工具，制定行动（工作）计划等工作内容。

一、确定研究对象

（一）明确对象总体和分析单位

研究者在确定研究对象时，首先要明确研究对象总体和分析单位。所谓总体（Population）是指所要研究的对象的所有个体单位构成的全体（Universe）。特定的研究中，其总体的大小是由课题内涵决定的，假若课题是要研究某校某年级差生形成的原因，那么，该校该年级中符合差生定义的所有学生便构成研究对象总体；如果课题是当代中国青少年理想调查，那么中国（包括台港澳）所有青少年便构成这项研究的对象总体。

分析单位是研究中采用的基本单位。在教育研究中，分析单位是多种多样的。它可以是个人，在对青少年各种状况的研究中，在对教师状况的研究中，往往多以个人为分析单位。分析单位也可以是群体或组织，如学校、城市、正式或非正式的学生团体等都可以作分析单位。不同性质的总体和研究目的，要求采用不同的分析单位。

（二）选择抽样方法

要想得出百分之百可靠的研究结论，去考察对象的全部或整体当然是最理想了，然而，限于人力、财力和时间要求诸种条件，除少数微型研究，如对某校某班差生形成原因的调查，绝大多数不可能穷尽对象的全部，而只能采用从对象总体中抽取一部分有代表性的样本进行研究，然后将研究结论推广到对象总体。

样本是总体中提取出来用以研究的一部分分析单位，例如，从某城市的几所学校抽出100名教师进行素质调查，这100名教师就构成了一个样本。样本是总体的缩影，是用以估计或推断总体全面特征的依据。我们直接研究的对象是样本，实际研究的对象是总体。按统计惯例，样本单位数达到或超过30个称为大样本，低于30的样本便称为小样本。在书面调查中通常采用大样本，而教育观察或实验因投入高风险大，故常采用小样本。

抽样的方法很多，大致可分为两类：概率抽样和非概率抽样。

1．概率抽样方法

概率抽样的方法是多种多样的，常用的有简单随机抽样、分类（或分层）按比例抽样、整群抽样等等，（这些方法的具体内容将在调查法、观察法等章节详述）通过概率抽样，可以得到近似总体的样本。

2．非概率抽样方法

当研究者不要求样本必须代表总体，只求从中找到答案，并不企图把这些答案推广到总体范围时，就可以用非概率抽样方法来选择研究对象。这类方法常用的有：偶然抽样、质量抽样、定标抽样和雪球抽样等，具体内容也将在有关章节详述。

二、选择研究方法、手段

正像教学要选择恰当的方法和手段一样，教育科研也需要精心挑选得心应手的工具，小学教育科研可供选择的方法很多，研究者不能盲目地赶时髦，流行什么选什么，而只能是从“方法总是服务于特定研究目的的”这一认识出发来选择合适的研究方法。

概略地讲，你的研究目的是形成新的科学事实，且对象又是活动形态的，你就应该选择观察、调查、实验等类方法，若对象是文献形态，你就应选择文献法和内容分析法；你的研究目的是形成新的科学理论，那就应选择归纳演绎等理论研究方法。

进一层认识，研究题目所指向的研究对象特定项目，也是选择具体方法的依据，譬如你研究的是分析单位的意向（以人为分析单位的研究常以意向为对象），假定是要考察课堂上教师对学生的态度、或者家长对子女上大学的期望，那就适于用调查法而不宜用观察或实验，倘若研究的是分析单位的行为，如退学、弃教、从事第二职业、攻击行为等等，那么最佳选择就是观察，假若研究者希望搞清楚这些行为产生的原因，或者期望出现某些积极状态等等，那也可以设计实验来研究。

各种研究往往还需要使用特定的工具，如观察法需要观察记录表，调查法需要问卷或谈话提纲，实验法需要试题或量表，在没有现成可用的工具时，就要特定编制，这些工具的编制要领，我们将在有关章节介绍。

三、制定行动计划

研究的行动计划一般称工作计划，研究工作计划的制定建立在研究设计基础上，是对如何实现某一研究设计的行动规划、时间规划、组织形式规划和经费规划。研究工作计划的主要内容是划分工作阶段与程序，明确每一阶段的工作任务和要求，结算每阶段需要的工作时间，确立研究的组织形式，列出研究人员之间的分工职责与合作项目，规定对研究工作开展状况的检查时间与方法，以及研究成果的形式，评价与鉴定，研究经费的预算等。研究工作计划是对整个研究过程的全面规划，应把它建立在对研究活动的系统分析基础上，寻求最佳组合。

研究工作计划的完成，意味着研究准备阶段的构思部分基本结束。在进入实际研究前，往往还有一些具体的准备要做。如基本的研究经费的筹措，物质、技术设置的添置，参与研究的、不熟练工作人员的培训，对具体研究对象或环境的初步了解。这些工作的完成都将为研究工作的顺利开展创造条件。

思考题：

1. 解释下列名词（术语）：
   （1）怀疑、变换思考角度、类比与移植
   （2）假设：归纳假设、演绎假设，研究假设
   （3）变量：自变量、因变量、无关变量
2. 在小学教育科研中怎样发现问题、怎样确立课题？
3. 为什么要论证课题？在小学教育科研中怎样论证课题？
4. 假设有哪些类型？假设在教育科研活动中起何作用？
5. 假设与变量是什么关系？如何准确地表述假设？
6. 形成研究方案的主要工作内容是什么？结合您的工作实际，草拟一份研究方案（提纲）。

第三章　教育观察法

本章提要

教育观察法是教育科研中获取科学事实、形成科学结论的重要方法之一。本章首先介绍了教育观察法的含义、特点和功能，并从不同角度对教育观察法的基本类型作了较系统的分析，还讨论了教育观察法的主要优点和缺点，以期让读者对教育观察法形成一个整体的认识。其次，较详细地解释了教育观察法的设计步骤和教育现场观察的实施步骤，旨在让读者不仅理解相关的知识，而且能结合工作实际运用教育观察法进行教育研究。最后，为使读者学会结合工作实际应用教育观察法，本章介绍了在小学教育教学实践中观察法的综合实施策略和典型例子。

第一节　教育观察法概述

一、教育观察法的含义、特点和功能

（一）教育观察法的含义

观察是日常生活和工作中经常进行的一项活动。要了解学生，就要观察学生的言行举止；听课，就要观察教师和学生的言语和行为表现；旅游，就要观察沿途的景物……这些都属于日常观察。日常观察是对自然存在的现象的自发的、随机的感知，不一定有明确的、稳定的目的和计划，也不要求作严格的、系统的记录，但它是获取外界信息、正常地生活和工作所不可缺少的活动。正是这些活动的

逐步积累，使我们获得了丰富的信息，从而认识世界、认识社会，并为我们探寻自然和社会发展变化规律打下基础。然而，由于日常观察一般没有明确的目的，主观随意性和偶然性较大，所以这些观察往往缺乏系统性，由此得到的信息不便于形成比较科学的结论。例如，我们注意到某个学生连续三次考试都得到好成绩，但不一定能得出他一贯成绩好的结论，更不能预测他下一次考试有多大可能性取得好成绩；再如，我们看到两个学生在激烈争论，就不能简单地下结论：他们一定是关系不好，或者他们一定是在认真探讨学习中出现的问题。

在教育研究中经常运用的教育观察法（Educational observation）则是研究者在比较自然的条件下通过感官或借助于一定的科学仪器，在一定时间、一定空间内进行的有目的、有计划地考察并描述教育现象的方法。

作为教育研究方法的教育观察法与日常观察有质的区别。不过，日常观察并非没有价值。在教育研究中许多正式研究的问题的提出与假设的形成都离不开日常观察。比如："年轻活泼的班主任所带的学生往往思路开阔"、"在小学阶段女学生的成绩一般比男学生要好"、"在教学过程中学生多动手动脑有利于对知识的掌握"等日常观察中形成的看法都可以成为正式研究的问题；另外，对教育对象和很多教育现象的认识，也需要以大量的日常观察作为基础。因此，教育工作者要想提高常规工作和教育研究的科学水平，就应该重视在日常工作和生活中发挥日常观察的作用，并逐步加强观察的目的性和计划性，以提高观察的科学水平。

（二）教育观察法的主要特点

1. 教育观察法有明确的观察目的

在人们的各项活动中，一方面活动对象是多种多样的，另一方面每个人都各有其独特的个性，所以活动的方式、过程和结果呈现出纷繁复杂的状态。对这些活动进行观察，如果没有明确的观察目的，就难以把握观察的重点，难以对复杂的现象进行取舍，更难以控制观察的过程，观察的结果难免零乱、琐碎，不利于进一步的归纳总结。一旦明确了观察目的，观察者就会确定所要观察的内容，有效控制观察过程，并系统记录观察结果。例如，某学校的教师想研究两个班学生的学习主动状态的差异，那么他事先就要明确定义“什么是主动学习”，并且要明确主动学习的行为表现，即哪些行为可看作主动学习的行为，而哪些不是；同时要明确主动学习的行为表现在时间（课内、课外）、空间（校内、校外）等方面的分布情况，包括在单位时间内出现的次数、持续时间和涉及的人次等计量标准。这样观察就有了针对性，既不至于完全凭兴趣，也不至于仅仅了解偶然出现的表面现象，从而避免了主次不清的局面。

2. 教育观察法有系统的计划

教育观察法对观察活动的时间、空间、顺序、过程、对象、仪器、记录方法与表格等都有预先的系统的计划、安排和准备。这一点充分地体现在后面所要谈到的“教育观察法的设计步骤”这个内容中。系统的计划能使观察效率大大提高，从而保证了教育观察法的科学性。

3. 教育观察法是在自然状态下的观察

所谓自然状态就是指对观察对象不进行任何干预和控制的状态。在自然状态下进行观察能使观察研究者考察到被观察者在日常现实生活和学习等活动中真实的、典型的和一般的行为表现。如果被观察者的行为表现受到了外来干预或控制，那么所观察到的结果就可能是歪曲的、甚至是错误的。当然，要严格地做到在自然状态下进行观察，确实是不容易的，所以，要获得对被观察者的正确、真实的了解，很有必要系统地学习教育观察法的有关理论和做法。

（三）教育观察法的功能

教育观察法在中小学教育工作和教育研究的许多领域中都可以发挥作用。它的主要功能体现在如下方面：

1. 了解学生的学习、生活、娱乐等方面的情况

学生的学习包括学习的时间、学习的习惯、学习的内容等内容；学生的生活包括学生的心理状况、学生的自理能力、消费状况等内容；学生的娱乐包括学生的课外活动时间、空间的安排，学生在活动中的感受和表现，学生对不同活动的选择倾向等内容。运用教育观察法系统地了解学生在各方面的表现，就可以进一步探寻学生学

习、成长过程中的规律，便于深入研究教育现象、教育规律，改进教育工作。

2. 了解教师的教育、教学活动

教育观察法可以帮助我们系统地观察教师在课堂教学中的活动情况；在这方面，可将教师的教学活动行为表现分类并确定每次观察的主要方面，从而探讨与教师教学活动行为表现有关的规律。教育观察法还可以帮助我们系统了解教师的教育活动，如：根据班主任工作的时间、空间分布情况，确定每次或每项观察的内容，从而系统、深入、具体地了解、研究班主任的教育活动。

3. 了解学生与教师的关系

师生关系涉及教师对学生的态度（民主、严格、专横等），学生对教师的态度（亲近、疏远、钦佩、敬畏等）和教师教育教学行为与学生行为表现之间的关系等内容。通过教育观察法可以全面了解这些情况，并进一步研究教育者和受教育者之间的相互影响，以便提高教育教学质量，促进学生更好地发展。

4. 了解学生或教师的群体氛围

教育工作中涉及的群体主要是学生群体和教师群体，这些群体中的氛围和人际关系都是教育过程中不可忽视的因素。通过教育观察法了解这些情况，能进一步揭示各项教育因素的作用，使教育过程得到更好的调控，从而产生更好的教育效果。

5. 了解其他教育影响的作用

除上述几方面外，还有不少教育因素值得我们了解和研究，如不同教材、教学手段、校园环境对学生的影响。这些也可以通过有目的、有计划的系统观察予以了解、予以研究。

需要注意的是，一方面，教育观察法在具体应用中往往不是单独发挥作用，而是与其他科研方法一起协同作用，共同为教育研究作出贡献；另一方面，教育观察法往往也不是单独发挥某一项作用，而是综合发挥出多种功能。其实，在教育研究过程中，需要研究的内容往往不是单方面的因素，而是多方面因素的综合，如：了解教师的教育教学活动必然要与学生的学习、生活表现相联系；了解学生的学习生活情况又不可能与其所受的来自社会、家庭和教师的影响分开。这就更说明具有明确目的和系统计划的教育观察法在常规教育工作和教育研究工作中的重要性。

二、教育观察法的分类

在具体的运用过程中，教育观察法因其具体的观察目的、观察内容、观察方式和手段等方面的不同而区分为不同的类型。下面根据不同的分类标准解释几种类型的教育观察法。

（一）自然观察法和实验观察法

根据教育观察的环境是在自然状态还是在人工控制状态，可将教育观察法分为自然观察法和实验观察法。

自然观察法（Naturalistic observation）所要求的环境一般是在自然状态下，即事件自然发生对观察环境不加改变和控制的状态下进行的观察。自然观察法又可分为隐蔽的和公开的两种。在隐蔽观察中，被观察者不知道他们正在被观察；在公开观察中，被观察者能见到观察人员，知道自己正在被观察。隐蔽观察和公开观察所产生的效果是不同的。隐蔽的观察能了解到自然、真实的情况，但是不容易达到隐蔽的要求；因为被观察者的行为在时间、空间的分布上不可能是固定不变的，所以观察者为了全面了解被观察者的情况就必须与被观察者在一起或相隔不远，而在较长时间内这样做，很难保证不被观察对象发觉，观察者也很难不作为一名参与者参加被观察者的活动，这对被观察者的行为必然会有所影响。如果采用公开观察，则被观察者知道自己正在被观察，其行为表现很可能有反应性的变化，从而不再完全是自然的、真实的表现。

实验观察法（Experimental observation）是在人工控制的环境中进行的系统的观察。其根本特点是：它不仅要有明确的观察目的和周密的实施计划，要求观察者精确地观测观察对象的行为表现，而且要求对被观察者的行为表现的一个或一个以上的影响因素（自变量）进行控制，并观察这种控制对被观察者的行为表现（因变量）的影响，从而发现这些影响因素与被观察者的行为表现之间的关系。

这里需要明确的是：实验观察法对观察条件和影响因素进行控制，并不等于要控制被观察者的行为表现。实际上，被观察者的行为表现仍是在这种条件被控制了的情况下自然发生的，即被控制的是条件和环境，而不是行为发生的机制和过程，所以，在这种情形之下自然发生的行为表现仍是客观真实的。

在实验观察法中，要对被观察者进行隐蔽的观察，就比在自然观察法中要方便得多。例如，要了解课堂上教师的教学行为和学生的学习表现，在自然观察法中，观察者就必须坐在教室里听课，这对被观察者必然会有所影响；而在实验观察法中，则可采用录像、录音或单向镜等设备，从而在被观察者不被打扰的条件下进行观察。

（二）直接观察法和间接观察法

根据观察时是否借助有关仪器设备，可将教育观察法分为直接观察法和间接观察法。

直接观察法（Direct observation）是指直接通过观察者的感官考察被研究者活动的方法。这种方法的优点是可以获得直接、具体而真实的第一手材料，而且观察者的主动性强，能根据观察目的及时调整观察内容，从而及时抓住许多重要的细节，包括被观察者的情绪反应、语气强弱等行为表现。不过，由于直接观察法是通过人的感官进行的，人的感官认识事物时的局限性自然也会制约这种观察法的使用效果。这种制约性主要在三个方面：

（1）人的感官的灵敏度有限。如：对于过快或过慢的运动变化、较细小的图像、微弱的声音等不容易分辨。足球比赛中常常出现的裁判员难以发现运动员过快的犯规行为就是一个典型的例子。

（2）人的注意与短时记忆的广度（即范围）有限。一方面，在某一段时间内，观察者难于把注意分配到同时出现的多个事物及其变化上，另一方面，在某一瞬间可能注意到不少重要的细节，但时间一长就难于观察到事物出现和变化的全程，也难于把观察结果及时地记录下来。比如，观察一个班、一个组甚至一个学生的课外活动的表现时，观察者往往很难把所有的情况都观察到，而且即使观察到了的重要情况也不易及时全面完整地记录下来。

（3）由于视听感官的局限，观察者通常不能离被观察者太远，这样一来，被观察者很容易发觉观察者，从而不能表现出本来的自然的情形，使观察到的行为表现失真。

间接观察法（Indirect observation）是指观察者借助一定的仪

器、设备考察研究对象活动的方法。这些仪器、设备有单向观察屏、摄像机、录音机、照相机等。借助这些仪器、设备，观察者可以克服人的感官的局限性，扩大观察范围，提高观察和记录的准确性，同时不必过多地干扰被观察者的行为表现。比如，录音机可以记录下现场人员讲话的全文，摄像机可以摄下较大场面的活动，这些都有助于克服人的感觉灵敏度不够高、注意和记忆广度有限的局限；单向观察屏可以不让被观察者发现观察者，从而有效地避免反应性变化。间接观察法的不足是经费支出较大，同时，对相关技术的要求也比较高；此外，如果在现场使用有些仪器如摄像机、照相机等，被观察者的行为表现仍有不够真实的可能。

这里需要强调的是：直接观察法和间接观察法的区分是相对的。虽然只用感官进行的观察或只用仪器设备进行的观察是存在的，但在具体的教育实践和研究工作中，二者往往相互结合，共同发挥作用，以取得更好的观察结果。

（三）参与观察法和非参与观察法

根据观察者是否直接参与被观察者所进行的活动，可将教育观察法分为参与观察法和非参与观察法。前面所讲的直接观察法包括参与观察和非参与观察，而间接观察就只能是非参与观察。

参与观察法（Pavticipant observation）是指观察者参与到观察对象的活动之中，通过与观察对象共同进行的活动从内部进行观察。这种参与在程度上是有差异的，所有的参与观察研究都介于“参与者的观察”和“观察者的参与”之间。“参与者的观察”是一种比较理想的观察水平，即观察者成了被观察者所接纳的成员，被观察者不会因为观察者在场而改变其典型的行为表现。一般地说，在中小学里教师在参与学生的活动时进行的观察或研究者在参与教师、学生的活动时进行的观察，还难以达到这种程度。“观察者的参与”则是指这样一种情况：观察者虽说也参与观察对象的活动，但不被观察对象所接纳，仍被观察对象视为局外人；在这种情况下，被观察者虽不拒绝观察者参与活动，但他们的行为会出现与平时不一样的表现，从而使观察结果的真实性受到影响。既然所有的参与观察都介于这两者之间，那么就存在一个具体的观察究竟居于何种水平的问题；这个问题是所有观察研究者必然遇到的问题。我们认为，一个研究者经过一段时间的多方面的努力，可望将其观察水平提高到更接近“参与者的观察”，而不再局限于“观察者的参与”。

非参与观察（Non-partioipant observation）是指观察者不参加被观察者的任何活动，完全以局外人的身份进行观察。这种方法得到了比较普遍的运用，比如，外来听课者听一位教师的公开课，就仅仅是作为一个旁观者进行观察，而不参与教学活动；研究者为了了解学生课间活动的特点，可以在课间隐蔽地观察学生们的活动情况。非参与观察在获得事实方面比较客观、公正，这是它的优点。然而，由于观察者未参与被观察者的活动，他对所观察到的情况难以作更深入的了解，容易被一些表面现象所迷惑甚至误导。同时，被观察者的行为仍有可能因为观察者在场而受到影响；例如，有外来听课者在场时，有的学生可能想充分表现自己而比平时更主动地回答问题，有的讲课者和学生则可能在此时感到拘谨而不敢像平时那样大胆、轻松，这样，观察者观察到的情况可能有失真的成分。

可见，参与观察法与非参与观察法各有利弊。如果观察研究者能与被观察者建立融洽的关系，那么采用参与观察就能获得许多在非参与观察时感受不到的体验，获得许多在非参与观察时得不到的重要信息，然而观察者与被观察者之间的关系较难达到这种程度。在这方面，中小学教师和管理人员，至少在得到“参与者的观察”的机会时是占有优势的，而且这种优势又是其他教育科研人员所难以得到的，所以，从更高效地发挥教育科研所需的人力资源的作用的角度考虑，我们应该比以往更为重视中小学教师和管理人员结合工作实际进行相关的教育科研。相对而言，非参与观察要省事得多，只要精心设计观察方案并认真实施，也可以收到许多真实的信息，而且由于不参加被观察者的活动，观察者在记录时更为方便、客观，不会受参与活动时个人注意力分散或情感因素的左右，这又是参与观察法所欠缺的。

（四）有结构观察法和无结构观察法

根据观察是否有统一设计的、含有一定结构的观察内容、项目和相应的要求，可将教育观察法分为有结构观察法和无结构观察法。

有结构观察法（Structured observation）在观察前有详细的观察计划、明确的观察指标体系，而且在观察时严格按计划进行，能对整个观察过程进行系统的、有效的控制和完整、全面的记录。有结构观察法的长处是能系统地、高效地获得大量真实的、确定的观察资料，容易进行观察记录，而且观察结果便于进行系统的定量处理和对比分析；它的短处是对观察设计人员和观察者的理论和技术要求较高，同时观察过程比较呆板，缺乏灵活性。

在无结构观察法中，观察者只有一个总的观察目的和观察要求，或仅有一个大致的观察范围和内容，没有详细的观察计划和观察指标体系，观察时要依据观察目的按观察者的理解有选择地记录观察结果。无结构观察法的优点是灵活、适应性强、操作简单；缺点是：(1) 由此得到的观察结果比较零乱；(2) 不同观察者因其主观因素不同而对观察目的和要求的理解不同，致使观察结果难于比较；(3) 在不同时间或对不同对象进行观察的结果有时不便进行比较。

（五）时间取样观察法和事件取样观察法

要对研究对象有全面的了解，最理想的办法当然是观察他（们）全部的行为表现；但是，只有少数微型研究可对全部研究对象的全部行为表现进行考察，而大多数研究则由于时间、人力和财力等方面的条件限制，不可能对全部研究对象的全部行为表现进行考察，这样，就只能采用从全部研究对象及其全部行为表现（总体）中选择一部分有代表性的对象和典型的行为表现（样本）进行考察，然后再将对样本进行研究所得的结论推广到对象总体。

按照对所要观察的对象及其行为表现的不同取样方式，可将教育观察法分成时间取样观察法和事件取样观察法。

时间取样观察法是指在选定的一定时间内进行观察，对观察对象在这一时间段或这一时刻发生的各种行为表现和事件作全面的观察和记录。这种观察法可以随机选取时间，也可以选择可能发生典型行为或事件发生相对集中的时间。

事件取样观察是指对某种与研究目的有关的、预先确定了的、有代表性的行为或现象的背景、起因、经过、结果、持续时间等方面进行观察和记录。通过对这些有代表性的相关事件的观察和进一步的研究，观察者可以对感兴趣的事件形成比较全面、深入而正确的认识。我们都知道要用动态的观念去了解、研究工作对象，为此，我们可以通过观察他们在不同事件中的表现来了解他们。例如，要了解一名差生的转化情况，可以选择在进行新的转化工作前后该生所经历的不同典型事件的背景、行为表现、结果等项目进行观察和调查。

时间取样观察可以选择固定的事件，也可以不选择固定的事件。在选择了固定的事件时，时间取样观察与事件取样观察存在着交叉之处；此时要注意区分两者的不同重点。事件取样观察以事件的发生、发展的线索为重点，旨在了解事件发生及变化的规律；而时间取样观察的重点是观察了解在一定时间内事件的有无和多少（如有的听课者专门负责观察了解师生课堂活动的时间比例），而不关心事件的原因和进程等情况。事件取样观察少不了涉及时间，但这种时间在一次观察中是不受什么限制的，一般以事件的过程长短为标准，事先也无法控制；而时间取样观察中的时间是事先安排好了的，不能随便变更。例如，我们通过现场观察了解一名学生在5分钟内读出汉语拼音直呼音节的个数，这是时间取样观察；了解一名学生读一篇课文的情况，包括时间长短，这是事件取样观察。

以上对教育观察法的分类是从不同角度进行的，所以不同的分类之间存在着交叉的情况，例如，一项观察研究可以是参与式的、有结构的、事件取样的直接观察。从不同角度进行分类的目的是为了更全面地认识教育观察法的特点，以便结合具体的研究目的和研究内容，从多角度考虑并选择科研方法，包括教育观察法。

三、教育观察法的优缺点

（一）教育观察法的主要优点

1. 简便易行

运用教育观察法往往不需要专业程度很高因而较难掌握的理论和技术，这样，无论是在常规工作中为了改进现状而作的探索，还是专业研究人员所进行的预备研究乃至更深入的研究，都可运用（而且往往是必须用）教育观察法，以了解工作现状，或确定进一步研究的内容和对象。

2. 所获资料可靠性较高

因为所要观察的行为或事件发生在自然状态之中，这样，教育观察法所获得的资料可以直接反映客观事实，有利于全面了解客观事物的真实面貌，因而它的可靠性较高。其他教育研究方法则可能因为间接获取资料，或对行为与事件控制过多和研究对象的态度差异而使所获资料的真实性受到更大影响。

3. 可纵贯分析教育现象

教育观察是在自然状态下进行的，同其他研究方法相比，研究者可对研究对象进行更长时间的观察（例如，对某些学生进行跟踪观察），可以较为持久地获得较可靠的第一手材料，因而，观察者能有充分的时间对行为趋势或事件发生的可能方向进行深入的、持久的考察研究，从而能够在大量的行为和事件中区分偶然事件和平常事件，有利于取得对它们的进一步的认识。

（二）教育观察法的主要缺点

1. 易受观察者的主观因素影响

因为各人所具备的知识、经验、情感等方面的背景不同，不同的观察者对待观察的对象、行为或事件往往都有一定的主观态度或看法，从而形成一定的或明或暗的期待。这样，观察者在观察过程中对自己认为本该出现的事实容易观察到，而相反的事实则较易被忽视。这一点在未经进一步训练的观察者身上有较多的反映。为克服这一缺点，除了采用科学的观察程序和技术以外，我们还可以增加多个观察者以使观察结果更能反映真实情况。

2. 观察结果的代表性不够高

在具体运用教育观察法时，一方面，所观察的行为或事件发生在自然环境里，研究者往往对可能存在的干扰因素难以控制；另一方面，无论是时间取样还是事件取样，都不一定能代表更多乃至全部的观察对象或更长时间的行为与事件。所以，教育观察法虽有直接性和可靠性的优点，但其结果在反映客观事实方面往往具有表面性、片面性和偶然性的缺陷。因此，要使教育研究取得更好效果，在运用教育观察法时，还需结合其他研究方法。

3. 有些观察活动可能使观察结果失真

若观察者在观察对象可觉察的范围内观察，或参与被观察者的活动，或在现场采用了一些人们较少见到的设备，则被观察者的活动可能受到影响。

认识到教育观察法的优点、缺点，我们就应该在具体运用它时充分发挥其长处，而克服其短处，使教育观察法产生更大作用。

第二节　教育观察法的设计

如前所述，教育观察法的特点包括它有明确的目的性和计划性，因此，在运用教育观察法时必须首先进行设计，才能保证它有更高的科学性。尽管不同类型的教育观察法所需的设计有不同特点，但就其共同点而言，教育观察法可按如下步骤进行设计。

一、确定观察内容

一开始进行观察，就面临着“观察什么”的问题，也就是要确定观察内容。这个问题似乎不成问题，但实际上并非那么简单。合格的观察内容必须具备两个基本条件：一是准确地反映、体现或说明观察目的；二是能够被操作，即观察人员能据此观察到应该观察的行为或事件。因此，要确定好的观察内容并形成合理的内容体系，一方面要准确地理解观察目的和相关概念的内涵与外延，另一方面要明确界定所要观察的内容在具体场景中的实际表现，包括行为表现、事件发生发展的标志等操作性定义。

例如，要观察学生主动学习的情况，首先就应准确地理解什么是“主动的学习”，其内涵和外延是什么；其次，要将抽象的概念用具体的行为表现来体现，即“主动学习”的具体表现是什么。我们既可以按空间的分布确定学生在课内课外主动学习的具体行为特征，又可以按时间的顺序确定学生在一天或一个单元的学习生活中主动学习的具体行为。如对五年级学生而言，上课时主动学习的表现可以是：能认真听清老师和同学的话，积极主动地回答问题，并敢于主动地提出自己不懂的问题，表达自己的意见；根据学习的需要，积极参加小组的学习和讨论，并互相检查，熟悉小组和集体活动的形式等等。

二、选择观察方式

在明确了“观察什么”之后，就要解决“怎样观察”的问题。不同类型的教育观察法各有其优缺点，而具体的观察内容和相关的客观条件也各不相同，这就需要结合这两方面的情况，选择最有利于获得科学结论的观察方式，充分体现不同观察方式的优点，而克服其缺点。例如，如果一名学过一定理论的实习班主任想研究一下学生班集体的形成过程，就需要观察学生参与集体活动时的行为表现及相关事件，那么他可以选择结构式直接参与观察法。结构式观察事先对要观察的内容作了比较全面的思考和设计，而直接观察不需要更多专用设备，操作起来比较容易；现在他有实习班主任的身份，有可能尽快与学生建立起和谐的关系并参与班集体的活动，这又是他可以采用参与观察的有利条件。

当然，不同类型的观察方式和具体的观察内容和客观条件这两方面情况的具体结合是多种多样的。无论作何选择，一定要便于更灵活地获得更真实的信息，使观察更深入从而更有利于获得科学的结论。

三、制定观察记录表和记录代码系统

（一）制定观察记录表

选择好了观察方式，并没有全部解决“怎样观察”的问题，因为任何一种观察方式都需要经过实施才能有效地发挥作用。为达到有效地进行观察的目的，就要制定观察记录表。

观察记录表是一种反映观察目的的、有效地记录行为或事件的工具。其功能主要有：(1) 指引功能，即指引观察者注意力的分配，使观察者不至于遗漏重要的内容；(2) 系统地记忆观察资料的功能，即帮助观察者及时系统地记下所观察到的行为表现或事件，便于在下一步的工作中对观察所得的资料进行分析和总结。记录表在这两方面的独特功能是不可能由摄像机或录音机简单地代替的，因为摄像机和录音机所记录下来的图像和声音并不一定能指引观察者的注意，也不能做到系统地记录观察资料；事实上，它们所记录的资料往往还得通过观察者进行加工，包括重新转录到记录表中，因为它们的记录虽然在很多方面弥补了人的感官的不足，但记录的材料仍是朴素的、尚待整理的。

那么如何设计观察记录表呢？观察记录表因观察方式不同而应有所不同，其主要设计难点是行为事件的记录内容因不同的研究目的、不同观察类型而不同。例如，若采用时间取样观察，则对在特定时间被观察的目标都应尽可能全面地观察并记录下来。“弗兰德斯师生互动观察类目系统”是运用时间取样观察法记录与解释师生之间相互作用的成功的范例。该系统主要观察记录课堂教学中师生的言语交往情况，以了解师生在课堂中的活动水平和地位。研究者事先对课堂上教师与学生的言语行为进行了分类，把教师和学生的言语各分成两类，即主动发起与作出反应；此外，还有一种停顿，即在观察期内师生均没有言语交往。各种反应的操作性定义，即具体的行为表现列举在表 3.1 中。

表 3.1　弗兰德斯师生互动观察类目系统

	教师言语
作出反应	1. 接纳情感：以平和方式接纳与理清学生的积极或消极的态度、语气。包括预料到并唤起学生的情感。 2. 表扬或鼓励：表扬或鼓励学生的行动或行为。包括开玩笑以消解紧张，而这种玩笑不伤害第三者；点头同意，或者说“是吗？”或“继续下去”。 3. 接受或利用学生的想法：理清、发展或拓展学生的看法。但若教师所说的更多的是自己的看法，则归入范畴 5。 4. 提问：基于教师的看法提出内容或程序方面的问题，以期学生回答。
主动发起	5. 讲授：示明内容或程序方面的各种事实或观点；表示自己的看法，作出自己的解释，或引证权威（不是学生）的观点。 6. 指令：给予指示、命令或要求，以期学生遵从。 7. 批评学生或维护权威：明言正告，以使学生的不可接受的行为变为可接受的行为；责骂学生；阐明自己所采取的行为的理由；强调自身的绝对权威。

续表 3.1

作出反应	8. 反应性说话：由教师引发交往，或要求学生阐述，或营造情境。
主动发起	9. 主动性说话：由学生主动说话。学生表明自己的看法；引出一个新的话题；自由拓展自己的观点与思想方法，比如提出一些有创见的问题；超越现存的结构。
	停　　顿
	10. 沉默或混乱：暂时中止谈话，短时间的沉默。或短时间的混乱使得观察者无法了解交谈内容。

研究者为上述表中的10种反应分别规定了代码，以便观察时能迅速、准确地记录。这项观察研究要求观察者每隔3秒钟记录一次师生行为活动的情况，一共要求记录5分钟。表3.2是用来作5分钟记录的记录表。

表 3.2　师生言语交流记录表

1分钟																				
2分钟																				
3分钟																				
4分钟																				
5分钟																				

运用这个记录表既可以计算教师、学生的各类反应的频率和比例，也可以了解各类反应之间的比率，如师生言语数量的比例，教师言语、学生言语在所有言语活动中的比例，学生言语与沉默时间的比例等等。

若采用事件取样观察法，则观察应以事件为中心，对事件发生者的情况、事件发生的背景、进程、时间长短、性质、结果和影响等进行观察、记录和分析、评价。与时间取样观察时要注意事件的多样性不同，事件取样观察需注意的主要是事件的参与者、事件发生的原因、性质、结果等。这一点可以在表3.3中得到说明。该表是为观察学生在自由活动时间中的自发争执事件而设计的。

表3.3 学生争执事件记录表

姓名	年级	性别	持续时间	发生背景	行为性质	做什么	结果	影响

（二）制定观察记录代码系统

不同类型的观察，尽管在记录表的设计上有所不同，但有一点要求是绝对共同的，即：快速准确的记录。那么如何快速准确地记录观察结果呢？一种策略是训练观察人员的记录速度，然而这种训练达到一定水准后，很难进一步提高，也很难记下更多的内容；另一种策略则可以帮助大多数人达到更为快速准确记录的目的，这种策略就是制定观察记录代码系统。

表3.4 师生交往符号代码系统

代码符号	行为特征内容
·	学生举手
⊙	学生举手并被老师提问
	学生举手并被老师提问，只回答了一个字
	学生举手并被老师提问，回答一般
	学生举手并被老师提问，回答良好
	学生举手并被老师提问，回答很好
□	学生没有举手，但被提问
	学生没有举手，但被提问，只回答了一个字

续表 3.4

<table>
<tr><th>代码符号</th><th>行 为 特 征 内 容</th></tr>
<tr><td></td><td>学生没有举手，但被提问，回答一般</td></tr>
<tr><td></td><td>学生没有举手，但被提问，回答良好</td></tr>
<tr><td></td><td>学生没有举手，但被提问，回答很好</td></tr>
<tr><td></td><td>学生没有举手，但被提问，不作回答</td></tr>
<tr><td><</td><td>学生问一个问题</td></tr>
<tr><td>|</td><td>学生没经老师允许，自己讲话</td></tr>
</table>

（此表转引自董奇《心理与教育研究方法》，广东教育出版社 1992 年版，第 228 页。）

所谓观察记录代码系统是研究者为方便地记录有意义的、可以观察和处理的行为类别或行为单位而制定的一套符号系统，也就是在行为类别或单位与符号之间建立起对应关系。制定并熟记观察代码系统，在实施观察时就可以用少量简单的符号代表相对应的行为类别或单位，从而达到快速、准确地记录观察结果的效果。表 3.4 就是一套观察记录代码系统的实例。

常用的代码符号有数字型的和符号型的两种。数字型代码使用不同的数字分别代表不同的观察行为或事件，所用数字的多少取决于具体研究中观察项目的数量。例如，表 3. 1“弗兰德斯师生互动观察类目系统”对课堂中师生言语交往的 10 种表现，就可以用数字 1～10 分别表示，在记录表中把观察到的行为用相应的数字代表即可。这种代码系统的优点是结果整理容易，但是在观察事件较多时，需要花很多时间在观察事件与数字之间建立对应关系，而且还要达到相当熟练的程度，否则容易犯错误。符号代码是用不同的符号来代表观察到的不同的行为或事件。符号的种类很多，既可以是抽象的符号，也可以是形象的符号。表 3. 4 所示的符号代码，就是以点、线条、圆圈和方形为基本要素进行设计的。当然，符号型代码还有其他设计方法，只要便于记录和记忆，可以自由地创造。

四、训练观察人员

在某些研究项目中，由于观察对象较多，观察时间较长，为了提高研究的效率，保证研究能够如期完成，可以增加观察人员。但是，观察人员不是可以随便挑选的，因为未经训练的人员往往缺乏观察的背景知识，不能很好地理解观察目的，不一定能抓住核心事件，也可能不知道如何记录观察结果。另一方面，在一般情况下，人们容易受主观倾向的制约，影响观察的客观性。常见的主观倾向有晕轮效应、宽大效应和趋中效应。晕轮效应就是以对观察对象的某一方面的印象代替其他方面的印象。例如，一个学生学习成绩好，有的老师就可能认为他在其他方面的表现也一定不错；一个学生成绩平平，有的老师可能认为他在跳舞方面也不会很出色。宽大效应则主要是指在对观察对象做判断时，或者标准过宽，或者标准过严的倾向。比较极端的宽大效应是对某些观察对象要求特别高，而对另一些观察对象要求却特别低。趋中效应是在等级判断时，回避极端性判断，而倾向于打中间分，特别是在对观察对象不是十分了解的情况下，更容易如此。

不论是因为客观原因还是由于主观倾向的影响，任何未经严格训练的观察人员都有可能在观察、记录的过程中产生较多错误，所以，要使观察、研究的结果可靠、系统，有必要在搜集观察资料之前对观察人员进行挑选、训练。对观察人员的培训主要包括：准确理解观察研究目的，熟悉所用的观察方法的特点、观察过程和观察技巧，学会对观察时发生的意外事件进行处理，学会快速、准确地记录观察结果等等。在必要的情况下，应在知识培训的基础上进行实践培训，以保证观察人员形成基本的观察技能，从而有效地进行观察和记录，为下一步研究的成功打下坚实的基础。有学者提出，只有当不同观察人员的观察达到80%以上的一致性时，才可以正式开始进行观察。

第三节　教育现场观察

一、教育现场观察的实施步骤

教育现场观察是指观察人员在行为或事件发生的现场进行的观察；它可以是前述多种观察方法的综合运用。在现场进行的观察可以得到丰富、全面而直观的第一手资料，为进一步深入的研究做好准备。

在明确了研究目的、确定了观察对象、观察地点、观察手段和记录观察结果的手段之后，实施现场观察主要有如下几步。

(一) 获准进入现场

要做到进入现场实施观察，观察研究人员必须解决两个问题：(1) 证明自己的身份和要进行的观察研究是合法的；(2) 进入现场的要求不被拒绝，最好能在得到允许的基础上取得有关部门人员的积极配合。

为了证明自己的身份和待进行的观察研究是合法的，观察人员必须属于某个正式单位（如某个学术团体、某个学校等等），并由该单位规定观察研究目的；同时，他应表明自己有能力实现这一研究目的。因此，观察人员最好有合法的、能证明自己身份、能力和观察研究目的的文件或证件。当然，本来就在教育活动现场的教师若想对自己工作范围内的被观察者的行为及事件进行考察，例如班主任了解学生讨论、争吵等行为，在获准进入现场上自然是没有什么问题的；不过，他若想作更广泛、更深入的了解，也同样不能忽视被学生或其他观察对象所接受的问题。

很多教育研究在实施教育观察法时是在公共场所或室外进行的，这时不必得到正式允许，但若取得一个能提供消息的相关人员的帮助则将使其观察更有成效。为了接触可提供消息者，许多研究人员直接与他们联系，但这要冒一定风险，因为事先没有什么有利背景，一般人很容易拒绝一个陌生人的建议。因此，更为可取的办法是：通过一个中间人接近可提供消息者；这个中间人既认识观察研究人员，又认识需要接近的可提供消息者。通过这个中间人，观察研究人员可以与能提供消息者较容易地建立友好的合作关系，至少不会被简单地拒绝。

研究人员在获准进入其他相对独立的群体、组织或单位进行观察研究，尤其是进行较持久、深入的观察研究时，很有必要采取一系列有准备的措施和策略。例如，一名研究人员通过一个熟人作为中间人获准进入一个学校观察、了解一个班的学生在上一门课时的行为表现，这是一个范围较小、时间较短而且涉及事务较少的观察研究项目。随着某个项目的展开，研究人员一方面经过努力争取到其所在单位批准他进行更大项目的研究，另一方面他又与该校领导和师生建立了良好的关系，于是他就有了更充分的条件在该校进行范围更大、时间更长、涉及面更大的观察研究。也就是说，最初的介绍信等文件陈述整个期间或其中一个阶段的研究目的，然后提出请求批准的最低要求；获准进入现场或做进一步努力后，再提出进一步的要求，这是一条可行的策略。人们已看到，如果研究人员业已得到最初的批准，或者研究工作已经开始，后来的进一步的要求就很少被拒绝了。

（二）与现场有关人员建立友善关系

在教育现场观察中这可能是最为困难而又最费时间的一步了，但这一步又是获得有效信息所不可缺少的；因此，观察研究人员必须保持足够的耐心和毅力，不能焦虑，一定要为进一步的研究而执着地完成建立友善关系的过程。

在上例中，先进行一班一科的学生课堂行为表现的观察研究，再扩展到更大研究项目，这绝对不是一蹴而就的。要取得批准和有关人员的配合以进行更广泛、更深入的观察研究，研究人员就必须在事先明白：这是一项需要坚持不懈而又耐心细致的努力的工作。例如，在第一阶段的观察研究中，研究人员可以让该校的有关领导、教师和学生看到：本项研究是本着客观、中立的态度进行的，他们绝对不会因此而受到任何的负面影响；相反，本项研究可以为他们改进工作和学习提供很好的帮助，并可能取得更有意义的成果，从而让更多的人受益。同时，研究人员还可以通过交谈、互相帮助等活动与现场中的有关人员建立和谐的个人关系。

认为如何克服考试焦虑症?”这个问题的前提观点是问题设计者提供给被调查者的，严格地讲，给被调查者提供这个前提观念是不谨慎的，它对被调查者的回答也会产生不良的暗示作用。

（4）妥善处理与社会规范一致或冲突的问题，避免“社会认可效应”。所谓社会认可效应是指被调查者按照社会规范、社会期望的反应进行反映，而不反应自己的真实观点、态度和行为。在回答有关思想、政治、道德等方面的问题时，人们往往按照好学生、好公民、文明行为等方面社会规范的要求而不是根据自己的实际来回答问题。如“您热爱中国共产党吗?”对这个问题，可能所有的被调查者都会回答“非常热爱”;“您认为遇到坏人坏事应该怎样?”被调查者一般会回答“与之作斗争”。这类问题都与社会规范有关，也会给被调查者造成思想和情绪上的压力，极易导致“社会认可效应”。这要求问题的设计需要将有关社会规范性的问题，在语言表述和提问的方式上做些调整。

3. 问题答案的设计

问卷中的问题答案的设计一般有两种情况：一种是设计者只提出问题，不提供被选择的答案，而由被调查者自己任意回答，即开放式问题。如关于学生思想状况的调查，可设计如下开放式问题：

（1）你最关心的问题是什么?

____

（2）你最希望的是什么?

____

（3）你最高兴的事情是什么?

____

（4）你最感兴趣的问题是什么?

____

（5）你最苦恼的问题是什么?

____

（6）你最想干的职业是什么?

____

另一种是提出问题后，提供被选择的答案，即封闭式问题。封闭式问题的答案的设计要遵循一些基本要求。第一，所提供的答案选项之间互不交叉或包含。如果答案之间相互交叉或包含，是不利于被调查者客观准确地反映实际的。第二，答案的意义明确、简洁。答案中应不出现“不一定是”等状态短语。第三，不同层次的答案之间的逻辑层次明确，层次之间具有明显的区分度，具有层次性的答案的排列也应遵循一定的逻辑顺序，由高到低，或由低到高排列。如“经常”、“总是”、“不经常”、“有时”等表示状态程度的答案之间的区分度是较模糊的。状态程度的模糊，往往使得被调查者难以作答。

封闭式问题的答案设计有一些基本格式，问题设计时可根据被调查者的特点、调查课题的性质，以及统计的需要适当采用。下面介绍几种封闭式问题答案设计的基本格式。

(1) 是否式。即答案只有是和否两种方式。如

①你在上新课前经常预习吗？

A. 是　B. 否

②你喜欢你的班主任吗？

A. 喜欢　B. 不喜欢

(2)多选一式。即从两种以上的备选答案中选择一种答案。如

①你最喜欢的课程是

A. 语文　B. 数学　C. 音乐　D. 美术

②你最喜欢的课外书籍主要是哪一类？

A. 关于课程的课外复习资料　B. 关于英雄人物的故事

C. 科技读物　D. 动画书籍

(3) 多项选择式。即从提供的多种答案中选择两种或两种以上符合个人实际的答案。究竟选择多少个答案，要根据调查的目的和任务来定。如

①你认为高中语文教材修订要解决的主要问题是（限选 3 项）

A. 加强理论性　B. 减少知识点

C. 增多现代文学内容　D. 加强可读性和文学性

E. 联系学生的现实生活　F. 加强能力的培养

G. 便于学生自学　H. 选材忠实原作品

②你喜欢的课外活动是哪些？

A. 语文兴趣小组　　B. 数学兴趣小组

C. 科技兴趣小组　　D. 田径队

E. 舞蹈队　　　　　F. 武术队

G. 音乐团

(4) 排序式。每个问题后有许多答案，要求被调查者按照一定的标准对这些答案评定等级层次，并依次排出顺序，并用数字表示这些答案的顺序。如：

请将以下所列的电视节目，根据你喜欢的程度，依次由1～10排序，最喜欢的排1，其次排2，依此类推，并将序号填在括号内。

(　)动物世界　　(　)大风车

(　)文化生活　　(　)科技博览

(　)儿童故事片　(　)美术动画片

(　)武打片　　　(　)世界各地、祖国各地

(　)军事天地　　(　)新闻联播

(5) 量表式和表格式。对两个以上的答案分成若干等级，并以量表或表格的形式编排，让被调查者以某种符号为标记，从中选择一个答案，如：

1. 你和同桌同学的关系的融洽程度如何？

十分融洽　融洽　一般　不融洽　很不融洽

2. 请将你的日常表现，在比较符合你的实际情况的空格内打"√"。

	做不到	偶尔做	做得一般	做得好
①不随地吐痰				
②不破坏树木花草				
③礼貌待人，不说脏话				
④遵守公共秩序				
⑤不乱丢废物				

(6) 后续式。即对选择某种答案的人再次提供进一步的问题和分析答案。后续式能够使被调查者的思维保持连贯性。如：

你经常看大风车等少儿电视节目吗？

A. 经常看　B. 有时看

C. 偶尔看　D. 根本不看

原因主要是这类电视节目的

A. 内容　　B. 内容问题

C. 制作水平　D. 主持人水平

（此部分为后续问题和答案）

4. 问题的数量

一份问卷的问题的数量和问卷长度要适当。问题数量和长度的适当是指通过控制问卷数量和答题时间，以保证被调查者对应答问卷的兴趣和认真态度。在时间上，一份问卷作答时间一般应在 30 分钟左右为宜，问题的数量一般应在 50 道左右。问题太多，时间过长，容易使被调查者产生厌倦情绪，导致敷衍塞责；问题太少，又不能得到有关研究的基本事实材料。为了控制问题的数量和问卷的长度，在设计问题时，对人口学事实性问题可在指导语后采取填空的形式来搜集，不必以问题的形式出现；对某些无关紧要的问题、可问可不问的问题尽量不问。

5. 问题的排列

问卷不是由问题随意排列构成的。问题的排列要遵循一定的规则，使问题之间具有一定的逻辑联系，并保证问题的自然过渡。一般来说，问题的排列应遵循以下六条原则：(1) 同类组合。即将相同性质的问题编排在一起，既便于被调查者回答，又便于对问卷进行统计。(2) 先易后难。即把容易的问题排在前面，把较难的问题排在后面。(3) 先一般后特殊。即把不容易引起被调查者情绪反应的一般性问题排在前面，把容易引起被调查者情绪反应的特殊问题放在后面。(4) 先大后小。即把概括性、背景性的问题排在前面，把涉及具体细节的问题放在后面。(5) 先次要后主要。即将对调查任务来说相对次要的问题（如事实性问题）排在前面，把关键性问题（如态度性问题）置于后面。(6) 先封闭后开放。即将封闭式问题置前，把开放式问题置后。

（三）问卷设计的步骤

问卷设计大致可分三个步骤：初步设计、试用、修订。

初步设计是问卷设计的中心环节。问卷的初步设计首先要根据调查的任务和目的，对调查课题中的变量下操作性的定义，以明确应调查的具体项目和所要搜集的资料。其次，根据具体的项目编写问题和答案，并按照问题表述的要求和问题排列的一般原则，对问题逐个进行分析，以初步确定问题及其编排顺序。再次，根据问卷的基本结构要求，编写前言、指导语和结束语。

试用是指在问卷初步设计完成后，选择少部分调查对象进行尝试性调查，并对尝试性调查结果进行分析。看一看初步设计的问卷能否搜集到所要搜集的资料，检查问卷还存在哪些方面的不足，以便修改和补充。

修订是在试用的基础上，对问卷内容进行修改和补充。对问卷内容的修改包括修改指导语，使指导语更明确，更容易理解和掌握；对问题及其表述语句进行修改或补充。

问卷完善后，进行正式调查，搜集资料，并对搜集的资料进行统计分析，得出调查结论。不过应注意的是，在问卷调查的实施过程中，要采用两种不同的问卷发送方式：当面发送和邮寄问卷。无论采取哪一种方式进行问卷调查，都应尽可能保证有较高的问卷回收率。发送问卷的回收率应不低于70%，邮寄问卷的回收率应不低于50%。否则低于70%或50%的回收率，是不能作为研究的结论的依据的。如果问卷的回收率仅30%左右，所搜集的资料只能作为参考；50%以上的问卷资料，可作采纳建议的依据；问卷回收率在70%以上时，方可作出研究结论。

（四）特殊的问卷方式

在小学教育科学研究中，对特殊的研究对象还必须采用特殊的研究方式，对低年级识字少的儿童和家长中的文盲，就不宜进行问卷调查。实在不能回避、必须进行问卷时，也应采用特殊的问卷方式，通常是将问卷上的问题和答案读给（或用通俗的话讲给）对方听，等对方回答后，由主试代为填写在问卷上。这要花上数倍于正常问卷实施所花费的时间和人力。

第三节 访谈调查法

由于问卷调查法存在一些缺陷，因而，在教育调查中，需要采用访谈调查法，弥补问卷调查法的不足。访谈调查法的特点、类型和实施规范都与问卷调查法具有根本的区别。

一、访谈调查法的含义及特点

访谈调查法（Interview method）是研究者通过与被调查者面对面进行交谈，以口头问答的形式来了解某人、某事、某种行为或态度的一种调查研究方法。访谈调查法最基本的方式或手段就是运用口头语言来搜集资料，其一般程序是由调查员探访被调查者，向被调查者逐一提问，由被调查者根据要求一一作答，同时调查员将被访谈对象的观点、意见及时记录下来，最后对访谈记录进行整理、统计，从而得出调查结论。

访谈调查法的主要优点表现在以下五个方面：

第一，调查过程灵活、深入。首先，与问卷调查法相比，访谈调查法最大的优点是灵活性强。在访谈过程中，调查员可以根据访谈过程中的具体情况，对有关问题进行重复解释，使被调查者理解问题的实质；灵活性还表现在调查员可以为不同的调查对象提供不同的问题，并以不同的方式问同样的问题，使调查过程对被调查者具有较强的适应性。其次，访谈过程中可对有关问题作较深入的了解，灵活地决定对有关调查主题进行补充询问和追问；同时，访谈过程中，调查员能够听到被调查者的某些自发性观点和意见，使调查者受到启发，从而获得更丰富、更生动的材料。

第二，能够使用比较复杂的调查问卷或访谈提纲。由于有访谈员作为访谈对象的指导者，访谈调查过程中能够使用一些比较复杂的访谈问卷和访谈提纲。这在发送问卷调查和邮寄问卷调查中是难以办到的。

第三，访谈调查能够获得直接、可靠的信息和资料。调查员可以通过多种途径来确定被访谈者的回答的真实性。访谈中，通过观察被访谈者的非言语行为、回答问题的态度，来判断被访谈者的回答是否真实可信。

第四,访谈调查可以克服问卷调查法问卷回收率较低的缺陷。访谈调查过程一旦展开，就能获得一定的信息和资料。

第五，访谈调查法不受书面语言文字的限制。访谈调查法对问卷调查不能适用的文盲、文化程度较低的调查对象同样适用。

访谈调查法由于有以上优点,它具有较强的灵活性和适应性,它既可用来搜集事实,又可用来搜集意见和观念,既可用于团体调查,又可用于个案调查，特别适用于个别化研究。尽管如此，访谈调查法也存在一些缺点，主要体现在以下几个方面：

第一，样本小、费用多、时间长，效率较低。访谈调查法在单位时间内所能搜集的样本较小,却需要较多的人力、物力和财力,花费时间也较长。因而，相对于问卷调查而言，调查的效率较低。

第二，标准化程度较低，难以统计。由于访谈过程的灵活性程度高，对不同的调查对象的对话方式和对话情景也不同，而且事先设计好的访谈问卷和访谈提纲在实施过程中也会被随时调整和更改，表现出标准化程度低，且资料难以统计的缺点。

第三，调查过程容易产生偏差。访谈过程是访谈者与被访谈者交往和互动的过程。在这一过程中，双方的个人特征容易影响调查过程，如双方的性别、年龄、社会地位、文化水平的差异、外貌、服装、谈话表情甚至语调都容易导致调查过程和结果的偏差；访谈员的速记能力、访谈经验等等，也会导致访谈的偏差。

第四，访谈调查不能完全消除受访者的心理顾虑，不能体现匿名的特点，往往影响受访者陈述事实和观点的客观性；此外，受访者没有足够的时间思考或查阅有关资料，也会影响调查结果。

二、访谈调查法的类型

访谈调查也有许多种类，依据不同的标准，可把访谈调查法分为不同的类型。

（一）结构性访谈和非结构性访谈

根据访谈过程是否有经过严格设计的访谈问卷和访谈提纲，实际访谈过程是否严格按计划进行，把访谈法分为结构性访谈和非结构性访谈。

结构性访谈又称为定向访谈，是指按照统一设计的要求和访谈内容依次向访谈对象提问，并要求受访者按规定标准进行回答的访谈调查。结构性访谈要求实际访谈过程严格按照访谈设计进行，对不同的受访者提出相同的问题，谈话的顺序、次序时间、记录方式都有统一规定。结构性访谈有利于克服访谈过程的随意性，便于统计，但比较死板。

非结构性访谈又称为非定向访谈，是指只有一个粗略的访谈提纲，对访谈过程没有严格规定的访谈调查。非定向访谈对谈话的时间、提问的顺序、方式、提问的多少都不作明确的规定，只要求访谈过程围绕一定的调查主题，按照粗略的访谈提纲进行。非结构性访谈便于更全面深入地搜集资料，灵活性较强，调查者的创造性较大。但标准化程度较低，资料零散，数量化程度低，不利于统计。

一般来说，在这两种访谈调查法中，应以结构性访谈为主，非结构性访谈多用于个案调查，或用于检验性的调查。

（二）一次性访谈和重复性访谈

根据就某一问题对同一访谈对象进行访谈的时间或次数，把访谈法分为一次性访谈和重复性访谈。

一次性访谈又称为横向性访谈，是对人们在某一生活时刻或某段时期内的思想、态度及行为等方面的情况进行的一次性完成的调查方法。这种访谈法常用于对某个特殊问题进行调查研究，或在某一事件发生后人们对该事件的态度及该事件对人们的影响的调查研究。它的特点是一次性完成，所获得的资料一般属于静态信息。

重复性访谈也称跟踪访谈或纵向访谈，是指不是一次完成而是要经过多次访谈才能完成的访谈。这种调查方法主要用于随着时间的推移和其他环境条件的变化人们在思想、态度和行为等方面所发生的变化的调查研究。重复性访谈是一种深度访谈调查，它具有较强的科学研究性质，得到的结果具有动态性。但费用高，耗时长，对访谈者也有较高的要求，一般多用于小范围的专题研究。

（三）个别访谈和集体访谈

根据访谈者一次访谈对象的多少，把访谈法分为个别访谈和集体访谈。

个别访谈是指由访谈员对每一个被调查者逐个进行的单独访谈的调查。在个别访谈中，访谈员一次与一个被调查者单独进行谈话，有利于访谈员与被调查者之间的沟通。个别访谈的方式也较灵活，适应性较强，对某些敏感性问题的谈话也能达到一定的深度，但访谈效率较低。它常被用于个案调查中。

集体访谈是指由一名或数名访谈调查员亲自召集一些被调查者，就有关问题通过集体谈话进行的调查。集体访谈的对象不是一个，而是多个，往往是一个小组或一个班级，它是以座谈会的形式组织进行的访谈调查。集体访谈扩大了调查对象，有利于减轻被调查者的心理压力；有利于提高访谈调查的效率。但是，难以充分征询每个受访者的意见，对于敏感性的问题难以展开深入谈话。

（四）儿童访谈和电话访谈

在上述六类普通访谈之外，还有两种特殊类型访谈，这就是儿童访谈和电话访谈。

1. 儿童访谈

儿童访谈是以儿童为对象的访谈形式。众所周知，儿童和成人相比有许多特殊之处，这就要求访问儿童时要有特殊的方法和技巧。尤其在访问低年级儿童时，要注意如下三个问题：一是注意儿童的年龄、知识水平和理解能力，儿童，尤其是低年级儿童容易理解具体生动形象的语言描述，难以理解抽象的名词和术语；二是注意处理好与儿童的关系，儿童容易接受成人提问时的亲切自然态度，而在态度生硬的陌生成人面前容易产生不良情绪或者撒谎企图，此外，儿童还易受暗示而回答不真实的意见；三是要考虑儿童的访谈经验和注意力的特点，低年级儿童由于经验缺乏而在与陌生成人交往时不敢说话或不知所措，儿童的注意力也不能长时间的保持在同一活动上。

针对上述特点，避免不良影响、提高访谈效率的最佳办法是非直接提问法，即投射法。这种方法是把我们所要了解的问题融会在儿童喜闻乐见的活动中，如做游戏、看图画、讲故事、填句子、背诗词等等。总的来说，做游戏、玩玩具更适于语言表达能力较差的学前儿童和低年级儿童，而讲故事、填句子则更适用于中高年级儿童。概言之，在访谈过程中必须注意儿童的年龄及个性特点。

2. 电话访谈

通过电话来进行的访谈调查就称为电话访谈。电话访谈的最显著特点是快，能大量节约访谈时间。其次是廉，即能节省调查费用。第三是比其他访谈类型的保密程度高。而其最大的缺点是抽样误差大。因为很显然，有的应该作为被访对象的人而恰好他们家没电话。再一个缺点是访谈时间有限，受电话线路和被访者的影响较明显。还有电话访谈中不能出示各种表格，不能观察被访者的非言语行为等，而这些都影响资料的搜集。显然，电话访谈不是一种最理想的调查方法，但如果只考虑尽快拿出调研结果，那么电话访谈将是您最佳的选择。

三、访谈调查的过程与访谈技巧

访谈调查过程大致分为访谈问题的设计、访谈准备、预备性谈话、正式提问等环节，每一环节都有一些特殊的技术或技巧。

（一）设计访谈问题

访谈调查的核心是访谈问题。尽管访谈问题不像问卷中问题的要求那样严格，但访谈问题的设计也直接影响着访谈的效果。在类型上，访谈问题也分为封闭式问题和开放式问题两种。封闭式问题是口头提供答案的问题，访谈者要把问题和答案读给受访者听，然后由受访者选择作答。开放式问题是只提出问题不提供答案的问题，答案由受访者根据自己的实际和认识来回答。这两类问题的设计，在语言表述、答案设置等方面与问卷中问题的设计大致相同，不同的是访谈问题的设计应注重问题表述的口头化，用口头语言向受访者提出问题。

访谈问题的设计的目的是形成一份比较严格、规范的访谈问题纲要或访谈提纲。因此，访谈过程中准备问多少问题？问哪些问题？用什么语气问问题？都要在问题设计时考虑访谈调查的任务、目的、对象的特点等方面。同时，合理安排访谈问题的先后顺序。安排访谈问题的顺序的基本要求是保证问题之间的逻辑联系，使一个问题自然过渡到下一个问题。此外，还应遵循先易后难等基本原则。

访谈提纲设计好后，进行试谈，再通过修改，确定访谈问题提纲。

（二）访谈准备

访谈准备是访谈前进行的准备工作。其主要包括掌握访谈调查材料、了解访谈对象和接近访谈对象两大方面。

关于访谈材料和访谈对象方面的准备工作具体包括：(1) 充分熟悉访谈问题的内容和程序。调查者越熟悉访谈问题提纲，访谈时越能把握谈话的节奏，否则，访谈者的注意范围囿于访谈提纲本身，访谈过程就会受影响。(2) 了解受访者的特点。访谈者事先对受访者的兴趣、爱好、知识结构甚至性格等方面要作一定的了解，为谈话投机、寻求共同语言创设条件，以便访谈过程顺利进行。(3) 选择访谈时间和地点。在时间安排上，充分考虑受访者的工作、学习和生活的实际，把访谈时间安排在受访者较空闲、较轻松、情绪较好的时间内；在地点上，安排在较明亮、空旷、气氛较宽松的地点和环境，以有利于受访者自然地表达自己的观点和态度。(4) 准备访谈有关资料、证件和记录设备，如访谈记录大纲、调查者进行调查活动的各种证明材料、笔记本等，必要时还可准备录音设备。

准备阶段一项十分重要的工作就是接近受访者。接近受访者主要应做好两项工作：一是使访谈对象接受访谈，二是进行预备性谈话。接近受访者一般应注意以下几点：首先，作简要的自我介绍，说明自己从哪里来，告诉对方姓名，必要时还需出示有关证件，使访谈对象了解你的来意。然后，用肯定的语气征求受访者接受访谈的意见，如上门进行访谈调查，你可以用诚恳而肯定的语气说："我有几个问题向您请教，希望您不会拒绝。"而不要说："您有空吗？"或"您可以接受我的访问吗？"这样往往容易遭到拒绝。当然由于种种原因遭到拒绝，访谈调查者也应彬彬有礼地告辞。在初步接近受访者时，特别要注意主动、友好、谦虚、彬彬有礼，建立良好的第一印象，这是接近受访者的基本要求。当受访者接受访谈后，就要开展预备性谈话，即用诚恳的语气说明自己进行访谈调查的目的、主要内容。

（三）正式提问

访谈的实质阶段是正式提问。提问的方式有两种：一种是标准化提问，即用事先准备好的访谈提纲及其顺序依次提问；另一种是解释性提问，即根据谈话的进程，对访谈提纲中的问题在作适当的分析和解释的基础上提问，甚至随时补充提问。无论哪种提问方式，在提问过程中都要注意以下几点：

（1）提问要清晰、明确，语气委婉、从容。要使访谈对象一听就明白问题的实质。运用口头语言提问，语气和态度不要咄咄逼人。

（2）控制谈话节奏，把握好问题的重复、停顿、追问的时机。访谈者应耐心、礼貌地听取受访者的陈述，注意适当重复问题，适当停顿，给访谈对象一定的思考时间。对重要的问题进行追问，如“您可以谈得更详细些吗？”或“还有没有其他的考虑？”等，追问往往能使谈话更加深入。

（3）淡化某些敏感性的问题。对涉及个人隐私的问题、与个人利益相关的问题尽可能回避不提，在必要时，对这类问题淡化处理，消除受访者的顾虑。当受访者拒绝回答这类问题时，可暂时回避它，不要僵持，应继续问下面的问题，保持谈话的连续性。

（4）准确记录，主动总结。在访谈时，调查者要在提问的同时，注意观察访谈对象的表情，分析并及时判断访谈对象陈述的真实性和客观性，还要迅速准确地记录其陈述的内容。在访谈进程中，访谈调查者要主动总结谈话要点，在总结的基础上引导后续的谈话内容和主题。主动总结有利于及时检验记录的准确性程度，若记录有误，可当场更正。

访谈是一种调查研究的技术，也是一种人际交往的艺术。在实施的过程中，访谈调查者应不断地总结教训，积累经验，掌握访谈的技巧，形成一定的访谈艺术。当然，访谈结束后，还要对访谈资料进行统计、整理、分析，并撰写访谈调查研究报告。关于资料的统计分析及报告的撰写参见第十章。

第四节　测量调查法

从科研方法的角度看，测量调查法（Measure method）就是一种特殊的书面调查方法，它与问卷调查的重要区别在于它往往采用标准化的测量工具，并且强调资料的数量化处理，一般有较大型的常模供参照。

一、测量的含义

根据通行的定义，测量就是根据一定的规则把所考察对象的某些属性用数字表示出来的过程，其实质是“按照法则给事物指派数字”。这一定义表明测量包含了三个要素：(1) 测量对象——事物及其属性；(2) 测量工具——法则或规则；(3) 测量结果——数字（其实也是一种符号）。由此可见，要正确地实施一种测量，首先应明确要测量的事物及其属性是什么，即明确测量目的和测量内容。其次，要确定测量工具，即确定一定的规则，以便明确如何将不同事物或事物的属性用数字或符号表示出来。最后，必须明确，数字或符号不是需要测量的事物或事物属性本身，而仅仅是用以代表事物或事物属性的一种标志；只有赋予它们以量的意义，它们才能被用于测量。

例如，我们设计出 100 道口算题，并组织学生在规定时间内进行计算以测量学生的口算能力。这里要测量的事物属性就是学生的口算能力，而我们设计的这一组口算题和相关的评分标准、测量程序就是测量工具，体现了测量的规则，如：评分规则，算对一题得 1 分，算错一题则该题得 0 分。这样，学生最终得到一个测量结果——分数，如 95 分。“95”这个数在本次测量中被赋予的意义当然与在满分为 150 分的测量中所得的“95 分”中的“95”的意义是不同的，也不同于识字能力测量中的“95”这个分数，更不同于“95 摄氏度”中的“95”的意义了。

由此我们可以看出，在教育研究中，尽管涉及很多模糊事物和模糊的事物属性，关于这些事物或属性的原始数据不易得到，但我们能通过间接的方法获得表示事物及其属性的间接数据（包括等级）。在教育研究中，把涉及的事物及其属性进行量化是必要的，因为教育研究中定性研究与定量研究实际上存在着统一性；即使是模糊事物或模糊的事物属性，我们也可以想办法用一定的数量来表示。当然，我们这样做，必须有一定的科学根据，即测量所需的规则。

二、常用测量工具简介

测量的三要素之一就是测量工具。一般地，人们把测验看作一种测量工具。测验是测量一个行为样本的一种程序，它是教育研究中进行数量化分析与科学推断的前提和手段之一。测验所测量到的是被测者对测验项目所作出的行为反应，即施测者测到的是行为表现，然后根据被测者的行为表现来衡量某个测验是否测到了所要测量的属性，因此，这种测量是间接的，而非直接的。如果仅仅根据某一行为表现对事物的属性作推论，很可能出现错误；而对与某一事物属性相关的所有行为表现进行测量又是不可能的。为了高效、正确而又方便地了解事物属性，就需要从所有相关的行为表现中选取一组典型的行为表现进行测量，这一组行为表现就称为行为样本。相应地，一个测验的题目也应当是在全部同类题目中的一个典型的、有代表性的样本。

测验是一种系统程序，测验的编制、实施和评分等都要依据确定的规则。这一有确定规则的系统程序能有效地得到消除测验误差，从而为教育研究提供尽可能准确、真实、有用的信息。

根据测验的目标和内容，教育研究中所运用的测验一般有成就测验、智力测验、能力倾向测验和人格测验这几种。

（一）成就测验

成就测验也称成绩测验，是教育领域应用最为广泛的一种测验，它主要是指学生学习效果的测验。其目的是测量学生在经过一段时间的学习或训练之后所获得的关于某一学科或某组学科的知识和技能，从而为确定教育目标的实现程度提供根据。

成就测验可以分为综合测验和分科测验。综合成就测验的内容是多学科的知识和技能，如中学的生物测验可看作动物学和植物学的综合测验，小学的自然学科测验也可看作综合测验；而分科成就测验的内容则是某一学科的知识和技能，如语文测验、数学测验、英语测验、历史测验、化学测验等。当然，这种分类只是相对的。

在实际工作中，每单元、每学期、各学科的各种考试也往往冠以“测验”的名称。其实，考试与严格意义上的测验是有区别的。一般所说的考试是指教师或教研员根据经验制定出试题和评分标准并予以施测，带有一定的主观性和偶然性；而测验所编制的题目，要经过专门的权威部门或团体进行科学的数量化分析，在测验的施测程序和评分标准上都有较严格的客观要求，如现在已开办的汉语水平考试（HSK）。考试一般只用于考核学生某一段时间的学习成绩，而测验不仅可用于考核学习成绩,还可用于心理等方面特性的测量。当然，在成就测验所涉及的领域，成就测验与考试在内容和方法上是有密切关系的。

（二）智力测验

智力测验的目的就是测量被试者的智力的高低。尽管人们对“智力”这个概念的内涵、外延尚有不同看法，但对“智力”必然包括各种认识能力这一点可以说是达成了共识的。所以，智力测验一般用于测量学生的观察、想象、记忆、判断、推理、创造等方面的能力。目前，智力测验已有多类型的权威的测验量表，教育研究者可通过权威的学术机构（如高等院校）或教育科研部门对研究对象进行智力测验。

值得一提的是，根据不同的研究目的，选用不同类型的智力测验量表，所得的结果并非仅仅以智商的形式表达，因此，智力测验结果不可由非权威人士随便解释。同时，在一般的教育研究中，个人的智力测验结果没有必要告诉被测者本人，以免因非权威的、甚至是随意的、不恰当的理解和比较而造成不良影响。

（三）能力倾向测验

能力倾向测验的目的是深入了解被测者在各项能力中所擅长的方面以及未来发展倾向，以发现被测者的潜力，为今后的发展和努力提供参考。能力倾向测验可以分为两种：

(1)一般能力测验。其目的在于测量一个人的多方面的潜能。如区分能力倾向测验，它能够测量学生多方面的潜在能力，预测学生哪一方面的潜在能力较高。

(2)特殊能力倾向测验。其目的在于测量个人的特殊的潜能，如体育运动能力倾向、音乐能力倾向、绘画能力倾向等方面的测验。

（四）人格测验

“人格”一词有许多不同的解释。一般认为，人格是指个体在与环境相互作用的过程中所形成的一种独特的身心组织。这一相对稳定的组织使个体在适应环境时，在动因（需要、动机、兴趣、爱好、情感、态度、气质）和能力（一般能力、特殊能力）上有不同于其他个体之处。人们说明一个人的人格的方式主要有：(1) 个体的行为，即个体对外界的动作、姿态、言语、态度与意见等；(2) 个体对外界的内在的情感——指他的行为中不明显的或不易发觉的情感；(3) 个体对自身的感受。

所以，人格测验一般是通过测量学生的兴趣、态度、意志、情绪、动机、性格等方面的行为、情感和感受来了解被测者的心理特征。人格测验的实施手段往往有：(1) 自陈量表。这是一种自我评定问卷，即针对要测量的人格特征编制许多测题（如：问句），让被测者回答，然后根据其答案来衡量这项特征。(2) 投射技术。这是指以没有结构的测题，引起被测者作出反应，例如进行幻想、续编故事，让他的动机、情绪、焦虑、冲突、价值观念或愿望在不知不觉中投射出来，然后考察其中反映出来的人格特征。

上述几种测验，都是由权威团体或部门组织有关专家经过科学的程序而制定的，因而也应由权威团体或部门组织实施相应的测验，这与平时工作中教师自己设计试卷或检测题是有严格的区别的。一般地，一个良好的测验必须达到如下：

1. 测验要能真正地测量出所要测量的特性，达到测验的目的。这就是要求测验具有较高的效度。

2. 测验要能稳定地反映被测者的实际水平。这就是要求测验具有较高的信度。

3. 测验的难度要适当，要能鉴别出不同水平的被测者。

4. 测验要标准化，也就是要求测验题目要经过慎重研究、预测、筛选，施测程序和评分标准要有严格的规定，并有常模参照作为解释测验结果的依据。这里需要注意的是，如果选用国外的标准化测验，应根据我国的实际情况进行修订，例如：在测验题目所涉及的知识与经验背景方面作一定的调整，甚至更换题目。在选择测验的常模时，也要考虑是否适合我们研究的对象的具体情况；为了符合本地区或本单位的需要，有时也可以自己制定常模，但是一定要经过科学的程序，尽量避免随意性。

三、常用的测量方法

在从目标和内容上探讨了教育研究中常用的几种测验类型之后，我们有必要讨论一下常用的测量方法。教育测量所要测量的当然是个体或群体所具有的比较稳定的特性；不过，这些比较稳定的特性有的是教育对象的内在的品质，而有的是个体或群体的主观反应。由此，我们可以将常用的测量方法初步区分为客观测量法和主观反应测量法两大类，然后再详细讨论一些具体的方法。

（一）客观测量法

1. 标准化选择法

这种方法采用选择题的形式，让被测者在几个选项中选出一个或几个正确的答案来，然后根据被测者的选择情况对其评分。它之所以称为标准化选择，是因为这一个或几个标准答案的正确性已在有关科学中得到明确证明或已明确规定的。这与后面在主观反应测量法中所讲的自陈量表法没有标准答案是不同的。

这种方法的一个变化形式是填空法。

2. 问题解答法

问题解答法要求被测者根据所学的已被证明或规定为标准的知识对一个问题进行分析、解答。数学测验中的应用题就是运用这种方法测量学生对有关知识的掌握情况。

3. 推理测验法

推理测验法就是给被测者提供一组有客观的内在联系的材料，让被测者找到这种联系并运用它来推理出一个新的内容。有的数学测验和智力测验就采用了这种方法。

4. 二次量化法

二次量化法是先用自然语言定性地描述被测量的内容的不同等级，然后再分别用数据定量描述的方法。运用二次量化法，在第一步用自然语言做定性描述时就要对不同等级进行明确的区分；在进行定量描述时，要选择好数值。例如，我们在评价一节课时，可以对其中教学过程的具体情况作“优、良、中、差”的定性描述，并对这四层评语的标准进行合理的界定；然后，我们既可以 4，3，2，

1分别赋值，又可以按表4.1分别赋值。

表4.1 等级赋值表

等级	标准值	值域
优	1.00	(0.80，1.00)
良	0.80	(0.60，0.80)
中	0.60	(0.40，0.60)
差	0.40	(0，0.40)

5. 分类测量法

分类测量法是根据一定的相对客观和统一的分类标准，对被测对象作定性分类，从而获得类别量数的方法。例如，我们根据一定的标准对一个学校各方面综合评估，然后根据评估总分定出其办学水平为优秀、合格、不合格这几个等级。

（二）主观反应测量法

1. 投射法

投射法是指用图片、词语、语句或整段话组成没有结构的测题，诱发被测者的反应，从而了解其内在的动机、情感、价值观念或愿望等特征的测量方法。例如，给学生提供一堆散乱的积木或橡皮泥，让他自己组建成某种物体，以便了解学生的人格倾向和行为方式。

2. 自陈量表法

自陈量表是一种自我评定问卷，主要是针对要测量的人格特征编制一定的测题，包括选择题和问答题。与前面提到的标准化选择法不同的是，在自陈量表中是没有标准答案的；被测者完全根据自己的主观愿望进行选择。

思考题：

1. 解释下列名词（术语）

(1) 调查法，教育调查法

(2) 常模调查、比较调查

(3) 问卷调查、访谈调查

（4）事实性问题、态度性问题

（5）智力测验、人格测验

（6）二次量化法、投射法、自陈量表

2. 教育调查法有哪些功能？有何优缺点？

3. 教育调查法可分为哪些基本类型？

4. 教育调查法的一般过程分为哪些步骤？

5. 问卷调查法与访谈调查法优缺点的比较。

6. 问卷有哪些种类？

7. 问卷设计中问题的表述应注意哪些基本要求？

8. 设计一份调查问卷。

9. 访谈调查法有哪些类型？

10. 访谈过程中正式提问要注意哪些方面？

11. 教育调查法与教育观察法有何异同？

12. 测量的三个要素是什么？

13. 一个良好的测验应达到什么标准？

第五章　教育实验法

本章提要

教育实验法是教育研究中一种用于形成科学事实的重要方法。本章在分析教育实验法的历史、含义、特征、类型、及其优缺点基础上，结合实例探讨了教育实验的基本结构及其实施的一般程序；着重阐述了教育实验设计的原理与技术，以及教育实验研究过程中变量的控制方法；并研究讨论了教育实验的评价原理和策略等问题。掌握教育实验法的一般原理与技术对科学有序地开展教育实验研究具有重要意义。

实验法（Experiment method）是产生于物理学、生物学等自然科学领域的一种研究方法。随着自然科学的不断发展，实验法日益成熟，并不断向社会科学各个领域渗透，同时也在教育研究中得到了发展。实验法本身是一种集观察、测量、统计和理论陈述于一体的综合性的研究方法。当它运用到教育这一特殊的人类实践活动领域之中，并成为教育研究的一种基本的方法时，实验法便具有了一些不同的特点和实施规范。因而，教育实验法的一般原理、实验设计、实施过程以及实验结果的评价，也就具有了不同于其他学科领域的实验法的特殊性。

第一节　教育实验法概述

一、教育实验法的历史发展

实验法产生于16世纪的近代自然科学，在教育研究中，实验法的运用也是由来已久。从一般教育实践中的试验到19世纪末20世纪初科学的教育实验的形成，大约经历了200多年的历史。教育实验研究法的产生和发展来源于两个方面的原因：一方面是由于自然科学实验方法的启示；另一方面是由于教育实践活动自身不断发展的结果。教育实验法的产生和发展有两条基本线索：一是由自然科学实验经由心理学而引进教育研究之中；二是随着现代教育的产生和发展，从一般教育活动的本身分化而形成的教育实验。追溯教育实验法产生和发展的历史轨迹，有助于认识和把握教育实验法的实质及特点。

科学实验法最早由英国哲学家罗吉尔·培根（Roger Bacon 1214～1292）提出。意大利物理学家、天文学家伽利略（Galileo 1564～1642）第一个将实验运用于自然现象的研究，他认为实验方法是发现知识和证明知识的重要手段，并主张实验方法与数学方法相结合。英国哲学家弗兰西斯·培根（Francis Bacon 1561～1626）进一步提出了变化法、重复法、倒转法、转移法、消除法、应用法、连接法和偶获法等“实验八法”，并制定了相应的实验方法论原则。19世纪上半叶，实验方法被运用于以人为研究对象的生理学、医学等领域。1879年，德国生理学家、哲学家冯特（W. Wundt，1832～1920）在莱比锡大学建立了世界上第一个心理学实验室。这不仅使心理学成为一门独立的学科，而且直接引起了运用实验法研究人的感觉、记忆、思维等心理现象的实验研究潮流。

实验研究方法通过实验生理学和实验心理学的发展，逐步扩展到以人为研究对象的教育领域之中。20世纪初，对教育问题进行实验研究也成为一种教育研究潮流，实验教育学派应运而生了。实验教育学派主张以自然科学实验方法论为理论基础，通过观察、实验、统计等方法来研究教育行为，反对完全建立在感觉和演绎基础上的传统的教育学。其代表人物是德国心理学家、教育学家梅依曼（E. Meumann，1862～1915）和拉伊（W. A. Lay，1862～1926），1901年，梅依曼首次提出了"实验教育学"的概念，并进行了有关实验研究。1903年，拉伊出版了《实验教育学》一书，主张在生理和心理进行实验研究的基础上，进一步通过实验研究阐明教育现象中各种复杂的因果关系。由此，梅依曼和拉伊被称为教育实验法的创始人。20世纪50年代以来，教育实验法中引入了数理统计、心理测量、逻辑演绎等方法，教育实验法从原理到操作不断成熟。

教育实验法(Method ofeducational experiment)不仅是自然科学实验方法论移植到教育领域的结果，而且也是人们的教育思想和教育实践活动不断深化的直接结果。18世纪中叶以后，西方一些教育思想家如裴斯泰洛齐(J. H. Pestalozzi，1746～1827)、福禄贝尔(F. W. A. Froebel，1782～1852)、罗素(B. Russell，1872～1970)、蒙台梭利(M. Montessori，1870～1952)等等，纷纷创办不同形式的实验学校，并按照自己的教育观念和理论，长期从事教育实验活动。19世纪末20世纪初美国教育家杜威(J. Dewey，1859～1952)在芝加哥创办了后人称为"杜威学校"的芝加哥大学附属实验学校，并以实用主义教育理论为指导，进行了为期八年的实验研究。他从学校生活、课程、教材、教法等方面对传统教育进行了彻底的改革。杜威的实验研究以课程、教材、教法、师生关系、学校生活为自变量，以教育现场情境为实验背景，以学生探究能力和动机与兴趣等方面的发展为因变量，有目的地改革教育现实。此后，关于课程分科实验、"设计教学法"、"文纳特卡制"、"道尔顿制"等一系列教育实验层出不穷。20世纪20年代以来，在中国，陶行知进行了乡村教育实验、晏阳初开展了平民教育运动实验、梁漱溟实施了乡村教育改革实验。20世纪50、60年代以来，世界各国教育实验得到广泛开展。随着现代教育的不断发展，教育实验不仅成为一种研究方法，而且它本身也日益成为一种教育活动。

教育实验法的产生和发展过程表明，教育实验是自然科学实验方法论与教育活动相结合的产物，是现代教育发展的结果。但教育实验由于涉及到人的问题，它在性质上不同于自然科学的纯实验。

二、教育实验的含义及特点

（一）教育实验法的含义

从自然科学实验方法论的意义上说，实验法是人们根据研究的目的，利用科学仪器、设备或材料，人为地控制和操纵一定的条件，使所要研究的现象发生，通过观测现象的变化来研究自然规律的一种研究方法。

教育实验法则是研究者运用科学实验的原理和方法，以一定的教育理论及其假设为指导，有目的地控制和操纵某些教育因素或教育条件，通过观测与所控制的条件相伴随的教育要素或教育现象变化的结果，来揭示教育活动规律的一种研究方法。

教育实验与纯粹的自然实验不同。教育实验是以教育活动为研究对象的，它不能像自然实验那样按照研究目的严格地控制或改变某些条件，教育活动中的许多非自然的因素往往难以严格控制。这就增加了教育实验的复杂性，也导致了由于对实验条件和变量控制程度不同而形成的多种多样的实验类型。无论是什么样的教育实验，它都具有以下四种质的规定性。

第一，教育实验必须要有一定的理论假设。假设是指对所要研究的变量之间的相关关系或因果关系的一种假定性说明。实验研究是从提出假设开始的，即实验研究首先要明确试图研究哪些变量，这些变量之间的关系如何，通过实验的实施来证明或证伪人们事先设想的它们之间的关系。理论假设是实验所要研究的问题的核心，也是实验设计的出发点，同时它还是实验进程和结果解释的依据。例如，一种教学方法与学生能力发展有何关系？一种课程结构对学生素质发展有什么影响？师生关系对学生人格发展有哪些影响？培养学生的主体性素质要求哪种体系的教育活动？围绕这些问题，都可以提出不同的理论假设。要对某一问题进行实验研究，首先必须提出关于该问题的一种假设。

第二，教育实验必须改变某些教育要素的状况或教育条件。要研究几个教育变量之间的相关关系或因果关系，要根据实验的假设和实验设计，客观地改变所要研究的一个甚至几个教育变量或教育条件。改变条件也就是操纵条件。在改变某些条件后观察和测量某种教育现象或教育要素所产生的变化结果，根据对改变的条件和现象的结果直接的关系的分析，得出关于假设的结论，即实验结论。例如，关于复习时间分配与复习效果的实验，人们可以提出这样一种假设：集中复习比分散复习的效果好。这个假设是否正确？通过改变复习时间的分配这个条件来进行实验。教育实验中所要改变的教育要素或教育条件，一般可能要涉及改变教学方法、改变教材、改变师生关系状况、改变课程结构、改变德育方式、改变管理方法等等。教育实验对教育条件或某些教育要素的状况的改变，是在实际的教育情境和教育活动中体现的。

第三，教育实验必须控制某些条件。由于教育活动本身的复杂性，各种要素之间是相互联系的。这就要求人们在改变某些条件的同时，还要使某些其他的教育要素或教育条件保持相对不变，以便使得这些教育要素或教育条件在实验前后对教育现象的影响是基本恒定的，从而保证实验结果的有效性。例如，要比较讲授法和谈论法这两种教学方法对学生学习成绩的影响，选择两个班级的学生进行实验，在实验中两个班级的教学除了教学方法不同以外，其他的要素和条件都应尽可能保持一致。教学方法以外的要素和条件就是要控制的条件或变量，诸如学生已有的知识基础和智力状况、教材内容的难度、教师的教学水平、师生关系状况、师生对待实验的态度、教学时间的长短、课外辅导、测验试题的难度等条件，两个实验班级都要基本相同，否则难以说明导致两个实验班级学生学习成绩的不同的真正原因。

第四，教育实验一般都要从对被试的身心发展水平或教育活动的效率等方面检验实验的假设。教育实验的结果，需要对被试的身心发展水平进行观测，或者对教育活动的效率进行观测来得出。例如，两种教学方法的比较实验研究，要通过对学生的学习成绩的观测来得出结论。正因为如此，教育实验既作为一种研究方法，又作为一种教育活动，教育实验不同于自然实验，自然实验是人（研究者）与自然的对话，而教育实验则是人与人的对话。教育实验本身就是一种具有教育性的活动，对受教育者身心发展水平产生较大的影响。

（二）教育实验的特点

教育实验作为一种研究方法，既不同于教育观察法、教育调查法、教育经验总结法，也不同于自然科学的实验方法。在研究目的、研究对象、研究过程等方面，教育实验法具有自身的特点。

第一，教育实验法的研究目的不是为了获得教育的科学事实，而是为了通过假设检验和归因分析，形成教育的科学理论。教育实验研究为了达到这一目的，在对教育要素之间存在某种相关关系或因果关系的假设基础上，控制和操纵某些因素和条件，从而确定教育现象的变化结果与条件变量之间存在明确关系的程度。对教育要素或教育变量之间的关系进行相关分析和因果分析，从而形成有关的教育科学理论，这是教育实验研究的根本目的。教育观察法、教育调查法一般是以获得关于教育科学事实为目的的，它们不能从搜集资料和具体事实出发来对教育问题进行归因分析，而教育实验则能够进行归因分析，形成理论。当然，教育实验也要搜集事实、数据等资料，但搜集实验数据等资料不是其目的，只是进行假设检验和推论的依据和手段。

第二，教育实验的研究对象不是静态的自然事物，而是动态的、渗透着复杂的人的因素的教育活动。自然科学的实验方法是以物为对象的，着力探讨物与物或人与物质的关系；教育实验则是以人和人所从事的教育活动为对象的。由于教育实验研究对象的特殊性，使得教育实验法具有与自然科学实验方法、教育研究的其他方法明显不同的特性：（1）教育实验是在一定的社会关系和生动的教育情境中进行，具有强烈的社会性；（2）教育实验是一种充满了情感、思想和教育价值观的研究活动，表现出研究者和被试的积极主动性；（3）教育现象具有模糊性和整体性，要求教育实验必须用整体的观点和综合性方法处理教育变量。

第三，教育实验在具体方法上不是以完全的定量描述去追求教育变量的精确度，而是通过定量描述与定性描述相结合来描述教育变量之间的某种确定性的关系，注重对教育变量的变化过程进行纵向的相关分析和因果分析。由于教育现象变量的不确定性，教育实验不能像自然实验那样通过完全的定量描述来求得变量的精确度；

相反，由于教育现象的复杂性，以及教育活动本身涉及价值判断问题，教育实验要想达到精确地表达教育变量，以及精确地描述变量之间存在的数量关系，是相当困难的。因为定量描述的依据是定量测量，教育实验中有些变量根本就难以进行定量测量，如学生的思想品德、学生的主体性意识和能力等等，对这类教育变量也许只能通过定性测量的方式来描述。教育实验对教育变量的相关分析和因果分析，是从教育变量的变化过程上展开的，它不同于教育观察法和教育调查法，观察法和调查法注重对教育问题作横向的分析，强调把握教育现象在某一时期、阶段、层面上的状况。另外，教育实验的物质手段和其他一些中介因素包括一系列的社会性因素，教育实验是在教育这种社会情境中进行的，离不开人们在实践活动中体现出的能动性，这也许是教育实验与自然科学实验最根本的区别。

尽管教育实验不如自然科学实验那样追求变量的精确化，它的研究过程的变量相当复杂，且难以严格区分和控制，但通过假设——演绎的方式研究教育要素之间的复杂的关系，来揭示教育活动的内在规律，对教育理论和教育实践的发展，仍然具有重要的意义。

三、教育实验的基本结构

从教育实验的含义不难看出，教育实验涉及三个基本的要素，即实验要改变的教育要素或教育条件、要控制的不被改变的相对稳定的要素和条件、要观测的结果。教育实验的基本结构就是由这三个具有逻辑联系的基本要素构成的，在教育实验方法论上，三个基本要素分别被称为自变量、因变量和无关变量。

变量，又称为变数，是实验方法论的一个术语。某个与相关实验的因素或条件，如果变成了可观测的、数量化的东西，则可称为变量。

自变量是指由研究者操纵对被试产生影响的条件或变量，是研究者呈现给被试的刺激变量。在实验过程中，自变量作为一种假定的原因变量，是由实验者主动操纵的。自变量对被试产生一定的影响，它是实验的条件之一，但不是所有的实验条件都是自变量，只有那些实验者想研究的、且有目的、有计划地改变的实验条件才是自变量。教育实验的自变量一般是根据研究目的来设计的，如教学方法、教学组织形式、教材内容、课程结构、师生关系、德育方法、管理制度等等，都能作为一项实验的自变量。由于自变量是实验者有目的有计划地改变的变量，因而，对自变量是需要比较严格地按照实验设计的程序加以“操纵”的。

因变量，又称为应变量、倚变数，是指由自变量的作用而导致的被试变化的结果。因变量是对自变量的刺激作出的反应，是一种结果变量。在教育实验中，因变量往往与被试身心发展的水平、程度、状况有关，如对知识的掌握水平、能力发展、思想品德的发展程度、情感的发展、教学质量、学校效能等等。从实验研究所要进行的相关分析和因果分析来看，因变量与自变量之间具有内在的逻辑联系，因变量是由自变量引起的，自变量是原因，因变量是结果。要确定自变量和因变量之间的关系，需要对因变量加以观测，根据被试的变化状况来说明自变量的作用的大小。因而，对因变量应进行比较客观的观测。

无关变量泛指除自变量以外一切可能影响研究结果，而对实验可能起干扰作用的因素。无关变量对实验并不是真的“无关”，它只是研究者在实验中未作为自变量的、不打算研究的变量。例如，要比较讲授法和谈论法这两种教学方法对学生学习成绩的影响，选择两个班级的学生进行实验，在实验中两个班级的教学除了教学方法不同以外，其他的要素和条件都应尽可能保持一致。教学方法以外的要素和条件就是要控制的无关变量，诸如学生已有的知识基础和智力状况、教材内容的难度、教师的教学水平、师生关系状况、师生对待实验的态度、教学时间的长短、课外辅导等等，都是该实验的无关变量。无关变量仅仅是与实验目的无关，但它与实验结果是有关的，因为它在一定程度上影响着实验的结果。因而在实验中，需要对无关变量加以控制。

教育实验的三个基本要素具有一种内在的逻辑关系，这种关系可以用下图（图 5.1）表示：

从图 5.1 可以看出，教育实验的基本结构是由操纵自变量、控制无关变量、观测因变量三个相互联系的部分构成的。对被试产生影响的因素是多方面的，一类是研究者主动改变和操纵的自变量，另

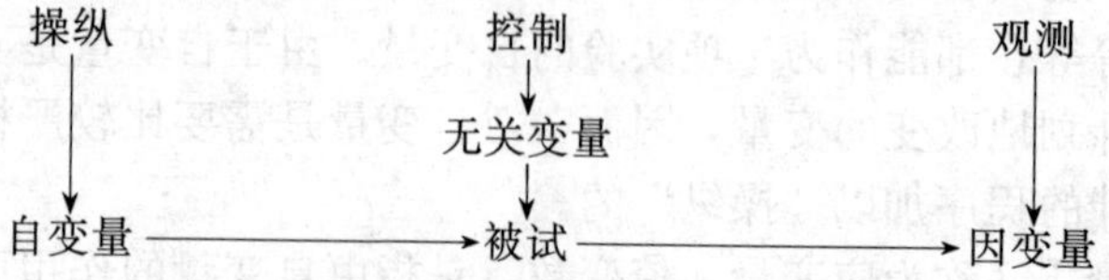

图5.1　实验的结构

一类是需要控制的无关变量。如果把无关变量对被试的影响控制到最小程度,或者使无关变量在各种情境下对被试的影响相对稳定,那么就能很好地说明观测到的因变量就是自变量引起的。无论什么类型的教育实验，都要从实验的基本结构来进行实验设计。

四、教育实验法的类型

教育实验是一种极其复杂的社会性实验，它本身的复杂性和特殊性决定了教育实验具有不同的类型。我们可以根据实验场地、实验目的、实验变量控制的程度和水平、实验内容和变量的多少等不同的标准,把教育实验划分为不同的类型。了解不同类型的实验,有利于增强实验设计针对性的科学性。

（一）实验室实验和自然实验

根据实验场地的不同，可把实验分为实验室实验和自然实验两种。教育实验一般是自然实验。

实验室实验是指在高度、精确的人工控制的特定环境中进行的实验。这种实验的特点是对无关变量能够进行精密的控制，对因变量能够加以精确地观测和计算，能够揭示出自变量与因变量之间准确的函数关系，相关分析和因果分析十分明确。自然科学的各种实验大多属于此类，而教育实验由于对象的特殊性，难以达到这种实验的实施规范和评价标准。

自然实验是指在实际自然情境和现实活动情境中进行的实验。这种实验由于自然情境和现实活动的复杂性，往往只能对无关变量作一定程度的控制，实验的情境不是经过人工高度、精确控制的环境，而是人们实践活动的现实情境。这种实验的优点是实验结果能够在一定范围内推广。

（二）前实验、准实验和真实验

根据实验对变量的操纵和控制的程度和水平的不同，能够把实验分为前实验、准实验和真实验三种类型。一般来说，教育实验属于准实验。

前实验是指对无关变量缺乏控制，误差较大，难以验证自变量与因变量的因果关系或相关关系，研究结果不能推论到实验以外的其他群体或情景的实验。前实验由于对变量控制的要求不严格，研究过程不要求很系统，对因变量也可以采取初步估计的方式来评价，因而，在教育活动中，人们可随时进行一些尝试性的研究。前实验有利于教育工作者灵活地进行一些改革性的思考。但如果要上升到教育理论和规律的高度来研究，就需要按照准实验或真实验的要求来展开。

准实验是指未随机分配被试，只把已有的研究对象作为被试，对无关变量作尽可能的控制，无法完全控制误差来源的实验。这种实验的特点是以现有的对象为被试进行实验，不打乱现实的教育活动的秩序。其缺点是对无关变量缺乏完全控制，实验结论存在一定的误差。由于教育活动本身因素的复杂性，要做到完全控制无关变量，而且精确地计算出因变量的状况，在教育实验中几乎是难以做到的。因此，人们认为，教育实验一般属于准实验。当然，通过准实验获得的研究结果在相关分析和因果分析中除去无关变量的影响，也能获得具有科学性的实验结论。

真实验是指按照实验的科学性要求，随机地选择和分配被试，能系统有序地操纵自变量，完全控制无关变量和误差来源，结论可靠的实验。在教育实验中，当教师水平、学生背景、学校或班级环境、师生关系、师生对待实验的心态等作为无关变量时，要把它们控制到完全相同的程度是不可能的。教育实验体现真实验的特征和要求，几乎是一种理想。

（三）探索性实验和验证性实验

根据实验研究的目的的不同，把实验分为探索性实验和验证性实验两种类型。教育实验兼有这两种类型。

探索性实验是指以揭示某种教育现象的内在规律，以及探索受教育者个性发展规律为目的的实验。如“关于初中生个性最优发展实验”、“小学生主体性教育改革实验”、“小学生‘三自能力’培养实验”、“语文情境教学实验”、“农村初中课程结构优化实验”等等。这类实验的目标在于：为了达到某种科学的教育目标，而探索一种有效的教育活动策略，或者为了改革教育活动中存在的问题和弊端，通过探索教育现象的内在规律，从而寻求最优化的教育活动策略。探索性实验所要揭示的规律是教育理论人们并未认识的；所要寻求的有效策略是教育实践中尚未实施的，因而探索性教育实验是一种开创性的实验研究。

验证性实验是指以验证已经取得的认识成果和实践策略为目的的实验。验证性实验对已有成果进行验证，通过实验来检验其合理性程度，并对之加以修正或补充，或者对已有的两种教育活动方式的效果加以比较实验研究。例如，“关于某某地区素质教育经验的实验研究”、“集中识字与分散识字的比较实验”等。

（四）单因子实验和多因子实验

根据实验的自变量的多少来分，教育实验有单因子实验和多因子实验两大类。教育实验中，单科单项实验一般采取单因子实验方式进行，学校整体改革实验和区域性的教育改革实验一般采取多因子实验展开。

单因子实验是指只操纵一个自变量的实验。单因子实验的变量少，实验的难度小，一因一果或一因多果的因果关系相对较明确，如“初中数学自学辅导法的实验研究”、“小学数学探究——研讨教学法实验”等，就属于单因子实验。

多因子实验是指需要操纵两个或两个以上的自变量的实验。多因子实验中自变量与因变量的因果关系往往是多因一果或多因多果。由于实验要操纵的实验因子较多，多因子实验往往实施要求高，难度较大。如“小学生主体性教育实验研究”、“教育体制改革实验”、“小学生语文能力整体发展的实验”等等，就是多因子实验。多因子实验往往适用于一些复杂的、价值意义重大的教育实验研究项目。

五、教育实验法的优缺点

（一）教育实验法的优点

从教育实验法的含义、基本特点和类型的分析不难看出，教育实验法具有以下优点。

第一，教育实验法通过变量控制而进行变量之间的相关分析和因果分析，有利于教育理论的发展。具体表现在：(1) 教育实验能够检验现有教育理论的科学性及其先进性。任何教育理论和观点，都可通过较规范的实验研究得到检验或验证。(2) 教育实验对引进的国外先进的教育理论和方法，具有检验、改造和发展的作用，因为国外先进的教育理论是外国特定的教育条件和社会背景的产物，要其为我所用，必须首先通过实验对其加以检验。(3) 教育实验本身具有预见功能，有利于创造新的教育理论，为发现和揭示新的教育特点和规律提供必要的基础。(4) 教育实验能够为新的教育理论假说应用于教育实践提供操作程序。

第二，教育实验法通过探索有效的教育活动策略，促进教育实践的发展。具体表现在：(1) 教育实验为解决教育活动中的问题提供理论依据。教育实验的研究课题，大多直接来自教育实践活动，实验研究的结果尽管可能是以理论的形式终结的，但它为解决教育实践活动的现实问题提供了最新的理论依据。(2) 教育实验能够为教育实践活动提供最优化的活动策略。教学方法的实验、课程改革的实验、德育方法的实验等等，都在一定程度上指向教育实践活动，为教育活动研制最优化的活动策略。(3) 教育实验对引进国外先进的教育活动策略、总结和推广国内先进的教育经验，也具有重要意义。

(二) 教育实验法的局限性

教育实验法有利于对教育现象进行归因分析，但由于教育本身的特性和实验要求，教育实验法也存在一些局限性。

一是严格控制的实验条件与真实的教育活动相差太远，高度控制的教育环境往往失真，教育中的一些领域无法用实验法来进行研究。实验法不是进行教育研究的唯一有效的方法，运用实验法还必须与其他方法结合起来，才能较全面、科学地揭示教育规律。

二是由实验人员和实验过程带来一些负效应。教育实验中研究者与被试、教师与被试之间容易产生交互影响，诸如师生对待实验的态度和心理反应、研究者的价值观、动机等等对被试可能产生一定的负面影响；实验过程所采用的各种手段、所操纵的实验条件也会给被试造成一定的心理压力等等，都会影响实验结果。

三是实验不可避免地存在样本不足和被试选样误差等局限性。教育实验属于社会科学实验，在关于社会现象的实验研究中，样本较小，其结论是难以推广到对象总体的。

六、教育实验法的基本步骤

教育实验研究的全过程一般分为实验准备、实验实施、实验总结与评价三个基本阶段，每一阶段包括一系列具体的措施。

（一）教育实验的准备

教育实验的准备阶段的总体任务是制定实验研究的实施方案，实验方案是否合理、可行，直接影响着实验的结论。其具体任务包括：

1. 确定实验研究课题，明确实验研究目的

要研究什么、试图达到哪些目的，是进行实验之前必须明确的。实验研究课题应明确，对课题中涉及的基本概念应含义清晰。

2. 明确实验的理论基础，制定实验研究的理论假设

任何一个教育实验课题，都应明确其理论基础。理论基础是提出假设的依据，也是实验过程的指导性理论，对实验研究的方向、范围、乃至实验资料的搜集都会产生影响。如“小学生主体性素质发展与培养的实验”，其理论基础是马克思主义关于人的全面发展理论和主体哲学思想，这种理论基础要求该实验探讨小学生主体性发展的内在机制和培养途径，实验资料的搜集也要围绕这一方面来进行。理论假设是研究者对所要研究的变量之间关系的一种假定。理论假设是从理论基础和研究目的，以及对所要研究的变量进行分析后提出的。

3. 选择被试，分解实验变量，进行实验设计

这是准备阶段的核心工作。实验课题、理论假设提出后，就要明确和分解实验变量。实验的自变量是什么？有多少个自变量？因变量是哪些？有哪些无关变量？这些问题都应在实验之前确定。变量分解后，还应对变量的操纵、控制，以及变量呈现顺序、实验的

辅助手段、条件等实验过程进行规定，根据实验课题的性质、任务和类型，选择实验设计类型，进行合理的实验设计。

4. 选择或编制合适的统计测量工具和手段

采用哪些统计和测量工具观测因变量？这是实验之前要准备好的。统计和测量工具和手段，应根据实验课题的要求选择已有的合适的量表，或者重新编制有关量表，如调查问卷、观测指标、考试试卷，从而准确地描述和评价因变量的状况。

（二）实验的实施

实施阶段是实验的实质性阶段，能否按照实验设计，有条不紊地展开实验过程，是决定能否得出可靠的实验结论的关键。实施阶段的具体任务主要有三个方面：

1. 按照实验设计，操纵自变量。即进行实验处理，有步骤地改变所要研究的实验条件，向被试呈现自变量。

2. 控制无关变量。采取有效方法，消除无关变量对被试的影响，或者使无关变量对被试的影响相对稳定，甚至恒定。

3. 随时观察和测量因变量，搜集实验数据和其他重要实验资料。在实验前、实验中、实验结束时，分阶段搜集被试和因变量的数据等资料。

（三）实验的总结与评价

实验的总结与评价是实验的结束阶段。其任务包括三个方面：

1. 对实验数据和有关资料进行统计分析，在统计分析的基础上，对变量作相关分析、因果分析，得出实验结论。

2. 评价实验结论。通过检验实验误差，分析实验的效度。必要时还需进行小规模的重复实验。

3. 撰写实验报告。

第二节　教育实验的设计与变量控制

教育实验的质量如何，在一定程度上取决于实验设计的合理性程度和变量控制水平的高低。因而，实验设计和变量控制是实验研究的中心工作。

一、教育实验的设计

实验设计是对实验过程的程序、变量设置和控制策略的计划。实验设计的主要内容是明确选择被试的方法，安排自变量及其呈现方式，确定因变量的观测指标和观测方法，以及控制无关变量的具体措施。下面介绍三类实验的几种简单的实验设计形式。

（一）前实验的设计

前实验（Pre-experiment）对因变量可以进行观察和比较，但由于对无关变量缺乏控制，误差较大，难以验证自变量与因变量的因果关系或相关关系，研究结果不能推论到实验以外的其他群体或情境。这种实验的设计形式有三种：

1. 单组仅后测设计。该实验设计可用符号①表示为：

$$IG \quad X \quad Y$$

实例：一位小学语文教师深感小学生作文言之无物，于是设计了"情景作文"方法在班上试行，经一段时间后发现学生作文质量有较普遍的提高。

这种形式的设计，非随机分配被试，无控制组即无对照组，实验之前不对被试进行测试即无前测，直接进行实验处理，观测因变量的结果。这种实验随意性大，有实践价值，但缺乏科学发现意义。

2. 单组前后测设计。可表示为：

$$IG \quad Y1 \quad X \quad Y2$$

在小学教育研究中这类模式运用较为广泛，短期研究尤其如此。比如为研究口算练习对计算能力的影响，可取一个班的学生作被试（IG），先测量其计算水平（$Y1$），然后进行一个月口算训练（X），每天随堂练习 10 分钟，一个月后再次测量其计算能力（$Y2$），把 $Y2$ 与 $Y1$ 的差异归因于口算训练。

这一案例的设计由于有前测，会产生联系作用或敏感化，另外

---

① 为了表达的方便，用下列符号表示有关概念：

X 表示自变量，即实验处理，Y 表示因变量；$Y1$ 表示实验组前测结果，$Y2$ 表示实验组后测结果；$Y'1$ 表示控制组前测结果，$Y'2$ 表示控制组后测结果；IG 表示非随机分配被试，RG 表示随机分配被试；横线表示实验组与控制组比较，虚线为非等组，实线为等组。

身心成熟，口算练习以外的其他相关因素未作控制，故归因的逻辑受怀疑。

这类实验设计的特点是非随机分配被试，无控制组，进行前后测，实验的结论是根据前测与后测的比较，进行归因分析而得出。

3. 非随机实验组控制组仅后测设计。可表示为：

$$IG\frac{X\quad Y2}{Y'2}$$

实例：某校为了在小学数学新授课探索更有效的课堂教学结构，在某班试用“尝试教学法”作为一种实验处理，为观察实验结果，用实验班参加本地区统一命题考试成绩作为后测结果，由于事先未指定对比班，只好与同次考试的其他班学生成绩作比较，考察常识教学法与传统教学法有无显著性差异。

这种形式的实验设计，无前测，仅后测，实验的结论是根据实验组与控制组的后测结果的比较得出的。由于没有前测，消除了前测对后测的影响，可通过横向比较来判断自变量的有效性。但控制组和被试都是非随机地设置的，两组之间可能在实验处理之前就存在较大差异，对无关变量的控制不严，内在效度较差。

（二）准实验的设计

准实验（Quasi-experiment）是指未随机分配被试，只把已有的研究对象作为被试，对无关变量作尽可能的控制，无法完全控制误差来源的实验。准实验设计的形式也有多种，其中较普遍的典型形式是：非随机分配实验组控制组前后测设计，可表示为：

$$IG\frac{Y1\quad X\quad Y2}{Y'1\qquad Y'2}$$

实例：有一项学法指导实验，1994 年开始实施时，在育才小学以四（3）班为实验班，以四（1）班为对比班；第二年，又以新的四（3）班为实验班，而以另一学区的中山小学为对比班。

这种设计的特点是：设置实验组和控制组，但不采用随机分组，只是选择两个程度相近的组分别作实验组和对照组；两组均有前测和后测，两组前测可说明实验组和控制组的近似程度，两组后测的比较用来说明自变量的有效性。由于它不打乱原有的编班，且实验情境与推广情境相似，外在效度较高，所以，在当前教育实验中，大多采用这种实验设计形式。

（三）真实验的设计

真实验（Tru-experiment）是指按照实验的科学性要求，随机地选择和分配被试，能系统有序地操纵自变量，完全控制无关变量和误差来源，结论可靠的实验。真实验设计的形式比较多，下面简要介绍两种。

1. 随机分配实验组控制组前后测设计。可表示为：

$$RG\frac{Y1 \quad X \quad Y2}{Y'1 \qquad\quad Y'2}$$

实例：美国心理学家罗森塔尔做过一项“教师对学生的期待可以变为现实”的著名实验。罗森塔尔先对小学 1～6 年级每年级三个班学生进行一次智力测验，然后谎称根据智力测验成绩将每班学生分成两组。其中一组占班级人数 20%，称为高智商组（实际上是实验组）。实验主持者将该组学生名单交给所在班级新任教师，并告诉他们，预测表明，这一部分学生“在智力上有很大的发展可能性”，“具有在不久的将来产生学业冲刺的能力”。各班其余 80%的学生组成控制组。实际上各班学生是用随机分派的方法分成两组的。也就是说，分组时根本未考虑到事先进行的智力测验，在实验前各班内实验组与控制组被试智力在统计上是相等的。经 8 个月教学后，发现实验组学生比控制组学生智商有了更大的增长。

这种设计格式的特点是，实验组和对照组通过随机方式选择和分配，两组在统计上是相等的；实验组前后测比较，对照组前后测比较，以及实验组与对照组前后测比较，能够较充分地说明自变量的作用，因果分析可靠性程度高。上例还采用了“双盲”设计来抵消“霍桑效应”等负效应，是一种较典型的真实验设计形式。如果去掉这一格式中两个组的前测，则变成了随机分配实验组控制组仅后测设计，可表示为：

$$RG\frac{X \quad Y2}{\quad\quad Y'2}$$

实例：某小学在一年级开展“听读识字”教学实验，将拟作被试的100名新生随机分为两组，任选一个班作为实验班。由于做了等组化处理，就没有举行前测。这样做的好处是可以消除前测对后测的影响，可望提高内在效度。

2. 随机分配实验组控制组多因子前后测设计。可表示为：

$$RG\frac{Y1 \quad X1+X2 \quad Y2}{Y'1 \qquad\qquad Y'2}$$

多因子的实验比较复杂，需要同时操纵两个及以上的自变量，如关于两种教学方法在语文和数学教学中对学生学习成绩的影响的实验，自变量就有教学方法（$X1$）和教材（$X2$）两种自变量。在综合性实验研究中，这种设计形式较有优势，它能同时探讨几个要素之间的相互关系。

二、变量控制

实验设计的形式还有许多，研究者可根据实验的需要，自行设计。实验设计的类型仅仅是实验的形式问题，究竟如何去操纵教育实验的自变量，控制无关变量，观测因变量，即怎样有效地进行变量控制？遵循教育实验的特点和实验的逻辑结构，制定被试分配、自变量的分解、因变量的观测、无关变量的控制等策略，即“变量控制”，这是教育实验设计的核心内容。

（一）被试分配

被试变量是指由被试自身带来的各种因素或特征。采取合理的方法分配被试，有利于消除被试变量对因变量的不良影响。被试分配的方法主要有三种。

1. 等组法

等组法是指设法使两个或两个以上的被试组以及控制组在能力、知识经验、性别等被试特征上相等或尽可能相近的被试分配方法。等组法可采取三种具体的形式：

（1）随机分派。

将运用随机原理抽取来的被试，再采用抓阄、投硬币等随机抽样方法，把他们分别分配到两个组或多个组中，哪个组为实验组或控制组，也采用随机方法来确定。随机分配被试，使得被试组和控制组能够在能力、知识经验、兴趣、态度等方面基本一致。这样能够保证实验之前，各实验组之间以及实验组与控制组之间的起点相同，从而保证来自被试变量对因变量的影响得到一定控制。

（2）设置对手组。

通过测验或随机分配后，根据某一标准进行适当的调整，得到两个相等的组，这两个组称为对手组。确定其中一组为实验组，另一组为控制组。对手组是在随机分配的基础上，保证组与组之间的平衡，进一步控制被试变量的分组方法。

（3）对偶被试分组法。

先将随机抽取的被试按某一或几种特征两两配对，再用随机分派的方法把每对中的一个被试分到甲组，把另一个分到乙组，这种分组方法，称为对偶被试分组法。这是一种精确的分组方法，它能够保证两个组之间的被试一一对应地相等或平衡。例如，把随机抽样得到的被试按照知识、能力、智力、情感等测验指标，组成相等的对子：A 与 A′、B 与 B′、C 与 C′、D 与 D′、E 与 E′，然后运用随机原理把每对中的一个分到 RG1 组中，另一个分到 RG2 组中。

2. 单组法

根据实验需要，随机抽取一部分人作被试，这些被试构成一个组。这种设计的特点是只有一个被试组，而无控制组。每个被试都要接受两种实验处理 A 与 B，然后比较不同的实验处理对因变量的影响。被试组自己在不同的实验处理条件下，其知识经验、能力、个性是完全相等的。

3. 轮组法

为了避免单组设计中不同自变量 A 与 B 呈现时间不同导致的顺序效应，可以把一个组分成两半，一半被试按 AB 顺序呈现自变量进行实验，另一半按 BA 顺序呈现自变量进行实验，这种方法就是轮组法。轮组法有利于克服单组法的不足，也避免了分组的困难。

（二）自变量的选择与操纵

自变量是指由研究者操纵对被试产生影响的条件或变量，是研究者呈现给被试的刺激变量。在实验过程中，自变量是一种假定的原因变量。教育实验的自变量一般是根据研究目的来设计的，如教学方法、教学组织形式、教材内容、课程结构、师生关系、德育方法、管理制度等等，都能作为一项实验的自变量。一项教育实验首先要注重自变量的选择与操纵。

自变量来源于研究目的和实验假设。实验假设一般是对所要研究的变量之间的因果关系或相关关系的一种假定性说明。在其中的变量之间的关系中,必定有一个或多个假定性的因素或前提条件,以及一个或多个试图达到的结果，即有原因因素和结果因素，原因因素就是自变量。实验假设明确了，自变量也便明确了。如在“集中复习与分散复习效果的比较实验”中，人们可能提出“集中复习比分散复习的效果好”这一实验假设，从该实验假设中可见，集中复习和分散复习是条件，复习效果是结果，因而，这项实验的自变量就是复习时间分配方法。

自变量的设计相当复杂,不同实验的自变量不同。一般来说,实验的自变量的设计应注意以下四点：

1. 自变量应准确、清晰，有可操作性

实验的自变量不能含糊不清，不应过于笼统。如“学校德育系列化”、“教学活动体系”、“课程体系优化”、“素质教育”等自变量，就相当模糊，不能操作。自变量不明确、不清晰，往往与实验研究的目的不明确有关。准确、清晰、具有操作性的自变量不仅容易操纵，而且有助于实验归因。

2. 自变量应是可改变的、有效的条件

如果自变量无效，实验就不能得出任何结果。如“学生的智力”，就是一种无效的自变量，因为它是研究者不能改变，不能操作的。学生的学习动机可以改变、调节，师生关系可以调节，因而它们能够作为实验的自变量，但如何操纵它们，还需给予操作性的规定。

3. 一项实验中定性自变量不应过多

定性自变量是指难以量化操作、量化统计的自变量，如“学习动机”、“教育的责任心”、“师生关系”、“校长威信”等等，就属于定性自变量。实验的推论一般要运用数理统计分析，如果定性自变量过多，不利于进行统计分析，影响推论的准确性。因此，实验的自变量应尽可能采用定量变量，定性自变量不能太多，即使采用了定性自变量，也应尽可能保证它具有较强的操作性。

4. 定量自变量的量化层次不应过多或过少

定量自变量的设计重点在于量的层次及其呈现给被试的顺序的设计，如次数、遍数、时间单位、等级等等。一般来说，量的层次不应过于繁琐，或等级跨度太大。如研究小学生对汉字的抄写遍数与生字掌握程度的实验，不应把生字抄写遍数这个自变量规定为很多层次：1遍、2遍、3遍、4遍、5遍、6遍、7遍、8遍等等，或者分为1遍、10遍、20遍、40遍、80遍等等，层次太多，显得没有区分度，层次跨度太大，难以发现最适当的量的层次。

自变量设计后，在实验过程中要严格按照实验设计，操纵自变量。操纵自变量，即按照设计要求，向被试呈现自变量。向被试呈现自变量，要严格注意呈现的时机、呈现的时间长短、时间顺序。当实验具有两种或两种以上的自变量时，还应注意不同自变量呈现的关系，防止不同自变量之间的作用导致无关变量。

（三）因变量的观测

因变量是指由自变量的作用而导致的被试变化的结果，是一种结果变量。在教育实验中，因变量往往与被试身心发展的水平、程度、状况有关，如对知识的掌握水平、能力发展、思想品德的发展程度、情感的发展、教学质量、学校效能等等。因变量与自变量之间具有内在的逻辑联系，因变量是由自变量引起的，自变量是原因，因变量是结果。要确定自变量和因变量之间的关系，需要对因变量加以观测。

观测因变量，首先要确立和分解因变量。教育实验中，因变量来源于教育目的和实验目标。确立和分解因变量，可从以下三步着手：

1. 制定实验目标

教育实验的目标一般包括促进被试（即学生）的身心发展；形成有效的教育策略；建立一支高素质的教师队伍和管理队伍三个方面。在此三个方面，促进学生身心发展和形成有效的教育策略是最核心的目标，第三个方面则是实验的副产品。实验设计必须明确实验的重点目标，即明确主要的因变量。

2. 分解实验目标

为了便于观测，应对主要的实验目标分解，即具体化。分解实验目标,要把该项实验促进被试的身心素质的发展的目标具体化。一般可将其分解为知识水平、各类能力状况、技能程度、品德水平、个性品质等项目，再根据实验的特殊性，确定重点观测的目标项目。

3. 具体描述因变量的观测指标

良好的因变量观测指标需满足四个基本条件：第一，有效性，即指标反应的是要测量或评估的结果；第二，客观性，即观测指标能够使用于不同的情境和不同的对象，实验情境和非实验情境可能用同一观测指标来评价学生的发展状况；第三，数量化，即观测指标能够用数据、等级来表示，如识字量的个数、成绩分数、品德表现等级；第四，观测指标要有区分度。即观测指标能够表示出被试发展的程度的差异。

因变量的观测指标主要有以下几类：①准确性，即反应的正确数量。它在观测被试的知识和能力等方面的发展状况时常用。②速度和敏捷度。即在单位时间内完成任务的数量，如每分钟打字的数量、阅读的速度等等。③难度水平。即完成任务或作业的困难程度，观测学生的知识和能力水平，必须考虑试卷和问题的难度。④频率，即某种行为单位时间出现的次数。然后，结合不同实验项目的具体要求，制定因变量观测的具体工具、量表、考试试卷等，在实验过程中和实验结束后，对被试进行观测，记录并保存观测的数据资料。

（四）无关变量的控制

无关变量泛指除自变量以外一切可能影响研究结果，而对实验可能起干扰作用的因素。诸如学生已有的知识基础和智力状况、教材内容的难度、教师的教学水平、师生关系状况、师生对待实验的态度、教学时间的长短、课外辅导等等，都可能是实验的无关变量。无关变量仅仅是与实验目的无关，但它与实验结果是有关的，因为它在一定程度上影响着实验的结果。因而在实验中，需要对无关变量加以控制。

1. 无关变量的来源

在教育实验中,实验的过程是一个不断排除无关变量的过程。无关变量的来源是很复杂的，一般来讲，教育实验的无关变量主要来源于以下几个方面：

(1) 无关变量来源于实验设计。实验设计不合理，极易导致无关变量。实验设计对实验过程的安排、对自变量呈现时间及先后顺序的安排、对实验前后测的安排，都可能产生无关变量。如关于“复习时间分配方式对复习效果影响的实验研究”，实验设计把同年级的学生随机分成五个被试组，进行为期八天的实验，每组总复习时间为120分钟，每组复习时间的安排不同，把自变量——复习时间的分配方式按下表5.1方法设计实施，第八天各组参加统一测验，根据各组统一测验的成绩来进行归因分析，得出究竟哪一种复习时间方式的复习效果最好。

表5.1 复习时间分配表

实验日	第一天	第二天	第三天	第四天	第五天	第六天	第七天	第八天
第一组	20分钟	20分钟	20分钟	20分钟	20分钟	20分钟		统一测验
第二组	30分钟	30分钟	30分钟	30分钟				
第三组	40分钟	40分钟	40分钟					
第四组	60分钟	60分钟						
第五组	120分钟							

这种实验设计尽管自变量的设计是合理的，但自变量呈现的时间先后顺序没有得到较好地控制，实验设计使得各组的最后一次复习距离统一测验的时间间隔不同，第一至五组末次复习距统一测验的时间间隔分别为1天、3天、4天、5天、6天，这样，每组被试参加统一测验的平均成绩，可能不完全是由于不同的复习时间分配方式导致的，而是由于末次复习与统一测验的时间间隔长短不同导致的。由此可见，该实验设计就产生了无关变量。要消除这一无关变量，需要改变实验设计，使每组被试的末次复习与统一测验的时间间隔相同。可按下表5.2进行设计：

表 5.2　复习时间分配表

实验日	第一天	第二天	第三天	第四天	第五天	第六天	第七天	第八天
第一组	20 分钟	20 分钟	20 分钟	20 分钟	20 分钟	20 分钟		统一测验
第二组			30 分钟	30 分钟	30 分钟	30 分钟		
第三组				40 分钟	40 分钟	40 分钟		
第四组					60 分钟	60 分钟		
第五组						120 分钟		

实验设计导致的无关变量比较复杂，往往不易觉察。对自变量的操纵方式、前测，是实验设计中容易产生无关变量的地方。

（2）无关变量来源于被试变量特征。实验的被试选择如果不采用随机方法抽样并分组,实验组和控制组被试本身特征的不一致,被试组间的知识、能力、性格、智力、态度等特征相差较大，或者单组被试智力、知识各方面起点很高或者很低，都不能进行准确的归因分析；有的实验过程较长，甚至长达几年，随着时间的推移，被试身心本身逐步自然成熟，产生“成熟效应”和“履历效应”，被试身心的自然成熟，影响因变量，从而影响实验归因分析。

（3）无关变量来源于实验过程中的负效应。实验过程中，研究者以及参与实验的教师、控制组的教师和学生往往由于某些未加控制的心理反应，而产生一些影响因变量的负心理效应。这些心理效应主要有：①“霍桑效应”，是指参加实验的教师和学生被试因得知自己参与实验、受到关注而提高了活动积极性，有比平时更佳的努力和表现。这种效应不仅干扰了教育行为与教育效果之间的准确的归因，也影响了实验结果的推广。②“期望效应”，是指实验主试因被告知被试具有潜在能力和较大的发展可能性，而不自觉地对被试表现出特别的关注,或者主试对被试抱有积极鼓励等期望心理态度。这种期望心理促进了被试的发展水平，从而影响自变量与因变量直接的归因分析。③“约翰·亨利效应”，即“实验措施的扩散与模仿效应”,是指控制组模仿实验组的自变量的措施而导致实验组与控制组的区别模糊。它是来自于控制组的无关变量。

（4）无关变量来源于统计因素。统计方法不适合，统计量表以及测验试卷不科学，导致统计误差；实验中对因变量的观测指标不具体、量化标准不客观，影响统计的准确性。统计因素也是实验总结和归因推论的重要的一种无关变量。

2. 无关变量的控制

制定无关变量的控制措施，也是实验设计的重要内容。只有较严格地控制无关变量，才能较准确地作出自变量与因变量之间的归因分析或相关分析。控制无关变量可采用以下几种方法。

（1）合理安排实验程序，科学设计自变量呈现的时机。实验设计首先必须保证自变量和因变量合理有效，减少由自变量和因变量本身不规范导致的无关变量；自变量呈现的时机、呈现的程序等影响着因变量的状况；对前测、练习也要精心安排，防止练习效应。

（2）使无关变量保持恒定。在教育实验中，对一些不打算研究而又无法消除的无关变量，可以在不同的实验情境、实验组和控制组、不同的实验阶段，使这些变量的特征及其对因变量的影响保持恒定。如研究两种教学方法对学生学习成绩的影响，可以使教学内容一致、被试水平一致、教师的态度一致、前后测试题难度一致等等。使无关变量保持恒定，有利于在统计分析和归因分析时，考虑到无关变量的恒定的影响，作出较准确的归因分析和推论。

（3）设置控制组，并采用“盲被试”方法。为了控制成熟效应、期望效应，可设置控制组，使实验组与控制组进行比较。还可在研究中不告诉被试和主试实验研究的真正目的，即采用盲被试法，以便避免来自主被试的无关变量对因变量的影响。

（4）控制统计过程，减少统计误差。在实验数据的搜集和统计测量过程中，合理选用统计工具或量表，或者研制测量被试的有关问卷、试题等等手段。研制统计测验试题时，注意试题的难度、区分度等等。

第三节 教育实验质量的评价

教育实验结束后，要对实验的科学性水平加以检验和评价。通过教育实验质量的评价，有利于避免盲目性，提高进行教育实验的自觉性。教育实验质量的评价，主要包括教育实验方案评价和实验过程与实验结果的评价两大方面的内容。

一、教育实验方案的评价

（一）教育实验方案

教育实验方案是关于实验设计的思路和实验实施的计划，是在实验的准备阶段就应该形成的、用以指引实验进程的实施计划。教育实验方案一般由实验课题名称、实验课题的提出、理论基础、实验研究的目的与实验假设、变量分解与变量控制、被试选择和分配、统计与测量方法、实验实施过程等部分构成。

实验方案首先要明确实验的课题名称。实验课题的表述应简明。

实验课题的提出。该部分主要反映研究者提出问题的思路。一般来说，在这一部分，研究者应表明自己对这一问题的基本认识：问题的实质、特性、意义，以及在文献综述的基础上，对问题的历史考察和现实分析。

理论基础、实验研究的目的以及实验假设。这一部分要概括性地阐述实验研究的理论基础，特别是现代教育理论基础，明确实验的指导思想和教育观念；在此基础上进一步指出实验的总体目的和具体目标，实验的目的和目标实质上体现了教育实验研究课题的理论价值和实践价值；然后提出教育问题的实验假设，实验假设应以陈述句的语句形式来表达，实验假设至少应包含两个变量，并说明变量之间的某种关系，且实验假设能够被实验结果所检验。

变量分解与变量控制。这一部分重点是描述实验课题的自变量、因变量、无关变量，以及对这些变量的控制措施。实验方案对变量的设置和控制措施一定要具体。

被试选择和分配。主要具体说明实验被试选择的方法、被试分组的方法，以及是否设置控制组，表述被试变量的特征。

统计和测量方法。主要说明实验采取的实验资料和数据搜集的方法、观测因变量的统计和测量的手段、工具、量表、问卷、考试卷等。并说明控制统计误差的方法。

实验实施过程。主要说明实验分为哪些阶段和过程，每一阶段或过程主要完成哪些研究任务等。

关于实验方案的编写，可参考国内同类教材和有关期刊上登载的一些实验方案。如《教育研究的理论与方法》（杨小微、刘卫华主编）的附录B的例1《“充分开发儿童少年智慧潜力”实验方案》①，就很有参考价值。

（二）实验方案的评价

评价一项实验研究课题的质量，都是从评价实验方案开始的。实验方案的评价就是评价实验方案的科学性、可行性。具体来说，实验方案的评价，是对实验方案的各个部分内容的意义、科学性、合理性、可行性和有效性作出肯定或否定的价值判断。

对教育实验课题的评价，主要分析实验课题对教育理论是否具有理论价值，有多大的价值；分析它对教育实践具有多大的时间价值和现实意义。这实质是对教育实验的选题价值的大小作出判断。实验应具有认识功能和改善实践的功能，不同的实验研究课题的价值是不同的。研究者自己也可在提出实验课题后，对课题的价值作出分析。

对理论基础、实验研究的目标和实验假设的评价，主要分析其凭借的理论基础是否恰当，是否全面；分析其实验研究的目标是否明确、合理、具体，以及能否达到；分析其实验假设是否规范，实验假设对实验过程有多大的引导作用。

变量分解和控制是实验方案评价的主要内容。一般要对自变量设计的合理性、自变量的数目、自变量的操作性程度，以及自变量操纵的具体方法和程序进行分析和评价；对因变量的设置、因变量的观测方法的客观性进行评价；对无关变量的控制措施进行分析；还要对被试选择与分配的方法、被试变量的特征进行分析。在此基础

① 原载《教育研究与实验》（武汉），1988年第2期。

上对整个实验设计的水平作出判断。

统计与测量的评价，主要对实验所运用的统计方法、工具等进行分析，从而对实验统计方法的科学性水平作出判断。

二、教育实验过程与结果的评价

要综合评价一项实验研究课题的质量，还必须重点评价实验过程和实验结果。对实验过程的评价，主要是对实验的变量控制程度进行分析，对实验所搜集的资料和数据的真实性进行分析。在此基础上，把重点放在实验结果的评价上。从实验结果上评价实验研究的质量，一般采用两个基本指标来进行评价，即评价实验的内在效度和外在效度。

（一）实验的内在效度

内在效度（Internal valiolity）是指实验的自变量与因变量之间存在明确因果关系或相关关系的程度。它用来说明因变量Y的变化是由自变量X直接引起的程度。内在效度高，说明因变量基本上就是自变量的变化导致的结果，而不是其他因素影响导致的，自变量与因变量之间的因果关系或相关关系就比较清晰；内在效度低，说明自变量与因变量之间的因果关系或相关关系较模糊。

影响实验内在效度的因素是多方面的，主要包括实验设计和实验过程两大类。实验设计影响内在效度，主要是通过自变量、因变量和无关变量控制的合理性程度、实验所设计的程序，以及被试选择和分配方式来体现的。其中最重要的是对无关变量的控制程度，无关变量的控制程度高，则因变量是由于自变量引起的程度就高，无关变量控制程度低，则因变量是由于自变量引起的程度就低，实验的内在效度与无关变量的控制水平具有极大的相关度。实验的实施过程也在一定程度上影响内在效度。实验过程中，实验处理程序是否严格按照实验设计的步骤执行？自变量和相应的实验条件有没有扩展？实验数据是否真实准确？统计方法是否恰当？观测工具是否有效？这些都在很大程度上制约着实验的内在效度。内在效度是评价实验本身的质量的基本指标。实验的内在效度越高，说明实验设计和实验实施过程的科学性和规范性水平越高。

从考察实验设计的科学性和实验实施过程的规范性的角度，来分析实验的内在效度，是评价一项教育实验的质量和水平的基本方法。

（二）实验的外在效度

外在效度（External validity）是指实验和研究的结果的概括程度。它一般用来说明实验及其结果能够概括到其他的对象总体、实验条件、时间和背景中去的程度，表明实验措施、认识成果和实践策略的普适性、可用性，即实验的推广度。外在效度是评价实验对其他情境的实用价值的指标。

任何一项实验所获得的认识成果和实践策略都是在其特定的实验条件、被试、时间等教育情境中取得的。这种认识成果和实践策略是否适用于其他教育情境？这就要分析该实验的外在效度。

影响实验的外在效度的因素主要有两种：一是被试变量的特征；二是实验研究的情境。如果一项实验的被试是经过精心挑选的，他们在知识、能力、个性等方面与同龄人的一般特点有很大的差别，或者是按照特定的要求选择出来的，那么，对这些被试进行的实验所取得的结果就不能适用于其他的人。即实验结果的推广性较差。只有被试的特征不具有许多特殊的属性时，从这些被试的研究中获得的结果才具有较大的适用性和推广度。例如，如果一项实验的结果是以某大学少年大学生班学生为被试取得的，那么这个实验的结果可能只适用与其他大学的少年大学生，而不适合于其他大学生。被试特征影响着实验的外在效度。实验研究的情境也影响着外在效度。一项实验的认识成果和活动策略是在特定的实验条件和情境中获得的，这些认识成果和活动策略能否在其他的教育情境中同样发挥作用，那要看其他情境与实验情境的相似程度。如果一个实验是在教学条件优越、教师素质较高的某省级重点中学进行的，那么它的认识成果和教育策略可能在一般的农村中学就难以产生较大的作用。

提高实验的外在效度的方法是：注重被试选样的代表性，不刻意营造远离现实教育情境的实验条件和情境。

实验的内在效度和外在效度之间的关系较为复杂。按理说，内在效度高，说明对事物的本质、规律或事物之间的因果关系把握准确，因而实验结果的可迁移性强，那么，外在效度也应当高。但是在现实中，两种效度则往往成反比关系。实验控制严格、内在效度高，推广时回到现实情境，导致外在效度低。当实验控制不严格、与推广情境相似，虽然内在效度低，推广度却高。当然，作为一种科学研究方法，教育实验研究首先应尽可能保证实验有较高的内在效度。不应为了追求外在效度，而牺牲实验的内在效度。可以肯定地说，没有内在效度的实验结果，是不值得推广的。

思考题：

1. 解释下列名词（术语）：
   （1）实验法，教育实验法
   （2）前实验，准实验，真实验
   （3）变量，自变量，因变量，无关变量
   （4）内在效度，外在效度
2. 教育实验法有哪些特点？
3. 教育实验法的结构是什么？
4. 教育实验法有哪些类型？
5. 教育实验法的实施步骤有哪些？
6. 自变量的设计应注意哪些问题？
7. 观测因变量有哪些要求？
8. 无关变量主要来源于哪些方面？如何控制？
9. 被试分配有哪些方法？
10. 怎样编写实验方案？
11. 怎样评价实验的质量？

第六章　教育经验总结

本章提要

经验能直接有效地指导实践，它突出的优点是方便易行。但由于经验具有感性具体性、分散性等特点，导致经验的应用范围狭窄、可靠性差，所以经验需要概括总结，上升到一定的理论高度，才能对教育实践产生比较广泛的指导或示范价值。本章介绍了经验、经验思维方法、教育经验总结的意义、特点，阐述了个人经验和群体（社会）经验的总结方法，并针对典型案例作了分析。学习本章，应掌握经验思维方法，经验总结的意义和特点，基本掌握教育经验总结的方法，并能结合自己的教育实践作些分析、思考。

第一节　教育经验总结概述

一、经验和教育经验

经验（Experience）是一个广泛使用的概念，一般是指人们在社会生产生活中获得的有效的知识、技能，以及相伴随而形成的情感和情绪体验。按照杜威的观点，经验包含着行动或尝试和所经受的结果之间的联结。我们对事物有所作为，然后它回过头来对我们有所影响。“从经验中学习”，就是在我们对事物有所作为和我们感受的快乐或痛苦这一结果之间，建立前前后后的联结。这样，行动变成尝试，变成一次寻找真相的实验，而承受的结果就变成教训——

发现事物之间的联结或关系。

教育经验是指教育工作者在教育实践中获得的从事教育活动的有效知识、技能以及情感和情绪体验。它主要是指教师在施教过程同时也是与学生的交往过程中日积月累地丰富或改善了作风及人格，充实提高了业务素质和工作技能。

一般说来，教育经验总结可以分为描述性总结和解释性总结两个层次。描述性总结是具体地陈述当时是怎么想、怎么做、有何成效等一系列事实，一般带有个人特点、尚处在感性认识水平。解释性总结是指除陈述事实外，还深入到“为什么这样做”的层次，揭示其原因、理由，乃至总结性地提炼出蕴含于其中的思想主题，如教育观、教学观、基本思路等等。后一层次的总结一定要借助理论钻研或理论工作者的帮助才能完成。

教育经验既有成功的经验，也有失败的经验。“胜固欣然败亦喜”，失败经验是每一个教育工作者必然遭遇的，它指导着人们去另辟蹊径，不再犯同样的错误。

教育经验从它的社会化程度可分为个人经验和群体经验两种类型。个人经验是指个人独特经历和体验，带有较强的个性化色彩，往往是“得之于心，应之于手”，只可意会，难以言传，需要一番概括和分析功夫。群体经验是指由社会上许多人共同掌握的经验，这些经验可能是历史上形成的，甚至成为习俗和惯例的，也可能是由先进的个人经验推广开来的。

二、教育经验总结中的经验思维方法和理论思维方法

作为一种研究方法的教育经验总结（Summary of eolucational experience），是指研究者以来自教育实践的经验事实为素材，综合运用多种方法，对这些材料加以分析、概括认识，从而实现由感性认识向理性认识的升华。

在教育经验总结的过程中，研究者要审慎地把所做的事、所尝试的教育实践和所发生的教育结果联结起来，表明这两者之间的关系，进一步指出联结的详细情况，把教育经验中的智慧要素明显地表示出来。教育经验总结形成第一层级体系的教育理论。在这一级上，要领与命题主要是与它们所概括的事实相对应，与经验直接联

系。而概念与概念之间、命题与命题之间还没有建立起严密的逻辑联系，理论体系尚未形成。教育经验总结所形成的理论在表述上多为描述性的，是经验概括；在内容上主要是对事物属性的认识、是关于事实的认识。由于教育科学是一门实践性很强的学科，应用研究在教育研究中占突出的地位。所以，教育经验总结在教育研究中具有十分重要的作用。

教育经验总结主要是运用经验思维方法对教育经验进行概括、总结。所谓经验思维方法，是相对于理论思维方法而言的，具体地说，就是人们运用生活的亲自感受、实践的直接知识乃至传统的习惯观点等进行思维活动方法，其功能主要在于认识和把握具体事物及其外部联系。经验知识的特点在于对外界事物进行直接的把握。它既包括对事物表面特征的了解，这是发现事实的重要步骤，又包括对事物外部关系的了解，这是深入了解事物的本质的必要前提。

在教育经验总结的深入阶段，还要用到理论思维方法。理论思维方法是建立在经验思维基础之上的一种较为高级的思维方式，以揭示和把握事物的内在本质和一般规律为根本任务，依据一定的系统知识、遵循特有的逻辑程序而进行的思维活动方法。这种方法具有严密的逻辑、抽象性，它的内容与工具是一系列抽象的概念、判断、推理等，舍弃了事物的细枝末节而抽象出其共同特征、本质、规律。

教育经验总结首先经过经验思维，再上升到理论思维，从而为形成第二、第三层级的教育理论打下了基础。它需要理论工作者与实践者的通力合作研究。“教育行动研究”正受到我国研究者的关注，“行动”一词主要指实践者行为，“研究”一词则指理论工作者行为，两个关键词的联结本身足以说明两类研究者合作的重要性。

三、教育经验总结的意义

马克思曾经指出，理论的概念必须要由大规模积累的实际经验来完成。对教育经验进行总结的积极意义可以从以下几方面加以概括：

（一）教育经验总结有助于丰富和发展教育理论

总结经验能为概括与提升理论提供观点和素材。一方面，丰富多彩的教育实践活动是产生和形成教育理论的源泉和基础，对教育实践经验的科学总结，能够获得对教育教学过程的规律性认识，为已有的教育理论增添新的内容；另一方面，对教育经验的总结需要科学的理论指导，总结经验的过程，也就是运用理论、检验理论、丰富和发展理论的过程。教育经验总结尤其有利于适合国情的、富有时代特色的教育理论观点的形成和发展。

（二）教育经验总结有助于教育行政部门和研究人员深入实际、了解实际

教育行政部门和教育管理人员在贯彻执行教育方针政策的过程中，一方面要亲自深入实际、调查研究、了解情况、发现问题、及时总结实际工作中的经验；另一方面要有目的地组织基层单位和研究人员对有特色、有成效的实际工作进行专题经验总结。经验总结的过程，能帮助领导者和研究人员掌握教育实践的第一手材料，做到心中有数，从而能更具有针对性、更有效地发挥教育行政部门的职能作用和研究工作的指导作用。如教育发展规划的制订、教育结构的调整，如果缺乏细致周密的考察、不总结先进经验，就难免脱离实际，造成主观盲目的失误。

（三）教育经验总结能为教育实践活动提供行之有效、切合实际的指导

先进的经验来自于教育实践，是经过实践检验的带有规律性的智慧结晶，对教育实际工作能起到切实中肯的指导作用。来自于实际的教育经验往往比泛泛的理论更生动、更具体、更易于接受、更便于操作。在我国的教育改革实践中涌现出许多先进教育工作者的经验，对于改进教育工作、提高教育质量起到了巨大的指导作用。

（四）教育经验总结有助于找准教育科研深化发展的起点

在教育科学研究的多种方法中，经验总结虽然不能得到像教育实验的结论那样精确的结果，但教育经验有着广泛的群众基础和丰富的实践来源。经验来自于教育教学实践，反映了教育教学过程的本来面目。教育科学研究人员不仅应从教育经验总结的全过程中增长见识，提高能力，而且还应从中发现新一轮研究的起点，如上海市青浦县教研室提出并实施的初中数学“尝试指导、效果回授”实

验，其两个主要自变量正是来自对全县初中数学教师有效教学经验的总结。这项研究得到各方面的认可，取得了极好的效益。

（五）教育经验总结有助于增强教师业务素质，促进教育质量的提高

教师业务素质直接关系着教师教学工作的质量。总结教育教学经验是提高教师业务水平的一条重要途径。作为教育实践第一线的工作者，每个教师都会有自己分析问题和处理问题的独特体会和方法，因而每个教师都可以结合自己的教学实践活动，有意识有目的地总结自己的心得体会。例如，教学模式优化的新措施、活动课组织的新做法、班级管理的新尝试、转化后进生的新经验等等，都可以不断积累资料、进行经验总结。善于总结经验的教师，其业务水平会进入一个良性循环的自我提高过程，从而不断地从更丰富、更广阔的层面上掌握教育教学规律，取得良好的教育教学效果。

四、教育经验总结的特点

教育经验总结法与其他教育科研法相比，有着自身的一系列特点：

（一）经验模式的独特性

由于经验的产生和经验的总结都要经由一个个独特的主体，因而难以找到统一的规则和普遍的模式。这就是说，经验模式具有独特性和个体差异性。体验性经验尤其如此。这些经验难以言传，但从效果中可以体会到，这和理论思维形成了鲜明的对照。个人的教育经验往往与个人的独特气质、独特遭遇和个人处理事物的独特方式相联系。

（二）加工对象的生动性

经验总结的对象和内容是教育工作者在长期教育实践中创造的研究的行之有效的经验、做法，它们直接来源于教育实践，以生动的活动形态体现在教育过程之中。同时，经验总结的成果，又可直接回到教育实践活动中运用，直接指导工作。

（三）方法的综合性和感性具体性

教育经验总结实际上是对多种教育科研方法的综合运用。在搜集经验资料时，要运用调查法与观察法；在从已有的事实上升到理

论时，需要运用分析——综合、归纳——演绎的逻辑方法；在总结和阐述经验的普遍联系和意义时，需要运用文献法；当总结经验形成了一定的理论观点之后，还可能要运用实验法作深入的验证和因果研究。教育经验总结所依据的知识基础是经验，即关于事物的局部和外部联系的感性知识；总结的内容和操作程序是直观可见、具体易行的。

（四）方式的回溯性

经验总结方法是实践之后的反思方法，它必须在某项实践活动之后启动，并且是在这种实践中的经验已经大体形成之时才着手分析总结的。因此，经验总结法运用于研究随时间而变化的教育过程。

同其他的教育科研方法相比，教育经验总结法也有它的局限性，表现在：(1)所得到的结论一般是定性的，描述性的，因而在推广过程中难以准确传播；(2)经验产生于具体条件下，其有效性受制于现实环境，超过了一定的范围或当实践的环境和条件发生变化后，其推广有效性就会降低。(3)经验本身和经验总结过程均难以避免主观性，与观察和实验相比，它的客观性要低。

经验值得总结，又必须经由总结。为了扬长避短，充分发挥教育经验总结的作用，要注意遵循以下基本要求：

1. 选择有代表性、有典型意义的总结对象，总结教育经验要重视考察经验推广的社会效益。

2. 要全面考察、综合研究，定性与定量相结合。经验通过经验性思维和经验型方法而获得，而经验总结则需要进一步通过分析型方法和系统型方法而获得较为深刻的理论。单个的教育现象并不是孤立的，而是整个教育系统的有机组成部分。在总结教育经验时，应该对教育活动的全过程进行综合考察，用分析的方法，多层次、多侧面对教育经验进行剖析，以免陷入片面性和就事论事。例如，对某校学生成绩提高的事实，总结经验时就应该对该校工作进行全面分析，不单只考察教学、管理上有什么新措施，还要考察该校是否注重学生的全面发展，课业负担是否过重，学生是否学得生动活泼等情况。同时应把定性分析和定量分析结合起来。既要关心教育实践活动的过程、环境的基本性质，又要关注教育活动中各个因素和结果的数量变化，因为量化指标更便于不掺杂偏见、不受暗示地对教育经验作出客观的描述。总之，没有定量分析，经验总结易出现主观臆断。

第二节　教育经验总结的方式和步骤

经验分为个人经验和群体经验两种，由此，经验总结的方法也分为个人经验总结的方法和群体经验总结的方法两种情况。

一、个人教育经验总结的基本方式

个人教育经验的总结可归纳为如下三种基本方式：

（一）将先进的理论、观念转化为教育经验技能

教育工作者个人总是自觉不自觉地在某些教育理论和教育观念的影响或支配下从事教育实践。事实上，任何一种理论必须通过经验思维这一中间环节才能与教育实践活动、教育客观对象发生联系，理论只有转化为经验技能才能指导实践。

这种经验总结的主要环节可描述为：第一步，对照先进理论或观念找出（或创出）与之相符的目标、内容、方法或策略，形成某种操作体系；第二步，结合个人自身特点、具体的教育对象和教育环境，把新的操作体系付诸实施；第三步，观察实施效果，若与先进理论的预期相符，则证明理论正确、有效。实践者本人也在此过程中获得了由理论转化而成的教育经验技能。若不符，就说明存在着问题。当然，不能轻易否定理论，而应该反复验证。

（二）从实践中发现问题，尝试改进，及时总结

教育工作者面对活生生的人，复杂的受教育者群体，而且这个群体处在生长变化之中，他们成长的时代和环境也处于变化发展之中，教育者往往不断遇到新的问题，产生新的困惑，已有的经验常常显得捉襟见肘，这时富有创造性的教育工作者就开始进行尝试：感觉问题之所在，提出改进种种假设，积极地进行尝试并及时总结。无论失败还是成功，教育工作者通过这种经验总结，能极大地提高自身的业务素质。下面请看河南安阳人民大道小学的一个经验总结实例。

实例：现在的课堂教学，虽然可以说对知识的传授很系统，学生参与的人数相对来说也比较多，但我仍感到不满足，看得出学生也不很满足，很难达到那种欲罢不能的境界。细想起来，还是课堂上教师问得多，而学生只能跟着教师的问题走，很少有自己独立的思考空间。尽管在思想上我很重视让学生独立思考，鼓励学生想问题，可总是在课将结束时才问学生还有什么问题？课的进行中我很少给学生创造提问的机会，因而孩子们也就乖乖地听我讲并回答我的问题，跟着我的问题思考。如果他们能随时将疑问暴露出来，将自己的想法讲出来，教师的教学随着学生的问题展开，那又是一种什么情景呢？学生的问题多于教师的提问，是我致力追求的境界。

学生的疑问要随着知识的学习不断产生，那就应让学生充分说出来，让大家讨论，教师也参加讨论，我做了有益的尝试，效果很好。

“你们过去在哪儿见过千米这个词呢？”“关于千米你都知道些什么？”大家纷纷举手，很踊跃。

“我坐汽车时看到仪表上写千米这个词。”

“我听大人说1公里就是1千米，为什么不叫公里呢？”

“出租车上写每公里1元，是不是说行驶1千米要交1元钱？”

“说河流有多长时都用千米做单位，我想千米就该是个长度单位吧！”

“千米与米有什么关系呢？”“1000米就是1千米吗？”

“坐火车时，我听爸爸说火车每小时行驶60公里，现在我知道了火车1小时行驶60千米。”

“我们量教室的长度都说几米几米的，可要是量安阳到北京有多远，还用米来量就太麻烦了，所以人们就发明了千米。”

至此，学生明白了千米在生活中应用很广泛，也知道了量很远的距离时要用千米作单位。这时又有学生说道：“米用字母m表示，克用字母g表示，千克用字母kg表示，我想千米是不是该用km表示呢？”大家不由地点点头。

这节课从引入千米，到建立千米的概念，再到米和千米间的进率以及用字母表示，都是在与学生的谈话中完成的，那么自然，那么及时，孩子们那么投入，表现得比过去积极得多，虽没有按教师设计好的程序进行，但却完成了教学任务。对学生来说，得到的不仅仅是知识，而且更重要的是求知欲望的满足和思维习惯的培养、思维能力的提高。我也在这良好的氛围中感到一种内心的满足和悟到了一个教学的道理，这就是：思维开始于问题；学生的思维是伴随着层出不穷的问题而展开的。教学就是教会自学；教会自学就是教会学生自己提出问题。那些“教师问、学生答”所谓“启发式”，是形式主义的，往往是把学生当作应声虫，这在实质上是压抑了学生的主体性。（作者：刘可钦 1995 年 12 月）

点评：刘可钦老师感觉到教学中存在的问题是：“教师问、学生答”的启发式没有真正充分调动学生的思维和学习的主体性。她进行了经验反思，作出了尝试。获得了有效的教育经验技能，也深化了对先进教育理论的认识。

（三）点滴归纳，自觉总结

教育工作者在教育实践中，只要是有心人，就会观察、回味、琢磨，并伴随着惊讶、怀疑、兴奋、紧张、释然、满足等情绪情感。

如果能增强经验总结的自觉性，必然会极大地增强业务能力和理论素养，在平常的教育教学工作中，以一定的问题作为自己思维的明确目标，促使自己自觉地思考。例如：一位教师思考“40 分钟有多长？”这样一个看似细致而普通的问题，通过点滴经验总结，明确了要充分利用课堂的每一分钟，让学生充分思维，需要教师在课下的积累和探索，更深层次地理解了“台上一分钟，台下十年功”。

二、群体经验总结的主要步骤

群体经验总结一般要经过发现先进经验、总结和筛选经验、推广经验三个步骤。

（一）发现经验

发现经验是在已经掌握的资料和初步调查的基础上确定进行经验总结的研究课题和研究对象。

确定经验总结的研究课题时，首先要考虑教育实践中存在着哪些迫切需要解决的问题。其次要考虑教育实践中工作方法的实际成效，先进的教育经验往往首先是因其与众不同的成效而引人注目，教育成效是发现教育经验的一个良好的指标。第三，要限定教育经验的约束条件，明确教育经验的适用范围。例如，总结教学方法的经验，要准确说明教育者自身素质、教育对象的特征、教学内容等，对产生教育经验的某些特殊条件和因素也要作客观、系统的描述。这是由经验的适用特点决定的。

研究课题确定以后，就要进行调查了解，选择一定的单位群体和个人的经验加以总结。凡有教育实践活动存在的地方，就一定存在着反映了客观规律的教育经验，它们值得去发掘、提炼和概括。重视对广大教育工作者创造的点滴、片断或局部经验加以系统化、理论化，才能使教育改革具有广泛的基础和活力。例如一位普通农村中学数学教师在数学作业上实行“一本制”，即只给每个学生配发一个作业本，逼着老师及时批改作业，迅速掌握学生的情况，作业本当堂做、当天改、当天发还学生做家庭作业。调查者发现，这就是他教学质量高的“秘诀”，这里面实际上反映了教学的“反馈—强化”原则。研究者想要全面考察教育的过程，就更需要把一般的教育实践经验甚至失败的典型教训纳入总结研究的对象，经验总结的对象包括好、中、差，范围上“点”、“面”结合，这就可能获得完整丰富的经验。

（二）总结和筛选经验

1. 搜集掌握有关资料

围绕经验总结的中心内容，广泛搜集和查阅有关的历史和现实资料，如有关方针政策、国内外研究动态、研究对象的社会、文化、经济、地理背景等。这样有利于进一步明确经验的指导思想、目的和任务，也同时避免了盲目摸索或重复已有的成果，提高经验总结的起点。掌握有关参考资料也是为了取得新科学理论对经验总结的指导，使总结到的教育经验具有一定的深度和高度。

2. 制定总结计划

总结计划是对经验总结过程的事先构想，包括总结的起始、程序、实施、分析、综合及验证。

3. 搜集具体事实

经验总结总是以具体事实为依据，如实反映教育实践的本来面目。事实材料纷繁复杂，总结教育经验时主要应该掌握哪些事实呢？首先应根据本次研究课题来确定和收集教育实践工作变化前后形成鲜明对比反差的材料，掌握由于某些教育实践措施的实行所产生的真实效果。这类材料对探索和证实教育经验的有效性、对探寻其中的因果联系有着重要意义。其次，从事实材料反映的范围来考虑，应当既掌握说明整体概貌的材料，也掌握说明具体方面和部分的典型材料。第三，从事实材料的性质方面考虑，既要掌握定性的资料，也要收集和整理量化资料。例如要说明某项教学改革所取得的效果，就既要有具体数量指标的全面统计资料，又要有总体效果的前后对比、典型学生的前后对比。定量与定性不能脱离，只定性，易主观臆断，只定量，就会成为数字的堆积，因为教育现象是复杂的现象，不能盲目追求数量化。

4. 进行分析和综合

分析与综合是经验总结中的由具体事实上升到理论观点的重要环节。在充分占有大量客观事实的基础上，只有运用分析、综合的逻辑方法，才能使获得的事实材料条理化、系统化。在对教育经验进行分析、综合时，首先要按照经验总结的目的要求，对事实材料严加审核、去伪存真、去粗取精，以保证事实材料能真实反映总结对象。其次，要认真分析实际材料本身所提供的普遍意义和社会效果，分析哪些做法有所创新、哪些方面有待考察，经过初步的分析加工，为事实材料的概括上升提供可靠的依据。其三，准确、严密地运用判断、推理抽象概括等工具，从丰富多样的事实引申出精练、正确的观点结论，以便进一步将丰富的实践上升到教育科学理论的高度。

同时，必须认识到教育实践活动是由多种因素构成的，因此在总结经验时应对教育环境进行全面的了解和分析。将创造教育经验的环境和相关准备条件也看作是教育经验的有机组成部分。例如，总结某一教师教学效果好的经验，不仅要分别地比较其教学效果方面的指标，还应对教师的个人特点、学生素质、教学方法的前后变化、学校教育管理方面的配合等方面的情况进行全面的分析，这样得出的结论才更可靠，更便于推广。

5. 组织论证

经过以上的工作之后，便可写出教育经验总结的初稿，组织不同形式的论证。论证应以经验总结研究人员为主体，并请主管部门的领导、教育专家、教育理论工作者、教职工和学生参加。对论证的结果要慎重对待：对于认可意见应根据论证情况作修改补充、完善经验总结报告，对不予认可的意见要慎重分析研究，认真反思否定意见的原因。

6. 总结研究成果

总结研究成果在经过论证的总结报告初稿的基础上，进行加工修改，从内容到表述形式都作反复的推敲，写出正式的符合规范的书面经验的总结报告。

（三）推广经验

推广经验是教育总结的一个重要步骤和有机组成部分，这是教育经验总结法不同于其他科研方法的一个特点。

先进经验有几个衡量标准：（1）现实性，经验应符合社会和教育发展的现实情况，对教育教学领域内长期难以解决的问题有所突破，对改进现时教育工作提供了具体的途径、方法。（2）典型性，经验在适当的范围内具有真实的代表性，并且经受了时间的考验，经验的形成和发展已进入了相对稳定的状态，经得起实践上的检验和理论上的辩驳，不带偶然性。（3）适用性，经过总结、提炼的群体经验、个人先进经验，应适应于普通的教育环境和普通的教师、学生，应具有广泛的群众基础、在一定范围内已经和能够被广大教育实际工作者普遍接受、采用。优秀的教育经验应该是学之可谓，用之有效的。（4）创造性，先进教学经验中包含有革新创造的成分，从做法、手段或观念上给教育工作带来活力。

推广教育经验可以借助于许多形式和途径，大体上可以分为直接推广和间接推广两种类型。

直接推广指由教育行政部门、学术组织或学校主办，有目的地组织经验总结者和被总结对象，采取会议上或示范的形式直接交流或传播教育经验，并由主管部门提出推广经验的要求。具体形式有：（1）举行先进教学经验的交流会或讨论会。（2）先进教育经验展览和演示活动。(3) 开展个人或小组形式的示范和传、帮、带活动。

间接推广是将先进的教育经验制成书面材料、视听资料或软件的形式，通过各种组织、传播媒介、大众活动的广泛宣传，扩大影响，促使先进经验得以传播实施。

此外，经验如何被掌握被吸收也是值得研究的，这关系到经验总结的效益问题。

先进教育经验经推广而被吸收的过程，实际上是一个复杂的信息处理过程、认识体验过程、演练操作过程，这一过程大体可分为三个小阶段，它们分别是经验的外演、经验的反思和经验的内化。

经验的外演是指经验被认知，被了解后，学习者根据对经验的理解所进行的方法操作和实际运用。它包括模仿、重演和试用三种具体形式。它通过学习者自己的实用体验而达到对先进经验的初步掌握。

经验的反思是指在对先进经验的模仿、重演、试用等基础上，对绝对值使用过程的思考和总结，是对经验自身的再认识。

经验的内化是从对先进经验的熟练运用开始的。它在对经验的反思的基础上通过对经验的实际演练而达到的对先进经验连贯实施的运用程度。熟练使被学的经验成了经验学习者的一种“财富”，即成为他能力或品质的一个构成部分。

第三节 教育经验总结研究案例

教育经验总结，尤其是群体经验的总结，在方法运用上综合性极强，要整体地把握它，需要从一些典型的案例的考察中，获得经验总结法之全貌。下面选取的这个案例是我国很有影响的教育群体经验总结。

一、S 市 P 县总结数学教学经验实例简述

S 市 P 县大面积提高数学教学质量方面所进行的教育改革实践取得了很好的效果，其中一个重要的原因就是运用了教育经验总结的方法来筛选和推广数学教学的成功经验。P 县的这项教学改革过程历经十余年，工作涉及范围广，在经验总结方面也创造了新鲜经

验。(参见:“大面积提高数学教学质量的改革实践与理论探讨”,载《教育研究》,1989年第9、10期)。

P县总结教学经验的基本做法如下:

(一) 调查(1977年10月~1980年3月):发现经验

研究者先在本县中小学和幼儿园寻找教学的关键时期。结合城乡差异、师资力量和儿童的成长规律,根据该县实际情况,把学龄前、小学的中年级和中学的低年级定为基础教育的三个关键时期。接着组织教师对全县数学教学质量进行普查。在70年代的最后三年中,每次普查学生达千名,累计进行了22次,每次普查都有详细的数据统计和情况分析,采用谈话法深入了解优、中、差等生的不同学习水平和学习方法。经过普查,发现当时学生中有两个值得注意的问题:一是停留于模仿,独立思考能力较差;二是知识遗忘率很高。同时,又在两年时间内选择有代表性的农村学校7所,对50名数学教师作听课分析,了解教师在知识水平和教学方法上存在的问题。还长期在几所有代表性的学校解剖“麻雀”,了解学生、班级、学校的真实情况,找出问题的症结所在,为制定有效的改革措施提供依据。

经过三年的调查,研究人员积累了专题教学经验160余项,并形成了开展教学调查的一套方法,主要包括:(1)通过听汇报、查教学计划、看历年教学总结、抽查学生作业和试卷、开座谈会、个别交谈等取得调查素材。(2)根据教学目的、教学要求、内容组织、概念教学、能力培养、师生配合、方法特点和教学效果等七个因素综合考察课堂教学。(3)测验并研究学生的学习分化的情况以及知识、能力的不同特征。(4)专门的测量,如体质测定、思维测定、理解力测定等,通过分析比较取得资料。(5)其他一些特殊方法,如借用社会关系调查方法绘制学生学习讨论关系图,由此进一步探讨如何发挥班级集体作用等。

从上述情况,我们可以看出,这一调查阶段实际上就是教育经验总结中的第一个步骤,即发现经验。该县的特色是从基层广泛搜寻了大量教学经验。

（二）筛选经验（1980年4月～1981年8月）

为了鉴别大量教学经验的实效，建立能大面积提高教学质量的经验系统。P县研究人员先以一所中学为基地，挑选两个试点班和两个对照班开展研究，并结合实际探索了一种筛选经验的方法。这种方法是在实际教学过程中，由执教人员和研究人员结成一体，对众多的经验进行淘汰、优化或者发展的新经验。这种筛选方法的一般顺序是：(1) 分析和总结优秀的教学经验，了解学科教学以及与它有关的其他学科如心理学、逻辑学和哲学认识论等的研究成果，然后运用这些经验和成果，结合施教对象的现状和要求提出计划。(2) 按预定计划在授课中实施这些经验。(3) 组织有经验的教师亲临教学现场，对执教情况进行系统的考察和评价。(4) 根据考察评价的结果，对原有的经验或成果进行淘汰、发展以及优化处理。(5) 再计划、再实施、再评价、多次往复，直至筛选出有效的教学措施。研究者还采取了一些措施探索了教学措施与效果之间的逻辑联系，并注意了考察评价的系统性和有效性。

P县的数学教学经验筛选工作每星期半天汇总情况、制定计划，5天听课评价，这样每星期循环一次，经过一度共约50次循环，选出四条比较有效的教学措施：(1) 让学生在迫切要求之下学习。(2) 组织好课堂教学的层次。(3) 指导学生亲自尝试。(4) 及时提供教学效果的信息，随时调节教学。这样筛选出的经验，直接来自教学实践，符合该县教育实际。

（三）实验（1981年9月～1984年8月）：验证经验

为了探索筛选所得的主要经验在教学中的作用以及在不同类型学校、不同程度班级运用的可行性，研究者进行了为期三年的教学科学实验。实验以自然实验法为主。实验组和对照组各五个教学班，分布在城镇重点学校、一般学校和农村学校三种类型的五所不同学校。实验班的教学方法是将教材组织成一定的尝试层次，通过教师指导学生尝试来进行学习；同时又非常注意反馈学习的结果，以强化所获得的知识和技能。对照班用一般方法教学。实验中，除了单元和期末统一考试外，还每学年进行一次阅读能力与思维能力测验，并综合使用观察调查、行动研究等方法了解学生情况。三年中共积累了 4 万多个原始数据、数十万字的文字资料，最后取得了比较肯定的初步结论。

这个实验的阶段可以看作是对筛选出的教学经验进行论证的一种形式。虽然实验有本身的相对独立性，但用在这里主要是为了验证所选出的教学措施的实效，在整个教育经验总结中增强了经验的可靠性和说服力。

（四）推广经验（1984 年 9 月～1987 年 8 月）

研究者认为，教育经验要得到推广和传播，首先要有正确的教学思想、知识来鉴别、认识他人的经验；其次要结合自己的特长、经验对他人的成果进行再创造，然后在自己的实践中修正、检验这种创造，同化为自己的东西。

为了推广教学研究的成果，P 县做了大量的基础准备工作，并把学习理论与改革教学方法结合在一起，边研究边推广。他们通过专题讲座、备课辅导、读书报告会、培训班、成果陈列、教学观摩等活动来转变教师的教育思想。在此基础上分三个层次组织开展推广应用：(1) 把改革的某些措施制定进教学常规。这些常规实际、具体，要求全体教师遵行。(2) 逐步扩大推广积极分子的队伍，县内经常组织观摩交流、学术讲座等活动，提倡改革教学方法。(3) 办好实验学校，在全县推广工作中起带头示范作用。

十年里，该县各校毕业生数学平均成绩逐步提高，数据指标表明，基本上达到了大面积提高教学质量的目标。并且，后来经验推广工作还从数学发展到其他学科，从智育发展到其他方面，逐步从单一趋向于整体。

上述推广工作有两大特点：一是作了充分的准备，包括思想认识、教学研究活动等方面的长期准备，为经验的推广奠定了良好的基础；二是采取了多层次的推广措施，有全面的常规要求，也有典型示范；有队伍建设，也有具体可行的活动形式。

二、对这个案例的评价

这个案例较突出的优点之一是步骤清晰、环节紧密。首先，在普查中的抽样重点调查，占有令人信服的充分的资料，积累了 160 余项经验和一套有效的教学调查；然后，以学校为基地，用对比研究的方式筛选经验，通过50余次循环“过滤”出最典型的4条经验；接着，又从4条经验中提炼出“尝试指导”和“效果回授”两个因子作为自变量开展为期三年的实验研究，使经验的内容进一步得到检验和升华。

此案例的又一特点是扎实、工作细微，而且综合运用多种方法。发现经验花了三年，每次对千余名学生的大容量普查进行了22次，进行了50余次循环筛选经验，在实验阶段又用了等组比较实验，积累了4万多个原始数据。在推广经验阶段也采用多种形式和各种办法，符合教育规律和经验内化、吸收和规律。在方法上，有问卷、谈话、现场观察、实验、培训、办示范点等，这些方法被恰当地运用于经验总结的不同阶段，充分发挥了它们的各自特长。

思考题：

1. 解释下列名词（术语）：
   （1）经验
   （2）教育经验
   （3）教育经验总结
2. 怎样理解教育经验总结中经验思维方法和理论思维方法？
3. 为什么要进行教育经验总结？
4. 教育经验总结这种方法有何特点？
5. 教育经验总结有何局限性？如何克服这些局限性？
6. 怎样进行个人经验总结？有哪些基本方式？
7. 怎样进行群体经验总结？
8. 选择一个教育经验总结实例加以概述和评价。
9. 结合你的工作实际，围绕某一教学问题的提出和解决试作一番总结。

第七章　教育文献研究

本章提要

文献研究既是各项研究展开的基础，同时又是一类常用的基本研究方法。本章介绍的教育文献研究法包括两种以文献资料为基本材料的具体方法：一是对文献进行以定性研究为主的方法，即通常所称的文献法；另一是对文献进行以定量研究为主的方法，即内容分析法。学习这一章，应理解这两种方法的涵义及二者之间的异同，初步掌握这两种方法的实施步骤。

第一节　教育文献研究概述

一、文献及文献等级

（一）文献的含义

文献（Document）是指记录有关知识的一切载体。它包括那些记录有已经发表过的或虽未发表但已被整理、报导过的知识、情报及其他信息的一切载体，其实物形态可以是多种多样的，如图书、期刊、学位论文、科学报告、档案、实物形态的历史文物、音像资料、微缩胶片、计算机使用的磁盘、光盘和其他电子形态的数据资料等等。教育文献，是指一切用各种符号形式保存下来的、对教育研究有一定历史价值和资料价值的文献材料。

文献资料对于人类社会历史文化的发展和科学研究工作有着重

要的价值。正是由于站在前人的肩膀上，正是由于吸收和借鉴已有的研究成果，人类社会才有可能发展如此迅速。教育研究要充分地占有资料，必须进行文献调研，掌握研究课题有关渊源和科研动态，了解前人已经取得的研究成果和其他研究者取得的进展，这也是任何科研工作的必经阶段。

（二）文献的等级划分

教育文献（Deucational ducumentary）按其性质、用途及内容的加工方式，可以大致地分为零次文献、一次文献、二次文献和三次文献，或称作零级、一级、二级、三级文献。零次文献通常叫作第一手文献，是指经历过特别事件或行为的人撰写的目击描写，是未经发表和修饰的最原始的教育原始文献，如未发表的书信、手稿、讨论稿、草案和原始记录等。历史上形成的零次文献大部分收藏在档案馆、博物馆，而现实的零次文献，则分散在教育工作者和教育科研人员手中。这些文献中的大多数不是为社会研究而是为其他目的撰写的。如由个人原因而写的日记、教师日志、信件、私人自传等，非个人的文献则是由教育行政部门、学校、事业单位、教育福利机构、教育研究连续地记录下各种事件的材料，如会议记录、上班时间的备忘录、财务记录，以及与维修该组织有关的其他材料案卷，这类文献往往比个人文献更有结构。此外，还有口头证据，包括管理人员、教师、学校职员、学生、学生亲属、学校赞助者或市民、政府机关人员的谈话；还有文物，包括建筑物、教学材料、设备、教材和学生作业样本。

一次文献一般指直接记录事件经过、研究成果、新知识、新技术的专著、论文、调查报告等文献。一次文献又被称作第二手文献（或资料来源），是事件实际目击者和参与者的证据的叙述报告。记录原始成果的一次文献包括图书、报刊、研究报告、会议文献、政府出版物、单位论文、档案资料等等。第二手文献从研究目的来说往往价值受到局限，因为信息传递时会发生误差。有些类型的资料，从某些目的来看是第二手资料，但从另一些目的来看又是原始资料。例如，中学中国历史课本一般来说是第二手材料，它们通常是从事件的最初叙述中几次转述而得到的。但如果要研究中国中学历史课本中民族主义思想的演变，那它就成为原始文献了。

教育研究中的二次文献，又称检索性文献，是指对一次文献进行加工整理，包括著录其文献特征、摘录其内容要点，并按照一定方法编排成系统的便于查找的文献，如书目、题录、文摘、索引等出版物。这类文献将分散的一次文献系统化、条目化，具有报导性、检索性、汇编性和简明性的特点，起到提供一次文献的线索的作用。

三次文献，也称参考性文献，是在利用二次文献检索的基础上，对一次文献进行系统的整理并概括论述的文献。此类文献不同于一次文献的原始性，也不同于二次文献的客观报导性，而是具有主观综合的性质。它反映了文献加工者对一次文献的见解，是对众多一次文献的综合研究结果。例如，教育研究动态综述、教学专题评述、教学进展报告等，还有专科工具书，有关教育科学方面的字词典、百科全书、年鉴、手册，因为它们可直接为教育研究中所遇到的问题提供答案，因而也称为三次文献。

以上对文献级别的划分只是一种大致的、相对的方法，有些文献的界限并不严格，它只是说明文献来源的不同层次。

二、教育文献的主要分布

教育文献资料的分布广泛且形式多样，教育研究工作者对它们应有一定的了解。

（一）书籍

包括名著要籍、专著、教科书、资料性工具书及科普通俗读物等。

名著要籍指一个时代、一个学科、一个流派最有影响的权威著作，如《学记》、杜威的《民主主义与教育》、《我的教育信条》，凡中外古今著名教育家、哲学家的教育名著，它们是治学和研究的基石，大都作为必读书收入各种导读书目。

专著（包括论文集）是就教育领域某一学科、某一专门问题进行系统深入的论述，内容专深。一般就某个问题发展历史和现状，研究方法和成果，不同学派的观点和争论，以及存在的问题和发展趋势加以论述，并附有大量的参考文献和书目。专著的特点是见解独到、材料新，论述集往往汇集了诸多学者的论文，问题集中，论点鲜明，情报容量大，学术价值高，如瞿葆奎主编的26卷本《教育学文集》则属此类。

教科书是专业性书籍，具有严格的系统性、逻辑性。内容一般包括教育学科的基本理论，基本知识，学科领域内的科研成果以及讨论的问题。要求学术的稳定性，名词术语规范，结构严谨，叙述概括，文字通俗，可读性强。不足在于滞后于时代，时效性不强：四平八稳，不解决问题。教科书作入门读物可以，进一步钻研欠深度。

手册，往往汇集了经常需要的参考资料，就某一分支学科有关的历史和现状、方法和结果以及各种争论观点作广泛客观的陈述，不涉及作者本人见解。它具有类例分明、资料具体、叙述简练、小型实用、查阅方便等特点。

教育辞书和百科全书属于资料性工具书。教育辞书主要是提供教育科学名词术语的资料，规范、精确、准确，以条目形式出现。它有一定格式，第一句是破题，后面是基本论点。百科全书是对人类一切门类或某一门类知识的完备概述，不仅提供定义，而且有原理、方法、历史和现状、统计和书目等多方面的资料，着重反映当代学术的最新成就。其特点是：①汇编性，用已有的大量资料作为基础，博采众长，全面叙述，避免缺漏和偏狭；②概述性，从大量文献中提炼出材料加以概括；③分类性，以知识的科学分类体系作为编撰的基础；④检索性；⑤可读性，可供系统阅读或浏览。百科全书既能提供最新的学术信息和研究成果，又能提供系统知识，其内容注重全、精、新，文字规范、严密、简洁。由众多学者专家撰稿，具有较强的权威性。《中国大百科全书·教育》于1985年出版，收词目800多条，反映了教育科学的全貌及最新研究成果。

科普读物面向广大群众，是以普及教育科学知识为宗旨的通俗读物，有初、中、高级层次之分，文字浅显、生动、贴近日常教育、教学，但最新信息量少。

（二）报刊

报纸和期刊均属连续出版物。报纸是以刊登新闻和评论为主的定期连续出版物，如《教师报》、《中国教育报》，还有《光明日报》、《文汇报》等大报的教育科学版。报纸发行广，信息快，但材料不系统。期刊，是定期或不定期的连续出版物，有周刊、月刊、双月刊、季刊等。又分为学术理论期刊、情报性期刊，技术、事业性期刊和普及性期刊。教育学科的期刊主要有三类：一是杂志，刊载有关学术论文、研究报告、文摘、综述、评述与动态，兼容性强。二是会报、集刊、丛刊、会刊及高校学报。目前高校学报近900种，一般刊登专业性、理论性、学术性强的文章。三是文摘及复印资料，经过专门人员精选成册定期出版，有重要文章，并附有一定时期内主要文章的篇目索引，帮助研究人员及时掌握某一特定课题的文献概况。期刊拥有庞大的写作群体，出版周期短，内容新颖，论述深入，常反映有关学科领域研究的最新动态和最高水平，是科研工作者查阅文献最有效且简便的主要来源。

目前，我国教育类期刊有如下几类：一是各级各地区行政部门主办的杂志，如《湖北教育》、《北京教育》，有些地方性教育杂志还分中学版和小学版，如《上海教育》这类杂志的主要特点是反映地区教育实践的进展、教育改革的新经验，帮助教师提高业务水平，探讨一些现实问题。《人民教育》主要反映全国性的中小学教育状况和教育经验。二是各类教育研究机构主办的，如《教育研究》、《外国教育资料》、《心理发展与教育》。三是各级教育学会的会刊，如《教育研究与实验》由华中师大主办，主要反映与教育实验有关的研究。

（三）教育档案类

档案资料是人类在各种社会实践活动中直接形成的，并且具有保存价值的原始文献材料。教育档案类包括教育年鉴、教育法令集、教育统计、教育调查报告，学术会议文件，资料汇编、名录及地方志等。年鉴是系统汇集一年内重要事件、学科进展与各项统计资料的工具书。它以记事为主，常包括：专论或综述、统计资料和附录。其中专题综述是年鉴的主体。年鉴内容完备，项目齐全，记载翔实，查找方便，所以它是了解新情况、研究新问题、积累资料、撰写历史的信息密集型。由中国大百科全书出版社出版的《中国教育年鉴1949～1981》，湖南教育出版社出版的《中国教育年鉴1985～1986》，人民出版社出版的1988、1989《中国教育年鉴》，系统汇集了各年内我国教育基本情况，以条目的基本形式，分门别类地全面概括各个年度各类教育发展的成就和经验、教育法规、统计资料及重大事件。另外，在《中国百科年鉴》（中国大百科全书出版社）也能查到各年教育基本情况资料。

教育法令集是官方的有关教育政策法规的指令性文件汇集，通过立案归档，成为资料的一部分，集中反映了国家的教育方针政策、法令、规章制度、统计数据等情况，是了解我国状况和制定改革及发展演变的有用资料。

第二节 文献法及其实施

一、文献法概述

（一）文献法的含义

文献法是一种利用教育文献研究教育现象，深化教育认识、解决教育问题的非接触性方法。文献法的操作方式是搜集、阅读、整理、记录、分析。它不能等同于思辨研究。思辨研究是研究者依据自己对现实的深刻的感悟，以思维推理的方式作出的研究。虽然思辨研究也利用文献，但只是把文献作为辅助材料。而文献研究是以文献为基础，观点来源于文献，其证明也依靠文献，从本质上说，文献研究也是一种实证研究，这与思辨研究是根本不同的。

文献法形成于历史研究中。但不能说文献法就是历史研究法，更不能说文献法只适用于历史研究。历史研究法作为以历史为对象研究方法的总称，包括着一系列的研究方法，文献法只是其中基本的和常用的一种研究方法，它的主要作用表现在为历史提供可靠的资料基础上。而文献法作为一种相对独立的研究方法，不仅能用来研究历史，也能用来研究现状。对现状的研究，不可能全部通过观察与调查，它还需要对与现状有关的种种文献作出分析。

（二）文献法的特点与局限性

1. 文献法的特点

（1）间接性，能研究不可能实际接触的对象。

研究者通过查阅文献获得资料，并在此基础上完成研究，不是直接地参与实践。

（2）研究过程无对象的反应性的干扰。

一般地文献并不是为了研究的目的而留下的，尤其当文献是为其他目的而编写时，它的信息真实度很高。文献多是在事件发生的当时，真实自然地记录下来的，而且研究者搜集资料的过程中，一般不会使被搜集的资料本身发生变化，也不会受到原留下文献资料者的直接言行的影响，不会出现为迎合研究者而故意作出某种言行的情况，从而避免了对象反应性的干扰作用。而这样的干扰作用在调查访谈、实验等方法中常常影响研究结果的准确性。

（3）自发性、坦白性。

文献法同观察法一样具有这样一个优点：自发的行动和感觉是正当它们发生时记录下来的，而不是由研究者在特定时间内所作的记录。接受与访谈或回答问卷相比，人们可能更愿意在一份文献里坦然相告。

（4）研究对象的样本数可以较大。

样本数的大小在很大程度上影响着结果的可靠程度和真实的代表性，大样本研究可以比较容易地获得可靠的有意义的结果，并便于作出有价值的判断。文献研究可以费用低、实施易地采用大的样本。例如，要研究“教学理论研究的现状与展望”，就可以容易地获得1990～1997年共8年的十种有影响的教育类杂志中的文章近千篇。

（5）便于对研究对象作纵向分析。

文献法适合于对研究对象在一段时期的发展变化开展研究。研究角度往往是探寻一种趋势，或弄清一个演变过程。例如，要研究改革开放以来我国师范教育和师资培养的发展，不可能在时间上倒退回1997年去调查师范院校的情况，或用调查法来请当事人回忆当时情况，这种回忆的方法也会由于主观误差过大而失去意义，只能依靠这20年间积累的与师范教育有关的各种各样的文献资料来进行研究。并且，可以对这20年间不同时段的事实加以对比分析，更易于发现这一历史期间师范教育的发展脉络和趋势，便于弄清经济发展变化、重大历史事件和方针政策对教育事业发展演变过程的影响。

2. 文献法的局限性

(1) 偏见。

文献本身的目的是多种多样的，可能以各种方法使文献带有偏见。例如自传之类的个人文献，很可能因个人利益或声誉方面的原因而出现某些夸大、偏袒甚至捏造。

(2) 有选择的残留、不完全、不易获得。

对于缺乏有关背景知识的研究的研究者来说，从文献中难以获得完整的信息，因为对很多重要事件的描写是从当事人的经验背景出发的。

还有许多领域无文献可以利用。或根本无信息记录，或虽有记录，却是保密的或被破坏。

(3) 抽样偏差。

一般地，教育程度低的人比程度高的人，遗留文献的可能性小，他们阅读的经常性也不如后者。因而，他们的意见未在这种大众传播媒介中得到很好的反映。

(4) 限于言语。

文献所提供的多是关于一个回答者的言语行为，而不提供关于回答者非言语行为的直接信息。与观察法、实验法甚至调查法作对比，可以看出，这些方法中，研究者常作直接观察，而文献利用者不可能观察他的回答者们的非言语行为，他只能在他们的书面材料上下功夫。

(5) 缺乏标准形式，编码困难。

文献形式的不统一直接影响到分析整理文献时的数量化。文献撰写目的的不同，内容或研究对象的不同，标准化的缺乏，以及长度、形式的不同，编码是文献分析人员所面临的最困难的任务之一。

总之，文献研究法的特点和局限性都比较突出，研究者应明了于心，扬长避短，有效地发挥文献资料的作用。

(三) 文献法在教育研究中的作用

1. 全面正确地掌握所需研究问题的有关情报，帮助研究人员选定研究课题和确定研究方向

文献提供科研选题的依据。通过掌握与这一特定研究领域的有

关信息，对所要研究的问题作系统的评判性分析。包括：该课题已有的研究，达到的水平，研究的重点、方法、经验和问题。要了解哪些问题已基本解决，哪些问题有待进一步修正和补充，在此问题上争论的焦点是什么，从而进一步明确研究课题的科学价值。找准自己研究的突破点。

2. 为教育研究提供论证依据和有效的研究方法

进行教育研究，必须了解国内外最新的理论、手段和研究方法。查阅文献，从过去和现在的有关研究成果中受到启发，不仅可以找到获得课题科学回答的线索，使研究范围内的概念、理论具体化，而且为更科学地论证自己的观点提供有说服力的、丰富的事实和数据资料，使研究结论建立在可靠的材料基础上。

3. 避免重复劳动，提高科学研究的效益

科研的实施与成果是同占据什么资料联系在一起的。树立情报意识，使教育科学研究有更高的起点。掌握各类文献的成书时代、编辑体例、内容特点等基本常识，不断提高自己获取情报信息和进行科研的能力。

二、教育文献的搜集、鉴别与整理

（一）文献的搜集

要想在浩如烟海的各类文献资料中找到对特定研究课题有价值的文献，必须首先明确界定自己研究课题的范围和性质，确定搜寻的方向。其次要了解国内外主要教育期刊的分布及各期刊的特色，了解国内外教育图书、图片、音像、电子资料的主要种类和统计资料的概况，并知道可从哪些机构查得这些文献。第三，要熟悉主要的文献索引和目录分类的方法，掌握文献检索的基本技能。在此基础上，才可能迅速准确地找寻自己所需的文献。

搜寻文献策略和方式可以是多种多样的。一般遵循从宽到窄、从近到远、从易到难的路线。具体地说，研究人员根据研究课题的范围，先把要搜寻的文献范围定得略宽一些，适当包括相近、相关原资料，在初步了解之后，再逐步缩小搜寻的范围，把精力集中到主要的核心的文献上。这种策略可以帮助研究人员在有了基本的研究方向之后，进一步明确具体的研究课题。一旦研究课题被确定之后，搜寻文献就需要集中指向于具体的范围。这时可以从就近的、易于查到的材料着手，根据研究进展有的需要去逐步搜寻分散的、不易查到的资料。

在研究进展的初期，搜寻文献可以采取“滚雪球”的方式。先查阅几篇与课题有关的主要文献，通过阅读消化，了解明确课题的有关范围并从文章的参考文献中发现新的线索，再扩大查找对象。一般来说，在同一专题研究文章中多次被引用或参考的文献，是价值较高的重点文献。这种“滚雪球”式的搜寻方式，在扩大查找的文献的发表时间上可以向前追溯或向后延伸，这样不断得到的文献可以达到查根寻源的效果。对于探索和查明某一研究课题的演进历程和发展脉络、分析该课题的研究趋势是十分有利的。

搜寻资料有一个或长或短的过程，为了使搜寻工作更为有效，可以在搜寻过程中的不同阶段对已经得到的文献进行初步整理分析，明确进一步搜寻范围、线索，以提高搜寻的效率。

积累文献是搜集文献中的另一个方面。每一个研究课题都需要汇集、搜集一定的文献，而这一过程同时还是一个新的文献的积累过程。

在指向性明确的前提下，文献积累在内容上追求充分、全面。充分，指对完成课题而言的充分且切题；全面，指注意收集由不同人或从不同角度对问题的同一方面作出记载、描述或评价的文献，尤要防止自己已有的观点或假设对积累指向的影响，不能不自觉地排斥与自己观点相左的材料。

第一手材料是最接近原事实的材料，而且还能具体反映事件发生的时代背景，最具说服力。第二手材料有一定的综述和评析性，能帮助研究者更快地接近研究主题。

对每个研究者而言，重要的是平时像蜜蜂采蜜那样不停积累各种文献。文献集聚到一定程度，就需要分门别类地保存，使之系统化。保存文献可采用做卡片、写读书摘记、笔记等方式。

卡片常用的三种形式有：(1) 目录卡：记录文献的索引信息、篇名、作者、出处、发表时间、长度。需要时，可记下自己对这一文献的哪一部分内容感兴趣，以备查用。目录卡的内容是其他两类卡制作时必须写明的内容。(2) 内容提要卡：自编的或抄下来的该文献的内容提要。(3) 文摘卡：摘录重要的、有价值的文字段落，并标明该段在文献中的页码。文摘卡摘录时要注意一段文字的完整性，省略的部分用省略号标明。每张卡只录一段文字，这样有利于查找和卡片的分类。

无论哪种卡片，制作后应复查以免有错。

有了复制文献全文的手段，或拥有文献，是否还有必要费时做卡片？制作卡片至少有下列几个好处：一是卡片面积小，一张一篇文献名称，便于查阅和保管。二是文摘卡片只摘录了感兴趣的内容，反映了制作卡片者思想中的兴奋点，有利于研究者分析课题与文献之间的关系。三是卡片可以从不同的文献中摘录，又可按不同的专题进行编排，如果分类标准变化，完全可以重新编排，便于整理与研究课题相关的文献内容，正是如此，对于占有文献全文的研究者来说，做卡片并非完全没有必要。

读书摘记是摘记文献的主要观点或主要结构，比卡片的内容提要详细得多。读书笔记的重点在"评"，可以总评、分章节评和重点选评。这两种文献积累渗透着研究者自己的思考和看法，是研究过程中形成的"半成品"。研究者应树立积极的积累观念：为了创造而积累，用创造的态度去积累，注意在积累文献的过程中积累自己的创见。出色的研究者不仅利用公共的文献，而且着力于通过个人的创造性劳动，积累自己所需的文献资料。

(二) 文献的鉴别

在搜集文献的任务基本完成之后，就有必要对文献作一番鉴别，包括鉴别真假及质量的高低。鉴别文献真伪的方法可分为"外审"和"内审"两类。

1. 外审法

对文献本身真伪的鉴别。版本真伪鉴别，一方面把该书的编排体例与同时代的同类出版物比较；另一方面，还可以查书中的内容是否有反映成书年代以后的事实。作者真伪的鉴别，一般有三种方法：一是先通过分析该作者的其他作品确定作者的语言风格，核实文献的风格是否与之一致。二是分析全部文献的体例是否一贯。三是文献的思想观点和逻辑是否前后一致。

外审还可以通过技术手段测定文献物质载体的物理性质来判断文献形成的年代，如纸质、手稿上墨水的褪色程度，或同位素的衰变程度来确定。

2. 内审法

内审指对文献所载内容是否属实的鉴别。主要方法有：第一，文字性文献互证，若不同文献中记载的同一事件有不一致，则需进一步核实。第二，用实物来证实文字性文献。看文字记述与可靠的实物证据是否相符。第三，把文献描述的内容与产生文献的历史背景对照，看它是否与当时的政治、文化背景相悖。第四，研究作者的生平、立场、基本思想和文献形成时的具体环境，来判断作者记述的客观性和倾向性。

总之，内审法和外审法都是通过比较来实现鉴别，去伪存真，以提高搜集到的文献的质量。可根据被审文献的性质或复杂程度，采取多种方法或交错复核的方法。

（三）文献的整理

完成了对文献的鉴定之后，就进入文献法的最后一个环节，即文献的整理。文献的整理是指研究者对已经掌握的、经过鉴别的文献进行创造性的分析、综合、比较、概括等思维加工的过程。通过这种思维加工，形成对与研究课题有关的事实的科学认识。

文献整理的具体方法主要是运用逻辑的分析、判断、推理、综合和辩证思维等工具，从文献资料中作出一些事实判断，或归纳、概括出某些原理或原则，也就是作出结论。常见的形式有：

1. 归纳法：从文献记载的同类事实中归纳出共同点或规律性的原则。

2. 演绎法：根据文献资料和其他线索已经证实的原则，推导出与文献记载有关的结论。

3. 比较法：通过对已有文献记载人物、事件、时间、地点等线索的比较，确定某些事实。

4. 辩证分析法：对文献内容的历史发展、演变进程和相互之间的辩证关系进行分析，得出关于事实或原理的全面、系统的看法。

对文献的整理是文献法中得出研究结论的关键步骤，要力求符合逻辑规律和实事求是的原则。在对文献资料进行评价或作出结论时，要注意防止两类偏差：一是以现今的观点和认识去美化或苛求历史上的人和事，如认为“原始社会人人享有平等的教育权利”就是一种牵强的美化；另一类是以先入为主的结论去裁剪和取舍史料文献，符合自己观点的文献就大加发挥，不符合自己观点的资料则避之不提。这些偏差在文献研究中会自觉或不自觉地造成对事实歪曲，是应予避免的不科学做法。

文献法从表面看似乎单纯、简单，其实内在工作的深度、广度、难度都绝不亚于其他任何一种方法。只有具备严密求实的态度和扎实的基本功底，才能经过努力得出可靠的成果。

第三节 内容分析法及其实施

一、内容分析法概述

（一）内容分析法的含义

内容分析法（Analysis reproach of content）也是一种主要以文献（也包括一些人类行为）为研究对象的社会科学研究方法。它起源于历史研究，是社会科学家借用自然科学的定量分析的方法，对历史文献的内容进行分析而发展起来的。这种方法在传播学研究中得到了广泛的应用。研究人员用这种方法分析报纸、电影、电视、广播、书刊、演讲、信件、日记、谈话等各类语言传播和音乐、手势、姿态、地图等非语言传播，成为传播学中研究信息特点的一种重要手段。

简言之，内容分析法就是对文献的内容作客观而有系统的量化，依据对文献内容的定量描述来判断某方面事实的研究方法。

内容分析法的研究对象，可以是各类文献资料。内容分析法要遵循客观性的要求，即在内容分析过程中，按预先制定的类目表格判断并记录内容出现的客观事实，根据客观事实再作出分析描述。内容分析也是有系统性的，即在分析过程中是按照严格的指标体系和特定的记录形式全面系统地分析文献的内容。内容分析法的最明显的特征是量化，即内容分析的各项指标和结果用统计数字表达，用统计指标来描述内容之间的关系。

内容分析法在教育研究中有着广泛的用途，可以用来对教育实践活动和教育研究工作的趋势作出描述和预测。如为了弄清某一时期教育研究领域主要课题的分布与变化，可以将这一时期内有代表性的学术刊物上所发表的文章、报告、综述等按专题分类统计，从各专题的比例、增减等即可分析主要课题的变化趋势。在对教育史料的研究中，可以借助内容分析确定文献的文字风格，从而帮助鉴别文献的作者和真伪。对教育实际工作中的教材结构、学生的作业类型及其错误种类、教师和学生的作品或个人风格、教育管理中不同时期工作重点的变化等等,内容分析法都可以作出定量的分析,揭示出有规律性的事实。

（二）内容分析法与文献法的异同

从广义上说，文献法与内容分析法都属于文献研究方法，两者既有共同点，又有多方面区别。

从共同点来看，首先，在研究方法的性质上，文献法与内容分析法都是非接触性的研究方法，即并不直接接触教育实践过程中的人和事，而是通过间接的分析和综合揭示教育实践活动中某方面的规律。其次，文献法和内容分析法所依据的研究材料都是各类文献资料，都对用文字、图形、符号、声像或其他方式记录保存下来的内容加以整理分析。

从区别来看，文献法和内容分析法的主要区别是对文献资料采取了不同的加工处理方法。具体表现为以下方面：（1）在分析对象上，文献法是按课题需要直接对课题内的一系列文献中有关论述进行分析，而内容分析法则是对课题所涉及的文献资料按一定原则先抽取样本，再对样本进行技术处理。（2）在内容处理上，文献法直接鉴别、评价、引用或分析文献内容，并作归类整理；内容分析法则要将文献内容分解为分析单元,再断定各单元所表现的客观事实。（3）在实施步骤上，文献法的主要步骤是查阅、鉴别评价、归类整理；内容分析法则要经过内容抽样、制定分析类目、按顺序作系统评判记录等程序。(4) 在结果表述上，文献法要对课题的事实材料作出定性的、评述性的说明，而内容分析法则要对文献分析的结果作定量的统计描述。

另外，文献法和内容分析法在所适合的研究课题和研究领域的性质上也各有侧重，研究人员可根据课题需要选用不同方法。

二、内容分析法的实施步骤

内容分析法的主要目标是通过对文献内容的理化描述和分析得出事实结论。其一般过程是首先确定抽取样本的范围和进行内容分析的类目和记录单位，然后将样本文献按照分析类目和记录单位作数量化登录，对数据进行统计和整理、比较分析，最后得出结论。具体来说，内容分析法的实施有以下步骤：抽样、界定分析类目和记录单位、量化处理、分析数据并得出结论。

(一) 抽取文献样本

具体的研究课题决定了研究对象的总体，通常情况下，文献总体的数量都很大，不便于对其全部进行研究，这就需要抽取文献样本。

文献的抽样可分两步实施，第一步是要明确界定文献的总体范畴，可编制一个所有属于课题研究对象的文献种类清单，避免遗漏某些总体对象，造成抽样偏差。第二步是采取科学的有代表性的抽样方法抽取文献样本，常见的抽样方法有随机抽样法、系统抽样法、分层抽样法、整群抽样法等，其中以随机抽样法最为常用。研究者应根据具体课题选择抽样方法，基本要求是保证样本的代表性。

例如，要研究一段时期小学语文教材的特点和演变，首先要确定在哪一段具体的时间和起止期间、在哪些地区发行使用的哪些级别的语文教材，语文教材除课本外还包括哪些材料，如教学参考书、辅助阅读材料、练习册、音像制品等，用一张清单明确列出属于研究对象的全部项目，就构成了文献总体。然后采用分层抽样法，可按教材的时间、地区、种类进行分层，进而在各层中随机抽出样本、完成文献抽样。

(二) 界定分析类目和记录单位

得到文献样本以后，就要确定从哪些类目、以什么为单位对文献进行分析和登记。分析类目的确定应反映出课题的目的，记录单位（又叫分析单位）应该清晰明了，便于操作。分析类目确定得是否恰当，直接关系着内容分析的结果质量。研究者必须深入掌握研究课题与拟分的类目之间的对应关系。在确定类目的初步阶段，如果能先抽取少数样本作尝试性典型分析、为正式分类取得依据，将大大提高分析类目的可靠性。例如，要研究小学低年级儿童的识字难点，可以从儿童作业本中常见错别字情况入手。在不清楚低年级儿童错别字到底有哪些类型的情况下，要分别从一、二、三年级各抽取好、中、差三个学生的作业本进行初步分析，取得基本经验后再确定分类标准。通常在把握不大的情况下，确定的分析类目宁细勿粗，因为在发现所获得的数据中类目过细时可以合并调整，但若发现分类过粗，则所获资料无法处理，只得推倒重来。分析类目一旦确定，就成为进行内容分析的一贯标准，在分析过程中不能随意改动。因而在确定类目时应保证其涵盖范围是穷尽无遗的，一般在分析中途不应再增加类别。分析类目在内涵上应该是各自独立的，即各类目在内容上不应该出现相互交叉，一个类目的值不决定另一类目的值。在上例中，错别字可分为单错字、组词错字、单别字、组词别字四大类目，这四类就是全面的相互独立的。

可见，要想确立一套适当的分析类目，必须对所要分析的文献内容有相当程度的了解。分析类目不能凭空而设，也很少能从理论中现成得来，只有仔细审阅对象文献，发现其中包含的共同因素，才能确定涵盖全面而又相互独立的类目。

用于作判定分析的样本文献的最小单位被称作记录单位。有时一套分析类目可以使用多种不同记录单位，要根据研究需要和操作性才能确定。记录单位可以是时间量、字数、单词、句子、篇目、章节或场景、人物、项目等。例如，在小学低年级学生错别字的内容分析中，可以采用学生在完成语文作业中书写的字数作为记录单位。

由于研究任务不同，内容分析法总体来源、抽样的内容及分析类目也不同。由此产生四种不同的内容分析模式：

第一种模式：A—X—T 模式。意为在同一总体（A）中，以时间（T）为取样标准，定量分析变量（X）在不同时间中的状态。这种模式适用于趋势研究，例如，以某一时间为界线，分析某一权威的教育刊物在这一时间点前后发表文章的研究意向、研究题材和研究方法等分析类目上表现出来的差异，从而考察这一时期教育研究方向、思路、方式方法等的变化特点及趋势。

第二种模式：A—X—S 模式。这一模式中的“S”表示情境，意即以情境为取样标准，比如从不同场合（老师在场和不在场）中抽取学生的行为表现资料进行比较和分析。

第三种模式：A—X—Y 模式。这个模式与上述两种模式的不同之处在于，在同一资料来源中，不是用一个而是用不同的内容变量作为抽样的标准，比如分析同一位自然教师在悬殊较大的两种课型（例如科学讨论课和科学考察课）教学时的语言、教学方法上的不同风格。

上述二、三两种模式适于作意向和特征分析。

第四种模式：A—B—X 模式。与以上三种模式的区别在于总体来源不同。A、B 分别表示两个不同的资料来源，然后都以 X 为内容变量，分别对取自不同总体的两个样本作内容分析，最后将分析结果进行比较。例如对大陆和香港两地的小学语文教材的内容和风格进行比较研究。

这第四种模式适合于比较研究。

（三）对文献内容作量化处理

在确定了样本和分析类目、单位之后，就可以对选定的文献实施量化处理了。量化处理包括评判记录和信度分析两个环节。

1. 评判记录

内容分析中的评判记录，是按照已经确定的类目和记录单位，系统地判断并记录各类目、单元出现的客观事实的表现。通常做法是根据分析类目和单元设计一个表格，评判记录时只需填好相应空格即可。现在已有电子数据记录仪，可依据代码系统直接录入数据，便于数据的统计处理。要做好评判记录，需从以下方面加以注意：

首先，评判记录的结果必须表现为数字形式，所代表的是关于分析类目的客观事实的有无、多少等明显的可观察的客观状态，而不是关于事实的好坏、优劣等主观评价性意见。

其次，先将文献样中符合记录单位要求的个体按类目逐一登记下来，然后分别作出总计。

第三，对于相同类目的评判必须有两个以上的评判员分别作出各自独立的记录，以便进行信度检验。

第四，以数量记录客观事实上表现的指标形式主要有四种：

（1）单一的二元编码，即文献中是否出现某一类目。

（2）类目在文献中的出现频数。

（3）给类目指定的空间数额。

（4）类目所表现出的力量或强度。其中以频数最为常用。

2. 信度分析

为了保证对文献内容的分析准确可信，需要两个以上的评判员对相同类目分别作出评判记录，并比较分析其评判结果的一致性，这就是信度分析。

两位评判员所得结果之间的一致程度称为相互同意度，其计算方法是两人结果完全一致的项目（M）的 2 倍数除以两人各自分析的项目数（分别以 N_1 和 N_2 表示）之和，即

相互同意度$=2M/(N_1+N_2)$

若有两个以上评判员共同参加评判，则应求其平均相互同意度，方法是先分别求出全体评判员两两之间的相互同意度，再将它们的和除以两两组合的组合数，所得即为平均相互同意度。

得到了平均相互同意度就可以按以下公式求出研究的信度（R）：

$$R=\frac{n\times(\text{平均相互同意度})}{1+[(n-1)\times\text{平均互相同意度}]}$$

其中 n 为参加同一类目评判的人数

信度分析只是对内容分析的结果的信度加以评价。而评判工作的过程、分析类目的恰当性和清晰度、评判员对方法的掌握从根本上决定了内容分析信度的高低。为了提高信度，对评判员可作一些事先的训练或批评。

（四）比较分析数据、得出研究结论

在获得了内容分析可靠数据以后，就可进入最后一个步骤：对

数据作必要的统计分析，描述各类目的特征及其相互关系，并依据研究目的对各种数据进行比较、讨论，探寻各分析类目的表现异同及内在原因，得出关于研究对象的规律性特征或发展趋势方面的结论。

思考题：

1. 解释下列名词（术语）：

（1）文献、教育文献

（2）文献法

（3）内容分析法

（4）外审法、内审法

2. 文献主要分布在哪些地方？一般可分出哪些等级？

3. 怎样搜集、鉴别和整理文献？

4. 文献法有哪些优缺点？

5. 文献法与内容分析法有何异同？

6. 怎样对文献实施内容分析？

7. 结合实例谈谈内容分析的四种模式。

第八章　教育理论研究

本章提要

教育理论研究的目的在于形成科学的教育理论，它的基本特征是思辨。本章探讨了教育理论的涵义及构成，分析了教育理论的特征和功能。在此基础上，讨论了教育理论研究的基本过程，并重点介绍了教育的历史—逻辑方法、教育逻辑思维方法、系统科学方法等形成教育理论的研究方法。

如本书第二章所述，教育科学研究的实施阶段的基本任务，一是形成科学事实，二是形成新的科学理论。就某一项具体研究而言，可能是只要拿出一份调查报告或实验报告（即形成某一方面的科学事实）就算完成任务。但从总体上看，教育研究不能永远停留在获得教育的基本事实的层次上，而应在获得的教育的科学事实的基础上进一步形成教育理论。正如恩格斯所指出的那样，一个民族要站在世界的最高峰，就一刻也不能停止理论思维。教育研究的一个重要任务就是通过理论思维形成教育理论。因而，教育理论研究是教育科学研究的重要组成部分。

教育研究的观察、调查、实验和文献研究等用于形成科学事实的方法，已在前面几章阐述，本章则对教育理论研究及其方法展开讨论。

第一节　教育理论研究概述

什么是理论？什么是教育理论？理论研究的对象和任务是什么？这些听起来像是常识的问题，在大多数人头脑中却并不清晰，即使在学术界也众说纷纭、莫衷一是。所以，要正确地把握教育理论研究的实质、掌握教育理论研究的方法，还必须从澄清这些常识性问题入手。

一、教育理论研究及其任务

（一）理论及教育理论

理论是有关科学和艺术的一般原理的解释和说明，或者说理论就是与实践相对的有关科学和艺术的一般原理。理论由实践概括出来，是人类理性思维的产物。

理论要以经验性认识为基础，却又比经验性认识更抽象更普遍。在形式上，理论由一系列具有逻辑联系的概念、命题和推论构成，带有抽象、概括和结构化等特征；在内容上，理论要揭示事物的内在本质及其结构化特征，是对事物更深刻、系统、全面、准确的认识。

教育理论大体上可以分为基础理论和应用理论两大类型。作为基础理论的教育理论，主要是对教育领域中一系列“是什么”、“为什么”的问题作出回答，对教育的现象和本质、对教育发生发展的规律和特点作出解释和说明；作为应用理论的教育理论，则要在此基础上回答教育实践活动中提出的一系列“应当如何”、“怎么办”之类的问题，即对教育活动的目标、内容、途径、方式、方法及手段等等作出解释和说明。

（二）教育理论研究的基本任务

教育理论研究是在已有教育的科学事实材料和教育思想、理论的基础上，运用各种逻辑和非逻辑方式进行加工整理，通过抽象思维而获得关于教育的认识成果的研究活动。教育理论研究最基本的任务在于形成、完善和发展教育理论，这也正是它不同于教育事实研究之处。

形成科学事实的基本任务是发现新的事实、纠正以往对事实的偏见以及确证和深化对事实的认识，事实研究对理论的贡献就是增添科学知识要素。

形成科学理论的研究则不然，它所要加工的对象有三个方面，一是前段时间研究中已经获得的事实，二是经实践证明为正确而有效的经验，三是前人已经建立的理论。对前两类加工对象而言，理论研究的任务是将其概括上升为理性认识；而对第三类加工对象，即已有理论，理论研究的任务则是突破，包括突破原有的思维模式，突破原有的理论框架，并在突破的基础上有所创新，建立新的理论。

由此可知，教育理论研究并不仅仅以理论为对象，旧有的理论只是研究对象之一；教育理论研究也不意味着以理论为研究手段，教育事实研究过程中同样需要以理论为武器；完整准确地理解，教育理论研究是以形成科学的教育理论为目的的研究活动。还应强调的是，教育理论研究的方法，不是一个方法而是一组方法的集合，它不仅包括逻辑思维的方法而且包括非逻辑思维方法，不仅有历史——逻辑方法，还有系统科学方法，在逻辑思维方法中，既包括归纳演绎类比等推理方法，又有分析、综合、分类、比较等具体的思维方法。

二、教育理论的构成①

无论人们如何界定“教育理论”，也不论把教育理论划分为多少类型，从形式构成上看，无论多么复杂的教育理论都是由教育概念、教育命题两个基本要素构成。

（一）教育概念

概念是思维形式的最基本组成单位，是通过判断和推理而构成理论的要素。概念是反映对象的特性或本质属性的一种思维形式，它具有内涵和外延两个逻辑特征。

1. 教育概念（定义）的类型

---

① 教育理论在内容上要揭示教育的本质和规律，不同性质的理论如基础性理论和应用性理论就有不同的内容构成，不同流派的教育理论更有多种多样的内容体系，所以，这里不讨论教育理论的内容构成，只研究教育理论的形式上的构成。

区分教育概念（定义）类型，有助于我们明确教育概念的内涵和外延，准确地使用概念。根据不同的分类标准，可把教育的概念（定义）分为：

(1) 正概念和负概念。

反映对象具有某种属性的概念就是正概念，如“认知因素”、“智力活动”、“形式化教育”等概念就是正概念。而反映对象不具有某种属性的概念就是负概念，从语言学的角度看，负概念往往带有“不”、“非”、“无”等否定词，如“非智力因素”、“非认知因素”、“非形式化教育”、“无意识”等就是负概念。

(2) 集合概念和非集合概念。

如果一个概念所反映的是一类事物组成的集合体的特征，即它的外延只有一个分子，而集合体中的每一个个体并不具有该集合体的属性，那么这个概念就是集合概念，如“全面发展教育”这个概念就是一个集合概念，它实际是由“德育”、“智育”、“体育”、“美育”、“劳动技术教育”等概念组合而成，各育是全面发展教育的一部分而不是全部，每一育不具有全面发展教育的整体属性；“教育系统”也是一个集合概念。除了集合概念之外的概念就是非集合概念，如“课程”、“教材”等。区分集合概念与非集合概念对处理教育学中各种概念之间的关系是有益的。

(3) 关系概念和属性概念。

关系概念是以反映教育系统与其他系统的关系，以及教育活动中各要素之间关系为主要内容的概念，如“教育价值”这一概念则反映的是教育与人和社会等主体需要之间的关系；“教学”概念表面上看反映的是教学这种实体活动，但实际上反映的是教与学、教师与学生之间的关系。关系概念的内涵一定要体现它所反映的事物的内在关系的本质。属性概念是反映事物的内在特性或特征为内容的概念。如“教育的主体性”、“教育的社会性”、“教育的历史性”、“教学的教育性”等概念就是以教育自身的特性或特征为概括对象的，属于属性概念。属性概念的准确性与相应的实体概念具有极大的关联，属性概念要以准确的实体概念或关系概念为基础。要准确地揭示教育的若干属性，需要以对教育的正确的理解为客观基础，如解释和理解“教学的教育性”的内涵，就需要明确是从何种意义上谈论教学。

（4）约定性定义、描述性定义与纲领性定义。

约定性定义（有人称之为规定性定义）是指作者所下的定义，它一般规定一个概念或词语在某种特定的语境中按某种特定的方式和意义理解，这个概念或词语在这种语境中始终表示一种规定的意义。如《学记》中的“建国君民，教学为先”中的“教学”一词，可理解为“教育”，这是一种约定意义。但在论述教与学的关系时，《学记》所说的“教学相长”中的“教学”则是另一种约定，是指具体的教和学的活动。约定性定义的实际意义取决于特定的语言环境，人们往往要在特定的语言环境中才能理解一个概念的涵义。描述性定义是以已有的用法来解释所定义的词语，它是一种适当地描述所要界定的对象或使用该术语的方法。由于描述性定义是对所要界定的对象作出较客观地描述，因而描述性定义一般被认为是对事物本体的陈述，它应适合于不同的语境，即描述性定义比约定性定义在不同的语境中具有相对的一致性和意义的稳定性。如“灌输”往往被界定为：以单向的方式向学生传递知识和思想观念的方式。这个概念的描述性的定义无论在教学理论还是在德育理论中，其意义是相对一致的。描述性定义与所要界定的事物之间的关系是直接的，定义中没有或少有主观性的定义项。纲领性定义是一种指向实践计划或实践纲领的定义，它一般与某种行动原则的假设有关，从语言的形式上看，纲领性定义一般隐含或明确地包括“应当”的成分。如把“教育”定义成：教育者根据一定社会或阶级的要求，有目的、有计划、有组织地对受教育者的身心施加影响，把他们培养成为一定社会或阶级所需要的人的活动。这个定义就是关于“教育”的一种纲领性的定义，这个定义明确地包含着教育活动的基本规范、规定、实践活动纲领和价值观。由此来看，纲领性定义不能用来描述客观存在，可用来为实践活动提供行动规范、价值观和行动纲领。

2. 教育概念之间的相互关系

教育的每一个概念和定义都与其他的概念具有一定的关系。从概念的内涵和外延上看，教育学中的不同的概念之间具有两种基本的关系：相容关系和不相容关系。概念之间的相容关系是指两个概念在外延上至少有一部分是重合的。根据其重合部分的多少，概念之间的相容关系表现为三种不同的情况：

第一，同一关系，即概念间的外延是完全重合而内涵相近的。具有同一关系的概念反映同一个或同一类对象，如“认知因素”与“智力因素”、“教育”与“教养”等。具有同一关系的概念在理论陈述中一般可以互相代替使用。不具有同一关系的概念不能互相代替使用，否则就会犯混淆概念的逻辑错误。

第二，真包含关系，即一个概念的外延包含着另一概念的全部外延，且后者仅仅是前者的一部分。外延较大的概念称为属概念，外延较小的概念称为种概念，属概念对种概念的关系是真包含关系（属种关系），种概念对属概念的关系是真包含于关系（种属关系）。如“教育者”与“教师”、“课程”与“教学内容”。在理论体系中，具有真包含关系或真包含于关系的两个概念不应相提并论，它们的关系不是并列关系。

第三，交叉关系，即两个概念只有一部分外延是重合的。如“骨干教师”与“小学教师”这两个概念就具有交叉关系，“骨干教师”中有一部分是“小学教师”，“小学教师”中也有一部分是“骨干教师”，重合的部分是既是“小学教师”又是“骨干教师”。

两个概念的外延上完全互相排斥，没有任何一部分是重合的，这种关系就是不相容关系。概念间的不相容关系又具有两种基本状况：

第一，矛盾关系，即两个概念的外延相互排斥，且其外延之和穷尽了邻近的属概念外延。如“正规教育”与“非正规教育”、“认知因素”与“非认知因素”就是两对具有矛盾关系的概念。

第二，对立关系，是指概念间的外延互相排斥，并且其外延之和不能穷尽邻近属概念外延的关系。如“传统教育”与“现代教育”、“启发教学”与“接受教学”就是两对具有对立关系的概念。

概念是判断的基本要素，教育理论陈述是否合乎逻辑，需要对教育的有关概念间的关系作具体的分析，教育理论陈述由不同层次和不同类型的概念构成。明确不同类型、不同层次的概念之间的逻辑关系，是表达教育理论陈述的基本的逻辑要求。

（二）教育命题

1. 教育命题的类型

教育命题是有关教育判断的语句。教育判断是对教育活动所作出的肯定或否定的思想。教育命题需要涉及教育的现象或本质、结构或功能、原因或结果、偶然性或必然性、现实性或可能性，以及教育的状态或教育关系，对教育的这些内容作出肯定或否定的判断，才能构成教育命题，如“教育具有相对独立性”就是一个对教育性质的命题，而“教育是一种有目的的培养人的活动”则是一个表达教育的本质的命题。一般来说，每一个教育命题都表达了一个对教育的判断，对教育的判断就是一个教育命题。

表达教育判断的语句材料主要是语句，但不是所有关于教育的语句都能作为教育命题。一般而言，能够区分真假（即肯定的或否定的）的陈述句才能表达判断，疑问句、祈使句、感叹句一般不能区分真假，不能表达判断。例如下列有关教育的语句：

（1）教育是一种培养人的活动。

（2）不良的师生关系不利于提高教学的效率。

（3）素质教育究竟向何处去？

（4）多么崇高的师德啊！

（5）让课堂充满生命活力！

在以上五个句子中，只有（1）和（2）对教育问题作出了肯定的或否定的判断，构成了教育命题。而（3）、（4）和（5）不能表明有关教育的性质、原因、结构或功能、状态或关系，因而不能作为教育命题。在语句形式上，只有肯定和否定的陈述句才能表达一个命题。

对教育理论来说，教育命题是相当重要的，因为理论的基本成分是命题，任何复杂的理论都离不开命题，都是由一组相关的命题构成的，命题是理论的基质。教育理论的演绎、推理必须要有一系列教育命题。

教育理论中的命题形式是多种多样的，不同类型的教育命题实质上反映了人们对教育的认识的区别。在教育理论中，不同类型的教育命题的作用是不同的。

(1) 模态命题和非模态命题。

传统逻辑一般把命题分为两大类：一类是不含“可能”、“必然”等模态词的命题，称为非模态命题；另一类是含有模态词的模态命题。在非模态命题中，又根据这些命题是仅由一个判断还是由两个以上的判断组成，将命题又分为简单命题和复合命题两种。

非模态命题一般是不包括“可能”、“必然”、“应该”等模态词的实然命题，如“学生是教育的对象”就是一个实然命题，是一种非模态命题，它不能与模态命题互换，即不能说“学生可能是教育的对象”。实然命题是由描述性陈述构成的。在教育理论中，涉及教育事实的命题一般是由非模态命题构成，但涉及教育的本质、价值以及教育内部要素之间的复杂关系的命题，则具有大量的模态命题。在教育理论的命题演绎中，非模态命题是不能与模态命题相混淆的。

在逻辑学上如果对模态命题持广义的理解，模态命题则包括认识模态、规范模态、存在模态、评价模态、时态模态等。认识模态又称为知识模态，基本的认识模态是“可证实的”（即已知是真的）、“可否证的”（即已知是假的）、“不可驳倒的”（即其否定是不可证实的）。教育实验研究中的命题包含认识模态的形式，教育实验研究就是要证实或证伪或证明某些认识模态命题。规范模态命题又称为道义模态，基本的规范模态是“应当”（必须做）、“许可”或者“允许”（可以做）、“禁止”（必须不做），“教育必须为无产阶级政治服务”和“教育必须与生产劳动相结合”就是两个关于教育方针的规范或道义模态命题。存在模态以量词为模态词，其基本模态是“全称”（即所有的）、“存在”（即有些）、“没有”（即不存在）。时态模态命题是以时态为量词的命题，基本的时态模态是“始终”、“有时”、“始终不”。思维中运用不同的模态命题来表达对客观事物的判断，这是认识论与逻辑学相结合的基本要求。

教育理论的命题体系也需要这些模态命题，教育理论不可能完全是由具有确定性的非模态命题组成。教育理论界有些同志主张：教育理论命题中不应该出现“必须”、“应该”等词项，这实质上是没有区分模态命题和非模态命题导致的偏激观点。正确的说法是，在教育理论中不能混淆非模态命题和模态命题以及不同类型的模态命题之间的区别。

(2) 教育的事实命题与价值命题。

根据一个判断与客观事物之间的直接关系程度和是否加入评价性要素，可以把命题分为事实命题（即陈述性命题）和价值命题（即评价性命题）两大类。在教育学的发展过程中，由于实验教育学的产生以及人们对科学教育学的追求，教育理论的命题体系中逐步出现了教育事实命题和教育价值命题的分野。

事实命题一般是由认识主体或研究主体对客观事物直接的描述而构成的，是客观事物静态或动态的本来状态和特征在认识主体头脑中的直接反应。事实命题的基本形式是“是什么”或“不是什么”，即对客观事物作直接陈述。事实命题一般说明事物的静态（现象）或动态（活动）的基本状态和基本结构，如人们在对教育进行事实描述时，从三个层次来展开：在第一个层次上，教育活动作为国家或社会的事业，是社会这个大系统的子系统；在第二个层次上，教育作为一种机构的活动，在各级各类学校或在其他社会教育机构中进行着；在第三个层次上，教育作为人与人之间的一种特殊交往形式存在着。这就是从静态和动态上把教育作为一种事实来加以描述的。事实命题的目的就在于客观地把握事物本身，并为人们进一步认识事物的内在关系、价值及意义提供认识基础。当然，在自然科学和社会科学中，事实命题的意义不同，自然科学的理论可以由纯粹的事实命题组成，事实命题可以作为自然科学中认识的终点，但在社会科学中，事实命题本身不是认识的终点，事实命题本身不能构成理论，它是构成理论的一个基本要素。

价值命题是客观事物与人的关系在认识主体头脑中的反应，价值命题一般涉及事物或活动的意义、认识主体的情感和态度等。一般来说，在事实命题和描述性陈述中，认识者是站在客观事物和活动的外部来表达对该事物的判断，即事实命题表达事物的自在状态，而在价值命题和评价性陈述中，认识者把客观事物与其对人和社会的意义联系起来表达判断，即价值命题表达事物的人为状态和价值意义，并涉及一定的态度和行为方式。价值命题的基本形式是“应该是什么”或“应该不是什么”。由“教育目的”范畴展开的命题大多属于评价性命题。

关于教育理论的命题的类型，还可从其他的标准出发区分出分析命题与综合命题、定义性命题与纲领性命题、先验命题与经验命题、隐喻命题与口号命题、本体论命题与认识论命题及实践论命题等等不同类型的命题，这些不同类型的命题在教育理论中也具有重要的意义。

2. 教育命题的意义性

从逻辑上说，一个命题要有意义，必须具备两个条件：第一是这个命题要符合语言的逻辑，语义必须清晰明确；第二是这个命题要与它所描述的事态的存在或不存在相一致。第一个条件是命题要满足的最基本的条件，即命题要有确定的意义，因为命题作为一种判断，如果意义不清晰、模糊，就意味着没有作出判断。教育学命题的构建的基本的逻辑要求是命题具有意义性，即命题的意义清晰、明确、准确。第二个条件说明命题要对客观事物本身作出判断或以客观事物的实际为基础作出判断，毫无根据的判断只能是一种主观臆断。

教育命题要获得意义性，首先需要教育命题中涉及的主要词项（如有关教育概念、有关说明教育性质的词项）的逻辑含义单一，在一个命题中一词多义，要么使得命题以偏概全，要么命题意义泛化，势必导致命题意义的模糊。如“教育平等是教育民主化的标志”就是一个看似明确但实际意义含糊的教育命题，这一命题中，“教育平等”具有多层含义：教育机会的均等、教育过程的均等、教育结果的均等、教学过程中主体关系上的平等；“教育民主化”则更是一个定义不清的词语，由此究竟从何层次上作出教育平等是教育民主化的标志呢？这个命题就是一个泛化的命题。

其次，一个教育命题的意义性还要求对命题中的两个甚至两个以上的概念之间的关系，通过命题的中项作出明确的判断。在教育实验研究中的假设性命题，一般来说就较明确地阐明了几个概念之间的关系，如“集中复习比分散复习的效果好”这个假设性命题的意义就很清晰。但在论述教育的经济功能时，有一种似乎是公认正确的命题：“教育是把可能劳动力转变成现实劳动力的重要手段”，这个命题中的教育、可能劳动力、现实劳动力三个概念的关系是不明确的，教育难以把可能劳动力转化成为现实劳动力，教育生产的仍然只是可能劳动力。这类命题最典型的是有关教学原则、德育原则的命题，如“教学的科学性与思想性相统一”、“传授知识与培养能力相结合”、“尊重信任与严格要求相统一”等命题一律用“统一”、“结合”等词语来判断两个概念之间的关系，表面上意义明确，但实则意义含糊不清。

命题的组合构成理论体系，理论体系实质上是由不同类型和不同层次的命题组成的。孤立的教育命题是没有多大价值的，每一个教育命题只有与其他教育命题相互转换、结合、推演才对教育理论有意义。

在教育研究中，不同类型的命题具有不同的作用。教育事实命题的作用在于客观地描述教育存在，以便为教育学提供教育科学事实；教育价值命题的作用在于阐明教育活动的性质及意义等；教育关系命题重在阐述教育活动中的内在关系，以及教育系统与其他社会系统的关系；隐喻命题的作用在于运用各种隐喻方法描述和阐述教育活动的过程、功能等等；教育的非模态命题用来确证教育事实，或说明教育的实然状态；模态命题则主要用来阐述应然的教育行为，或表明教育活动中人的态度。

在教育命题的表述、转换，以及演绎过程中，不同类型的命题是不能简单替换的。模态命题与非模态命题不能替换和转换，如“学生是教育的对象”就不能用“学生可能是教育的对象”来替换；再如，关于“教育”的定义性命题，可表述为：教育活动作为国家或社会的事业，是社会这个大系统的子系统；教育作为一种机构的活动，在各级各类学校或在其他社会教育机构中进行着；教育作为人与人之间的一种特殊交往形式存在着。这是从事实层次上运用事实命题来定义和表述教育本身，但人们给“教育”下的定义是：“教育者根据一定社会或阶级的要求，有目的、有计划、有组织地对受教育者的身心施加影响，把他们培养成为一定社会所需要的人的活动”。这显然是运用价值命题来定义教育存在这一事实，结果实然的教育被定义成了应然的教育。同样，单称命题不能直接转换成复称命题，分析命题不能直接转换成综合命题，科学命题、哲学命题、心理学命题不能直接转换成教育学命题。

不同类型命题的转换与演绎是有条件的。不同类型的教育命题之间的转换有两个基本的逻辑要求：一是每个命题的意义清晰，与所表述的存在和不存在相一致，并且两个命题之间具有内在的联系；二是不同类型的命题之间需有中介命题作为转换的纽带。由教育“是什么”，到“应该是什么”再到“怎样是什么”的转换，需要以揭示教育内在要素之间的规律性联系的认识论范畴和命题为中介。不同层次的教育命题的转换与演绎应遵循一定的逻辑规律。

三、教育理论研究的特点

教育理论研究在研究的手段、方式、目的及其结果等方面，都与实证研究具有质的区别，体现出教育理论研究的特点。

（一）概括性和间接性

教育理论研究具有强烈的理性思辨色彩。它是超越感性经验水平，通过抽象思维，间接地把握教育规律的，因而，教育理论研究具有概括性和间接性的特点。

教育理论研究的概括性和间接性主要表现在以下几个方面：在研究手段上，理论研究是通过概念、判断、推理等思维形式来研究具体的现实资料，概念、判断、推理是最具有概括性的；教育理论研究不是运用某些方式搜集具体的现实细节资料的，而是对已有的现实资料作概括性分析，间接地反映教育事实背后的本质及规律。在研究结果的表述上，理论研究的结果是由教育概念、教育命题遵循一定的逻辑规则构成的，它的结果不是对具体教育事实的量化描述，而是对教育事实的综合的、概括的定性分析。教育理论研究的结果不是对教育事实的简单的、直接的再现，而是抽取出教育事实中的普遍的、内在的、本质的东西，通过某些特定的符号和语言来表述。

（二）多样性和不确定性

教育现象本身的复杂性，决定了教育理论研究的出发点、理论基础、研究方式的多样性。人们对教育问题进行理论研究时，往往要从多个角度对教育问题的不同表现形式进行考察，这样，在研究过程上，教育理论研究的方式、角度、理论基础、符号或语言等，都是多种多样的，从而，教育理论也是多种多样的。由于理论基础、研究方式的不同，就使得教育理论上出现了不同的理论流派。

理论研究，尤其是社会科学的理论研究，由于研究对象本身的特点，在研究结果上往往具有不确定性。教育理论研究的根本目的不在于寻求确定无疑的教育定论。教育理论研究是通过定性描述来呈现其结果的，定性描述往往只能在一定程度上揭示事物的本质，它不可能一次完全揭示教育现象的终极规律。可以肯定地说，任何一种教育理论都有局限性，都存在不确定性。这是理论思辨本身的特性决定的，也是人的认识本身的局限性导致的。正是因为如此，理论的合理性程度要通过逻辑检验和实践检验。

（三）继承性和超前性

人对教育的认识是不断深化的。每一种教育理论都是在已有的理论基础上发展、构建起来的。新旧教育理论在概念或范畴、命题或判断，甚至理论基础等方面都具有内在的逻辑联系。这体现出教育理论研究具有历史继承性。因为前有的教育理论不仅为新理论提供了可资借鉴的思想和观点，而且为新理论提供了批判的靶子。教育理论发展史充分证明了这一点。正因为如此，教育理论研究过程中，人们要求首先全面地了解已有的教育理论，收集理论资料，为新理论的构建寻求合理的研究起点。

理论研究的超前性，一方面主要是由理论本身具有的预见功能决定的。理论研究虽然是以现实材料为基础的，但理论研究不一定就囿于具体的实施材料，相反，理论研究能够从现实材料的分析入手，预见现实的未来发展趋势或走向。理论体系中的思想、观念往往是超经验的、超现实的。另一方面，理论要对现实活动具有指导作用，本身就要求走在现实活动的前面，用具有预见性的、展望性的思想或理念去指导人们的现实活动。

四、教育理论研究的功能

一般来说，理论具有解释功能、预见功能、指导实践的功能和工具性功能①，教育理论同样具有这些基本功能。而教育理论研究的功能则主要体现在以下三个方面。

（一）深化教育认识，揭示教育规律

理论研究最根本的作用就在于透过现象揭示事物的内在本质。教育理论研究的首要功能则在于深化人们关于教育的已有的认识水平，从而揭示教育规律。教育实证研究也要认识教育，但它是从现象层次来认识教育的。教育理论研究运用一系列的抽象逻辑思维方法，使得人们在实证研究基础上获得的教育认识进一步得到深化和发展。教育理论研究是揭示教育现象的内在规律的最重要的方法。

（二）构建、完善和发展教育理论体系

教育理论研究的功能除了指向认识教育现象外，另一重要的功能就是指向教育理论本身，即构建教育理论体系，完善和发展教育理论体系。

揭示教育的内在规律，不是靠一项理论研究或一个教育理论就能完成的，相反，需要有一种内容丰富的教育理论体系。因而教育理论研究的功能还在于构建新的理论，完善和发展教育理论。

理论体系是个复杂的问题，它包括理论的概念体系、命题体系、理论的演绎和推论体系等方面。教育理论研究的重要功能就是逐步确立教育概念或教育范畴体系、教育命题体系和教育演绎和推论的逻辑，完善和发展教育理论。

（三）检验教育观念，证明研究成果

理论研究不仅具有检验观念合理性的作用，而且理论本身对研究成果具有逻辑证明的作用。教育理论研究对教育观念、教育思想，以及教育研究的成果具有逻辑证明的功能。同时，教育理论研究所构建起来的理论，能够作为新的理论研究的理论基础，用来检验教育观念。

---

① 参见叶澜《教育研究及其方法》，中国科学技术出版社，1991年版，第200～205页。

第二节　形成教育理论的过程和方法

一、教育理论研究的基本过程

教育理论研究的基本过程，总体上与其他研究方法的实施过程大致相同，但在具体研究的步骤、任务和重点等方面，教育理论研究法又有所侧重。教育理论研究的基本过程包括：确定理论研究的课题、收集和分析文献资料、明确理论分析框架、选择理论研究的具体方法、撰写理论研究论文等基本步骤。

（一）确定理论研究课题

教育理论研究首先要确定选题，即明确理论研究研究什么问题。一般来说，教育理论研究的课题的确定，应从两个方面来考虑：一是研究课题的理论意义，即所要研究的问题是否具有较大的理论价值；二是研究课题是否具有较重要的现实意义，即所要研究的课题对改善教育实践是否具有重要的指导意义。

当然，教育理论研究的课题不能纯粹从已有的理论本身中提出，理论问题也往往直接产生于教育实践。因而，确定教育理论研究的课题，不应为理论而理论。

（二）收集和分析文献资料

由于理论研究是一种非接触性的研究，因而，理论研究是否收集到较全面的资料，对已有的相关理论研究状况是否有较充分的认识和了解，直接影响着理论研究成果的合理性。所以，收集和分析文献资料在理论研究中是相当重要的一环。

开展教育理论研究，要较充分地占有相关研究课题的文献资料。通过对这些文献资料的分析，了解前人已经作过哪些研究、提出了哪些观念、运用了哪些研究方法、解决了哪些问题、还存在哪些疑问，等等，为确定理论研究的出发点奠定有效的基础。

（三）明确理论分析框架，选择理论研究的具体方法

明确理论分析框架，是指以一定的理论为基础，确定理论课题研究所涉及、构构建的概念、命题，以及构成一个相对完整的体系的逻辑进程。任何一项理论研究，对问题的理论分析，都得有一定

的理论基础或基础理论，这是进行理论研究的前提性的出发点。这个理论出发点可以是多种多样的，对教育理论研究来说，理论基础或基础理论大多来自于教育理论自身、哲学理论、社会学理论、心理学理论、教育历史、伦理学理论、经济学理论、法学，甚至有关自然科学的理论。当然，这要根据具体的理论研究课题的要求来确定。概念、命题也是分析框架中的基本要素，理论分析必须要有特定的概念和命题，因而，在教育理论研究中，确定概念和命题，是至关重要的，甚至可以说，确立某些教育概念和命题本身既是理论分析的框架成分，又是理论研究的重要成果。明确概念和命题后，还应注重将它们结合起来的逻辑，并选择具体的理论研究方法。在此基础上形成论文提纲。

（四）撰写理论研究论文或研究报告

通过撰写研究论文或研究报告，把理论研究结论反应出来。研究论文一般包括标题、问题的提出、论点、论据、结论等基本成分。

二、形成教育理论研究的基本方法

形成教育理论研究的基本方法主要包括教育历史—逻辑方法、逻辑推理方法、系统科学方法等方法。

（一）教育历史—逻辑方法

教育活动是人类社会活动中永恒的实践活动领域，它随着人类社会历史条件的变化而变化，随着人类社会历史条件的发展而发展，是人类社会永恒的范畴。作为一种永恒的范畴，教育必然具有其特殊的多样的历史形态，也具有其历史发展的逻辑。把握教育发展的内在规律，需要遵循逻辑与历史统一的基本法则，运用逻辑与历史统一的方法论，赋予教育理论研究深刻的历史感。

但当前教育理论研究中存在着种种历史与逻辑相脱离的现象：史与论分离，有史无论，或有论无史，反映出一种“非历史”倾向。具体表现为：第一，把教育发展的历史视为某种工具，从而降低甚至曲解教育历史的功能和性质。教育历史仅仅被当作一种思想或观点的辅助材料，或者是理论论证的论据和工具，似乎教育历史事实只有被引用的价值。第二，用现有的概念、分析框架取舍或剪裁历史过程及其具体事实，把教育历史看成一种具体的思想材料。第三，对教育现状的考察，往往只是注重这种状况的当前存在形态的描述，忽视对教育现状的生成过程的历史分析。这些表现的根本问题在于把教育“历史的东西”与“逻辑的东西”对立起来，或者当教育“历史的东西”与“逻辑的东西”发生矛盾时，把“历史的东西”加工成适合“逻辑的东西”。

历史感是认识主体在认识过程中，以一定的历史观为基础对待历史问题的一种明确的、积极的思想意识。教育思维的历史感涉及以下几方面的内容：第一，教育研究者对教育发展的历史事实、历史过程、历史线索和规律的完整把握；第二，教育研究者对教育历史的科学态度和科学精神，认识主体应当忠实于历史的真实，并历史地看待历史，把历史看成是一个运动的、完整的、不断延伸的过程；第三，教育研究者对教育历史与教育现实的联系的深刻理解，教育认识主体要用联系的观点看待历史与现实的逻辑关系；第四，教育研究者对自身认识的能动性与教育历史的客观性的关系的把握，无论是教育历史事实，还是教育思想的历史，对研究者来说，都是客观的存在，研究者对教育历史的认识不能脱离历史的实际，而主观地任意剪裁历史片段，甚至歪曲历史事实和历史的教育思想观念。教育思维或研究中的历史感具体体现在以下几个方面。

1. 从充分发展的教育现实形态出发

马克思主义认识论认为，认识客观社会事物，首先应从充分发展的现实形态开始。逻辑进程作为再现事物形成史的理论构建方式，其本身要求把握的对象，应该是一个复杂的充分发展了的具体。只有占有了这些充分发展了的具体，才能通过概念、判断和推理等逻辑形式把握事物的整体过程。

从充分发展的教育现实形态出发，认识和理解教育历史发展的内在规律，是逻辑与历史统一的基本要求，它充分体现了对历史事物认识的现实感。把充分发展的现实形态把握作为历史研究的出发点，实质上是注重了历史事物的过程与充分发展的现实形态之间的必然的逻辑联系。在一定程度上，教育现实是教育历史的发展和延续，教育思维中“逻辑的东西”不能脱离教育“历史的东西”，同样历史的东西不能脱离现实的理解。其实，认识事物的历史的终极目的仍然是关照现实和未来。正如认识现实需要把握历史一样，认识历史也需要把握充分发展的现实。从充分发展的现实出发，要求赋予历史现实感，不能就历史论历史。教育思维的历史感不能没有教育的现实感。

2. 既研究教育现实的逻辑联系，又研究教育现实的形成历史，融现时态和历时态为一体

理论思维的逻辑进程既要展现对象的逻辑制约关系，又要展现对象的形成历史，除了要以充分发展的现实形态为起点外，还要对现实对象和它的形成历史作同样的研究。研究教育的逻辑联系，必然要涉及事物的历史发展过程，既要考察事物的现实时态，又要分析事物的历史时态，现时态和历时态在实质上是连续的、融为一体的。

教育思维中我们面对着一系列的问题，人们往往注重从教育的现实联系方面去认识它们，而忽视从历史发展的角度去分析它们，如在20世纪80年代初期兴起的“教育本质问题”的大讨论中，几乎难以找到从教育历史发展的角度来揭示教育本质的。再如，关于“片面追求升学率”问题的研究，也少有对之作全面的历史考察的。实际上，在我国，“片面追求升学率”是一个具有深厚的历史基础和社会历史背景的现实问题。“历史的东西”是“逻辑的东西”的基础，丧失了这个基础，那些表面的观念究竟有多大的价值？

3. 把握教育这一社会事物整体中的支配关系

作为一个整体，任何社会事物既是一个现实的逻辑结构整体，又是一个历史形成的整体。它既有历史的因素，也有逻辑的因素，其中逻辑的因素是起支配作用的。以逻辑制约关系统摄历史的因素，是马克思直接强调的一个特征和原则。因为对于一个充分发展的现实社会事物来说，它所保留着的历史的东西作为它的构成因素总是服从于现实事物这一整体，作为这个整体的一部分而被整体的支配因素所支配着，否则，现实的社会事物不可能是一个完整的、有自己的逻辑制约关系的整体，历史的东西也不能在结构上成为现实事物中的逻辑的东西。

这就要求我们在研究教育这种社会事物的过程中，根据逻辑方

法与历史方法相统一的方法论，首先需要把握教育整体中的支配关系，找到教育整体中的核心的逻辑联系，并以此为纲，统摄教育整体中的一切因素，研究由这个支配关系所规定的各种具体从属的东西。教育现象是一种包含着一系列矛盾和冲突的社会现象，如教育的社会适应性、个体适应性与教育的相对独立性的矛盾、教育目的上的社会本位与个人本位的矛盾、教育的现代化与民族化的矛盾，科学教育与人文教育的冲突、教育的继承与教育创新的冲突、教育理论与教育实践的冲突，以及教育活动中的教师与学生、知识与能力、知识与思想、教与学、认知与情感、灌输与启发、指导与非指导、直接经验与间接经验、课程与学制、体力与脑力、科学性与艺术性等等方面的矛盾和冲突。可以说，教育发展的历史正是这些矛盾或冲突的辩证运动和发展，构成了教育的整体。把握教育的整体逻辑结构，必须把握这些矛盾中的支配关系，通过对这些不同层次的矛盾关系的逻辑分析和历史分析，才能认识和揭示教育整体的基本规律。从这个意义上说，研究教育学的基本范畴，就是试图抓住教育中的支配关系，这对历史地、逻辑地把握教育现象的内在联系，意义是相当重大的。

4. 既研究教育的形成史，又研究对教育的认识深化史

在“逻辑与历史的统一”这一理论构建方式中，包含着一个重要的内容：逻辑与认识深化史相一致。它是指理论的逻辑进展顺序符合人们对这门科学的对象的认识深化顺序。

教育的形成史是客观存在的、是教育历史发展过程本身的东西，而对教育的认识史则是主观自为的、精神的东西。认识深化史就是教育思想、教育理论本身的发展史，是以概念等逻辑形式，遵循由片面到全面、由简单到复杂、由现象到本质的逻辑进展顺序认识客观事物的进程。逻辑与认识深化史相一致，不仅要求通过逻辑方法再现教育形成的历史过程及其规律，而且要求探讨人们对教育的认识深化的历史过程。

（二）基本的逻辑思维方法

1. 比较与分类

（1）比较的方法。

比较是指从具有同一性的事物间寻找差异性，或从具有差异性的事物间寻找同一性的思维方法，即同中求异或异中求同的思维方法。

比较是一种常用的逻辑思维方法，它有助于认识两种以上事物之间属性异同，从而揭示事物的内在本质和规律；可用来对事物进行定性和定量的分析；还可用来对事物进行分类。

由于比较的角度或方式不同，比较法可分为单项比较和综合比较、横向比较和纵向比较、求同比较和求异比较等不同的类型。无论哪种比较，都必须遵循以下比较规则：

——比较必须在同一关系下进行。对两种事物进行比较，要在两种事物的同一侧面、同一层次上进行。如两种事物的属性与属性、表现形式与表现形式进行比较，不能把一个事物的属性与另一事物的表现形式进行比较。

——比较要有一定的标准。对两种事物加以比较，要在一定的标准下进行，没有标准、标准不合理、标准不稳定，都不能进行比较。否则，则不具有可比性。

——比较要依据客观事实或材料。对两类事物进行比较，需要有事实或数据等材料作依据。

（2）分类的方法。

分类也是一种常用的思维方法，是指在比较的基础上，将事物区分为具有一定从属关系的不同等级层次的系统，建立集合的方法。分类法是在比较法的基础上，进一步把某些具有相同特征或属性的事物与其他具有不同属性的事物区别开来的方法。

分类法大致有现象分类和本质分类两种方法。现象分类是以事物的某一外部特征或表现形式为标准进行的分类；本质分类是指以事物的多种内在属性为标准进行的分类。分类法具有如下规则：

——每一种分类必须根据同一分类标准，如果有多种标准，那么所分类型可能有交叉或重复的现象。

——一类中的各子项之和等于类总体。即总体之外的事物应不属于该类总体，或者类总体的子项要穷尽，类总体除了各子项外应没有剩余。

——分类要按一定层次进行。同一类型的事物应属于同一层次。

2. 分析与综合

(1) 分析。

是将事物整体分解为各个部分、要素或层次，分别抽取其个别属性加以考察，从而认识事物本质的思维方法。分析的目的是为了去除事物的非本质属性，认识事物的各部分、各要素之间的关系，进而把握事物的本质和整体属性。

分析法大致有定性分析、定量分析、因果分析、系统分析等不同的方式。定性分析是为了确定事物是否具有某种本质属性的分析，它主要说明事物是什么；定量分析是为了确定事物各成分的数量特征的分析，它主要回答事物有多少；因果分析是为了确定事物之间存在的原因和结果关系的分析，它主要表明事物为什么；系统分析是一种整体的综合分析，它主要考察事物各要素之间的关系是什么。分析法的规则包括：

——分析必须要有总体目标和整体观念，不能为分析而分析，把事物分解得支离破碎，要知道分析的最终目的是为了把握事物的整体属性。

——分析必须按照一定的标准分解事物的要素，把握事物的最简单因素，并认识事物各要素的质与量的特征。

——分析应在一定的理论指导下进行，即分析要有一定的理论基础或分析的前提框架。

(2) 综合。

综合是指将已有的关于事物的各个部分和要素联结成一个整体加以考察，从对整体的认识而把握事物本质和整体特征的思维方法。综合是以分析为起点，在思维方向上与分析法相反，分析与综合是对立统一的。综合法的规则包括：

——综合必须与分析相结合。为了综合，首先必须要有对事物各部分的分析；为了分析，首先必须要有对总体的基本认识。

——综合必须创造性地形成关于事物整体的认识。综合不等于所分析的事物各个部分属性简单的相加，而应在理性认识的基础上，形成关于事物整体的本质和规律的认识。

3. 归纳、演绎和类比

归纳、演绎和类比是三种基本的逻辑推理模式，也是教育理论研究中常用的逻辑思维方法。其中归纳与演绎在思维的方向上是相反的。归纳、演绎法能够使理论思维具有较强的逻辑性。

（1）归纳法。

归纳是从已知的具体的事实或个别性的前提概括出一般性的或普遍性结论的思维方法。如已知事物 $S1$ 具有性质 P，$S2$ 具有性质 P，$S3$ 具有性质 P，Sn 具有性质 P，那么可以归纳得出所有的 S 具有性质 P。归纳法是从个别推论一般。归纳法往往适合于从经验事实出发得出结论的研究过程。在教育研究中，教育经验总结、对通过教育调查获得的资料进行的研究，都要运用归纳法。

归纳法的具体方式有三种：完全归纳法、简单枚举法和科学归纳法。完全归纳法是指从所有的个别事实和各个部分中归纳出一般性结论的方法。完全归纳法的结论比较可靠，但由于个别事实繁杂，难以一一考察。因而，归纳时采用简单枚举法。简单枚举法又称不完全归纳法，是指不对事物的所有具体事实或所有要素加以考察，而只从考察其一部分事实或要素而得出一般性结论的方法。这种归纳法简便易行，但结论不一定完全正确。科学归纳又称因果联系归纳法，它是根据事物的因果联系，推出这类事物中所有的对象都具有某种属性的推理方法。

（2）演绎。

演绎是从已知的一般性或普遍性的原理或结论出发，推论出个别或特殊结论的思维方法。演绎法是从一般或普遍推论具体或特殊。在教育理论研究中，演绎法具有较大的价值。

演绎法一般分为公理演绎法和假设演绎法两种。公理演绎法是指从一个具有普遍意义的公理和结论出发进行的演绎。公理演绎一般由三个判断组成，其中前两个判断是前提，第三个判断是结论，其公式是：

$$\begin{array}{ll} \text{所有的 } M \text{ 是 } P & M-P \\ \underline{\text{所有的 } S \text{ 是 } M} & \text{即：}\underline{S-M} \\ \text{所以，所有的 } S \text{ 是 } P & \quad\; S-P \end{array}$$

假设演绎是以假言判断为前提的演绎。假设演绎的假言判断是一种条件判断，即前一个判断存在是后一个判断存在的条件。教育实验研究中的理论假设是指就是一种假设演绎。由于假设的条件有充分条件、必要条件和充要条件之分，假设演绎也相应分为充分条件假设演绎、必要条件假设演绎和充要条件假设演绎三种类型。假设演绎的正确性要通过实践检验、理论论证或逻辑检验。

(3) 类比。

类比是一种个别化的推论方法，是根据两个或两类事物在某些方面相同、相近或相反，而推论出他们在其他的方面也相同、相近或相反的一种逻辑思维方法。其公式为：

A 对象具有属性 a，b，c，d，

B 对象具有属性 a'，b'，c'

所以，B 对象具有属性 d'

类比法又分为对称类比、因果类比、结构与功能类比等类型。对称类比是依据两个对象各自属性之间可能存在的类似的对称联系而进行的推理，如上述公式所表述的就是对称类比。因果类比是依据两个对象各自属性之间可能存在的类似的因果关系而进行的推理。结构与功能类比是依据两类事物在结构上相似而推论两类事物的功能的类比。类比推理在形成教育理论中具有重要的意义。

（三）系统科学方法

系统科学方法包括系统方法、信息论方法、控制论方法、结构与功能论方法。教育现象是一种复杂的系统，运用系统科学方法，有利于从多角度认识教育现象的本质及规律。

1. 系统方法

系统方法是把事物作为一个系统，从系统的部分与部分、系统与环境的相互联系、相互作用中综合地考察事物的方法。系统方法有助于整体地把握教育现象。

系统方法把事物作为一个整体来认识；对整体的部分作相互联系的分析；把事物作为一个系统，考察它与其他系统的关系；运用分析和综合的方法，考察部分与整体的关系。在教育理论研究中，运用系统方法，必须考察教育各个要素的性质、作用，同时对教育的

各个要素的关系、教育系统与其他系统的相互联系进行客观地分析。运用系统方法应遵循系统思维方法的整体性原则、全面性原则、层次性原则以及动态平衡性原则。

2. 信息和控制方法

信息和控制方法是揭示事物系统运动过程中的信息联系，用信息概念和理论考察和研究系统的行为功能结构，从信息的获得、转换、传输和储存过程来研究控制系统的运动规律的方法。

在教育理论研究中，运用信息和控制方法，有利于阐述教学系统的结构和功能、过程和评价等问题。信息和控制方法的最主要特点是撇开对象的具体结构，考察系统的信息变换过程。

3. 结构与功能方法

这是一种说明系统整体结构与功能的关系的方法，它注重从考察事物内部各要素的关系的结构来考察事物的功能，或者从事物的功能来分析事物的结构。结构与功能方法特别强调定性与定量研究的结合。

运用结构与功能方法进行教育研究，要从结构与功能的相互联系上研究教育现象和过程。一是要研究教育系统的构成要素、内在结构以及为适应外在环境要求而引起的教育现象和教育活动的结构的变化，从而调整不合理的结构，实现系统结构优化。如对课程结构的研究、教育活动结构的研究、学生素质结构的研究等。二是在系统和环境的相互作用中把握教育系统的功能，具体揭示教育系统的结构与功能的内在关系，揭示教育活动、教育系统与其他系统之间的相互作用，以及这种作用的条件、作用方式和特点。结构与功能方法是教育理论研究中常用的方法。

思考题

1. 解释下列名词（术语）：

（1）理论，教育理论

（2）教育概念，教育命题

（3）归纳，演绎，类比

（4）比较，分类，分析，综合

2. 谈谈教育概念的类型及教育概念之间的关系。

3. 谈谈教育命题的类型及教育命题的意义性。

4. 教育理论研究有何特点？

5. 教育理论研究有哪些功能？

6. 教育理论研究的基本过程是什么？

7. 教育研究中如何赋予历史感？

8. 教育研究中可以借鉴的系统科学方法有哪些？

第九章　研究数据的处理技术

本章提要

本章首先介绍了常用的研究数据的描述统计方法，主要包括统计表、统计图和统计量数，包括集中量数、差异量数、地位量数和相关系数。其中，重点强调了次数分布表和次数分布图、算术平均数、方差和标准差，以及相关系数的具体应用。然后，本章介绍了常用的研究数据的推断统计方法，重点是常用抽样方法与平均数差异的显著性检验方法和 x^2 检验方法。

第一节　研究数据的描述统计方法

一、描述统计方法简述

在教育研究中，经过一系列的工作，研究者常常获得大量的原始数据资料。例如，我们在某班运用一个新的语文教学方法进行了一学期的教学之后，得到了该班学生与用来对比的另一班学生在这一学期的语文考试成绩；这就是我们所得到的一些原始数据。那么，这两个班学生的语文考试成绩肯定有些差异；但是，差异有多大？这种差异究竟是在任意选取的两个处于同类情况的班级可能出现的差别范围之内，还是明显地超出这个范围？如果是前一种情况，那就说明这两个班的学生成绩并没有什么显著的差别；如果是后一种情况，则说明这两个班的学生成绩确实有显著的差别。为了说明类似的问题，从而揭示出蕴藏在数据之中的一些事实和规律，我们就要运用一系列科学的方法对它们进行分析和处理。

根据具体的教育研究的性质以及相应的教育统计对象和客观条件，我们采用的处理研究数据的方法通常分为两种：(1) 描述统计方法 (Descriptive statistics)。这种方法是将研究中所搜集到的数据资料进行归纳整理，用统计图表和统计量数来帮助说明研究对象的特征、内部联系或横向比较的结果。这是本节所要讨论的统计方法 (Inferentad statistics)。(2) 推断统计方法。将在第二节中予以讨论。

二、统计表

(一) 统计表的功能

统计表 (Stactistical table) 能以表格的形式将数据分类整理和归纳，以简洁、清晰的少量篇幅呈现大量的信息，便于对数据进行多角度的分析和对比，从而有利于发现各项统计指标的情况和相互关系。这些功能可概括为：

能有序地整理数据；能高效地表达信息；便于对数据作进一步的分析和比较。

(二) 几种常用的统计表：单项表、双项表和三项表

统计表的分类方法有多种。一般地，数据分类所依据的研究对象的特征的数目不同，可据此将统计表分为单项表、双项表、三项表等。只根据一种特征对研究对象进行分类的统计表，称为单项表。如果将研究对象按两种特征进行分类，所编制的统计表就称为双项表；如表 9.1。

表 9.1 某班学生参加兴趣活动人数统计表

人数 项目 性别	文艺	体育	科技	合计
男				
女				
合计				

如果将研究对象按三种特征进行分类，据此编制的统计表就称为三项表。随着进行分类所依据的研究对象的特征数量的增加，表

的内容也会越来越复杂，从而使统计表逐渐失去其直观、简洁的优势。所以，当需要从更多角度将研究对象分类时，人们一般会根据不同的分类标准而分别编制相应的单项表或双项表。

三、统计图

（一）统计图的意义与特点

统计图（Statistial cliagram）是利用点、线、面、体等绘制成几何图形，以表示各种数量间的关系及其变动情况的工具。

统计图的主要优点是形象直观、便于理解；能比较全面地反映事物数量上的特征。统计图的主要缺点是反映事物的数量及其关系不够精确，只能表示基本的、大概的情况；所以，统计图一方面需要精心绘制，另一方面也需要与统计表或其他方法结合使用，以便取长补短。

（二）几种常用的统计图

根据不同的研究目的和数据的特点，人们设计了不同类型的统计图，主要有如下四种。

1．条形图

条形图是用宽度相同的长条来表示统计对象的数量或百分比的大小的一种统计图。根据条形的长度，我们能够看出统计对象的数值大小或百分比的大小。根据反映的资料类别的多少，条形图又有简单条形图、复合条形图等种类。

2．圆形图

圆形图是以圆内各扇形的面积表示统计对象数量或百分比大小的图形。整个圆的面积表示整体数量，各扇形表示整体中各部分数量所占的比重（百分比）；各部分百分比之和必须等于1（100％）。圆形图适合用来处理离散变量。

3．线形图

线形图是用曲线表示统计对象数量关系的统计图。它可以用于表示两个变量之间的相互依存关系（如相关曲线图），也可以用于表示研究对象的有关数据在时间上的变化发展情况（如动态曲线图），还可以用于表示研究对象根据某种标志在数量上的分布状况（如次数分布图）。

4. 散点图

散点图又叫相关散布图或散布图。在直角坐标系中，把一对对拟作相关分析的数据以（X_1，Y_1），（X_2，Y_2）…（X_n，Y_n）的形式作为同一平面上的 N 个点，一一描绘出来，就形成了散点图。它可以直观地反映两个变量之间的联系（限于线性联系），即它们之间有无相关、相关强度与方向。图 9.1 就是反映某班 30 名学生两科成绩之间的关系的相关散布图。

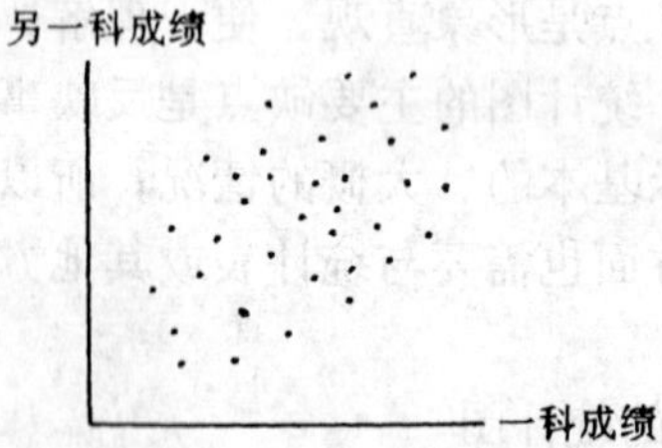

图 9.1　某班 30 名学生两科成绩相关散布图

四、次数分布表与次数分布图

（一）次数分布表

次数分布表是描述一群数据中每一数值、一组数值或某一段数值内数据出现次数的统计表。它可以帮助我们了解该群数据的分布情况，以便从中分析数据分布的特点和规律，并由此对我们所进行的教育教学活动作出检验和评价。类别变量和顺序变量的次数分布表的形式类似于表 9.1，下面介绍的次数分布表主要用于等距变量和比率变量。

1. 简单次数分布表

简单次数分布表，又通称为次数分布表。它是通过求全距、定组数、定组距、定组限、分组归类等步骤，将一群数据按所分的组别分别予以计数、登录而成的反映这群数据的分布情况的统计表。

2. 相对次数分布表

简单次数分布表有一种变形，就是相对次数分布表。相对次数就是各组次数与这群数据的总次数的比值。显然，所有相对次数（或比值）相加的和应当等于 1。

3. 累积次数分布表

在一个简单次数分布表上，可以增加一列内容，表示出某个数值以下或以上的数据的数目有多少，这就是累积次数分布表。累积次数分布可以分为“以下”分布和“以上”分布两种。

4. 累积相对次数分布表

这是累积次数分布表的一种变形。它的制作方法就是在上述的累积次数分布表中，将每一组的累积次数除以这群数据的总次数，从而得到每一组的累积相对次数。显然，最后的相对累积次数应该等于1。

表9.2就是一个集上述四种次数分布表于一体的统计表。

表9.2 某年级学生成绩分布表

组别	次数	相对次数	累积次数	累积相对次数
90～100	12	0.088	138	1.000
80～89	25	0.183	126	0.912
70～79	87	0.639	101	0.728
60～69	12	0.088	14	0.103
50～59	2	0.014	2	0.014
合计	N＝138	1.000		

（二）次数分布图

次数分布图是统计图的一种，它是在次数分布表的基础上绘制而成的，可以用更直观的形式反映一群数据的分布情况。次数分布图最常用的有两种，即次数直方图和次数多边图（又称次数多边形）。此外，还可分简单次数分布图和累积次数分布图。

1. 次数直方图

直方图是在直角坐标系中用宽度相同的长方形（又称“直条”）表示连续性数据次数分布的统计图。它的横轴表示数据的数值大小，纵轴表示每一组数据的次数；长方形在横轴上的两点分别代表各组的上限和下限，要在横轴下标明数值。这些长方形之间不留空隙。

2. 次数多边图和次数曲线

次数多边图是一种在直角坐标系中绘制的表示连续性数据次数分布状况的线形图。它的横轴与纵轴分别表示数据大小和相应数据的次数，这一点与次数直方图相同。只不过这个线形图中的各点的横坐标是每组数据的组中点值，也就是居于该组数据尺度上正中心位置的数值；组中点的计算方法是：用该组的实上限加上组距长度的一半。

根据少数数据绘制成的次数多边图常常是不规则的折线形状；如果某类数据的个数逐步增多，那么次数多边图将趋向于成为一条光滑的曲线；如果数据总数目无限增大，那么这条曲线将极为光滑而富有规则性，此时可称为次数曲线。

由于数据资料的性质不同，根据这些数据资料绘制成的次数多边形也就各不相同；一般地，我们以次数曲线为代表来讨论它所反映的数据分布情况。次数曲线主要有如下几种。

（1）单峰对称分布曲线（图 9.2A）。这种曲线说明中间数据的次数最多，而两边各组数据的次数则逐渐减少，而且减少的趋势和幅度相同。通常所说的正态分布曲线就属于这种情况。当然，实际观测所得的数据难得像这样对称分布，一般只是近似对称分布。

（2）非对称曲线（图 9.2B），即平常所说的偏态分布。偏态分布有两种情况：一是正偏态，其次数分布较多地集中于数值小的数据组，如图 9.2B 中的曲线 a；另一种是负偏态，其次数分布较多地集中于数值大的数据组，如图 9.2B 中的曲线 b。

（3）J 形次数曲线。心理学中的艾宾浩斯学习遗忘曲线就属于 J 形次数曲线。再如，班级规模研究中著名的“格拉斯——史密斯曲线”（图 9.2C）。

（4）多峰形曲线图（图 9.2D）。

3. 相对次数分布图

这种次数分布图也可分成直方图和多边图两种。它与上述两种次数分布图在绘制时的不同之处在于：它的纵坐标（直线或点的高度）所表示的不是实际次数而是相对次数。此外，它的一个突出长处就在于它可以用于对两列数据的次数分布进行比较，因为它们的次数都是用百分比的形式来表示的。

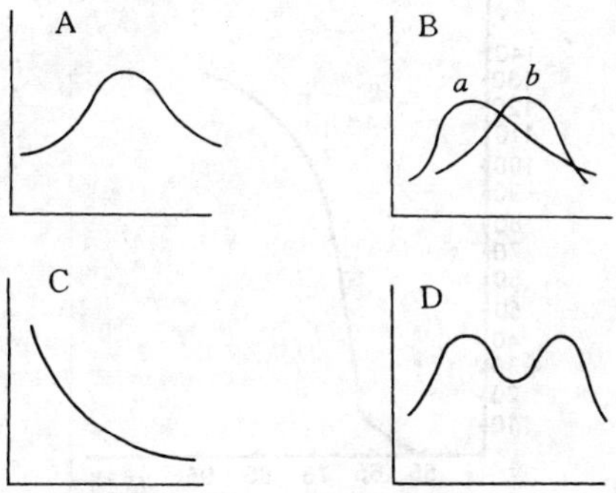

图 9.2　次数曲线图

4. 累积次数分布图

它也有直方图与曲线图之分，不过一般用的是累积曲线图。累积曲线，也称肩形曲线，它是根据累积次数表绘制而成的；由于累积次数有向上累积次数与向下累积次数之分，相应地，它也有向上累积次数曲线和向下累积次数曲线之分。图 9.3 就是根据表 9.2 绘制的一个向上累积次数分布图。

累积次数分布图与次数分布图不同之处有两点：

(1) 纵轴表示的是数据的累积次数而不是每组数据的次数。

(2) 图中各点的横坐标是该组数据的上限，而不是组中点值。

累积次数分布图的一个突出长处在于，一组数据资料，不管分多少组、组距大小如何，这组数据在同一坐标系中的累积曲线的形状不变。

五、常用统计量数

统计图表虽然能直观地反映数据资料，但这只是一种粗略的概括。如果要进一步研究工作对象，就需要对数据资料做进一步的处理，进行数学概括；这就需要根据整理出来的数据，采用科学的方法算出一些概括性的数字指标，也就是统计量数，以描述或说明数据的全貌及其各种特征。这些统计量数在用于反映一个样本的特征时，被称为样本统计量，简称为统计量；统计量一般用英语字母表示。当它们被用于反映总体的特征时，就称为总体参数，简称为参数 (paraneter)；参数一般用希腊字母表示。下面就介绍一些常用的

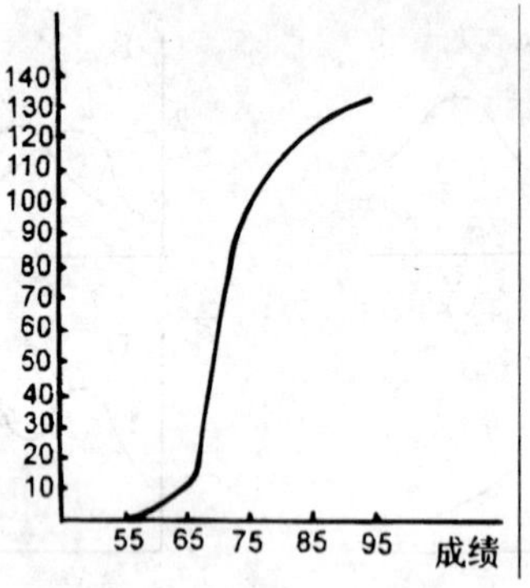

图 9.3　某年级学生成绩分布向上累积次数分布图

统计量数。

（一）集中量数

1. 什么叫集中量数

某组数据的集中趋势是指大量数据集中在某一点或其上下的情况。例如，某班 42 名学生的身高数据有一半以上居于 102 厘米～105 厘米之间，他们的身高的平均数是 103.5 厘米；这些都说明该班学生的身高数据呈现出居于 103.5 厘米上下的集中趋势。描述集中趋势的统计量数叫做集中量数。

集中量数的作用主要是：

（1）代表一群数据的典型情况。集中量数是一群数据的代表数值，可以用来说明这一群数据整体的某一方面的特征。例如，用平均分来反映某班学生某学科测试成绩的总体状况。

（2）用于进行不同样本或总体之间的比较。利用集中量数，我们可以对不同样本或总体的某一方面的特征进行对比分析。如：甲、乙两个平行班的某次数学考试成绩平均分分别是 89 分和 79 分，我们就可以知道甲班学生的数学成绩在总体上比乙班学生的数学成绩要好。

集中量数主要有算术平均数、中数、众数和几何平均数这几种。

中数又称中位数，它是指把一组数据的次数分布正好区分为相等的两部分的数，也可以理解为按大小排列一组数据时居于正中间的那个数。

在一组数据中出现次数最多的一个数值就称为众数。例如，在某班 45 名学生的某次数学考试成绩中，得 88 分者人数最多，则 88 是由该班此次数学考试分数组成的这组数据的众数。

2. 算术平均数

算术平均数（meah）是指一组数据的总和除以数据个数（即总次数）所得的商。算术平均数又可简称为平均数或均数。算术平均数的代表符号是 $\bar{x}$（读作 x 杠或 x 拔）。算术平均数具体计算方法主要有如下三种。

（1）未分组数据。

如果一组数据的个数不多，而且没有分类归集，可以用下面的公式计算算术平均数。

$$\bar{x}=\frac{x_1+x_2+x_3+\cdots+x_n}{n}=\frac{\sum x_i}{n} \qquad \text{（公式 9.1）}$$

式中，$\bar{x}$ 表示算术平均数；

n 表示数据的个数；

x_1，x_2，$x_3 \cdots x_n$ 表示各个数据的值；

$\sum x_i$ 表示所有数据 $x_1, x_2, x_3 \cdots x_n$ 的总和，也称连加和。

（2）分组数据。

如果数据已经分组归集，并编制了次数分布表，那么各组的数据都以该组的组中点值为代表（用符号 x_c 表示），其计算公式是：

$$\bar{x}=\frac{\sum f \cdot x_c}{\sum f}=\frac{\sum f \cdot x_c}{n}, \qquad \text{（公式 9.2）}$$

式中，x_c 表示组中点值；

f 表示各组的次数；

$n=\sum f$ 是总次数。

本公式的举例参见例 9.1。

（3）加权平均数。

如果在一群数据中，不同的数据或不同组的数据在计算样本或总体的平均数时的重要性不同，那么在计算平均数时必须对它们有所区分。一种常用的办法就是给具有不同重要性的数据分别赋予不同的比重（也称权数），然后求和，这样求得的平均数就是加权平均数。例如，对中小学生进行品德评价时，可以让教师、学生本人、学生所在小组和学生家长分别打分，然后给这四个分数分别赋予不同的权数，再求出加权平均数。其计算方法是：

某学生品德评价分＝教师评分×40％＋学生自评分×20％＋小组评分×20％＋家长评分×20％

由此例我们可看出求加权平均数的一个公式：

$$\bar{x}=a_1x_1+a_2x_2+a_3x_3+\cdots+a_nx_n,\qquad（公式 9.3）$$

式中，a_1，a_2，$a_3\cdots a_n$ 表示权重系数，且 $0<a<1$，$\sum a_i=1$；x_1，x_2，$x_3\cdots x_n$ 表示各数据值。

（二）差异量数

1. 什么叫差异量数

次数分布的另一特征就是离中趋势，也就是数据的离散程度。有时两组数据的某些集中量数相同，但这并不意味着它们的离散程度相同。例如，两个平行班某次考试的平均分相等，但一个班的学生考试分数比较整齐，高分与低分的差别不是特别大，而另一个班的学生考试成绩却悬殊很大，高分特别高，低分却特别低。这就说明两个班学生的学习成绩分布情况有明显的差异，差异就在于第一个班学生考试分数比较集中，而第二个班的学生考试分数比较分散。这种差异就可以用差异量数来表示和说明。

差异量数就是描述一组数据的离中趋势的量数。常用的差异量数有：方差和标准差、全距、平均差。

全距就是一组数据中最大值与最小值的差。它能表示数据分布两端的差异。

平均差就是各数据与平均数的差的绝对值的总和除以数据总次数所得的商。它能反映全部数据的差异情况，是一种较完善的差异量数。但是，由于平均差是采用绝对值计算出来的，不适合用代数方法进行处理，所以在应用上受到局限。

2. 方差和标准差

将各数据与平均数的差加以平方，然后求和，再除以数据总次数，最后所得的商被称为“方差”，符号是 s^2 或 σ^2，它也是一种差异量数。方差的平方根就是“标准差（standard deviation）”，其符号是 s 或 σ。标准差是一种用途最广、作用最大而且确实更为优越的差异量数。

如果一群数据没有分组，可根据定义直接运用下面的公式求该群数据的方差和标准差。

$$\sigma^2=\frac{\sum(x_i-\overline{x})^2}{n}=\frac{\sum x^2}{n}, \quad \text{（公式 9. 4）}$$

$$\sigma=\sqrt{\sigma^2}=\sqrt{\frac{\sum(x_i-\overline{x})^2}{n}}=\sqrt{\frac{\sum x^2}{n}}, \quad \text{（公式 9. 5）}$$

式中，x 表示各数据与平均数的差；

n 表示数据总次数。

如果数据没有分组归类，而总次数又较多，平均数又不是整数，要根据上面两个公式进行计算，确实很麻烦。此时，可采用下面两个公式从原始数据直接求方差。

$$\sigma^2=\frac{n\sum x_i^2-(\sum x_i)^2}{n^2}。 \quad \text{（公式 9. 6）}$$

如果数据已经分组归集成次数分布表，则可用下述公式求方差。

$$\sigma^2=\frac{\sum f(x_c-\overline{x})^2}{n}=\frac{\sum fx^2}{n}。 \quad \text{（公式 9. 7）}$$

式中，f 表示各组数据的次数；

x_c 表示各组组中点值；

其余字母意义同前。

例 9.1 下面是某班学生某次考试成绩，求其方差和标准差。

表 9.3　某班学生某次考试成绩统计表

组别	组中点	f	x	x^2	fx^2
90～100	95	19	10	100	1900
80～89	85	17	0	0	0
70～79	75	10	－10	100	1000
60～69	65	3	－20	400	1200
50～59	55	1	－30	900	900

①先据公式 9. 2 求出全班成绩平均数

$$\overline{x}=\frac{\sum f\cdot x_c}{n}$$

$$=(55\times1+65\times3+75\times10+85\times17+95\times19)/(1+3+10+17+19)$$

$$=(55+195+750+1445+1805)/50$$

$$=4250/50$$

$$=85。$$

②求各组组中点与平均数的差的 x［即 $x_c-\overline{x}$)］的平方和各组次数与 x^2 的乘积；

③再据公式 9. 7 计算方差和标准差。

$$\sigma^2=\frac{\sum fx^2}{n}=\frac{(900+1200+1000+0+1900)}{50}=\frac{5000}{50}=100,$$

$$\sigma=\sqrt{\frac{\sum fx^2}{N}}=\sqrt{100}=10。$$

（三）地位量数

1. 什么叫地位量数

前面介绍的集中量数和差异量数都是描述样本或总体的整体特征的量数；而地位量数则是描述单个数据在样本或总体中的地位的。也就是说，通过一个数据的地位量数，我们可以知道它在样本或总体中居于什么地位。常用到的地位量数主要有标准分数、名次和百分等级。

2. 标准分数

首先，我们分析一个例子。下面是两组学生某次测试的成绩数据。

A 组成绩：60，75，80，85，90；

B 组成绩：60，65，70，95，100。

在这两组数据中，$\overline{x}_A=\overline{x}_B=78$，$\sigma_A=10.30$，$\sigma_B=16.31$。分数 60 在两组数据中与平均数的差都是$-18$，但由于 $\sigma_A<\sigma_B$，60 分与平均数的差距在 A 组数据中比在 B 组中更为明显，因为 A 组数据的标准差更小，说明 A 组数据比较集中，所以-18 的差距相对来说就显得比较明显，而在 B 组数据中则相反。这可以由两组数据与平均数的差距看出。A 组数据与平均数 78 的差距分别是：-18，-3，$+2$，$+7$，$+12$；B 组数据与平均数 78 的差距分别是：-18，-13，-8，$+17$，$+22$。

为了将一个数据在其所属组中的实际地位表示得更清楚些，我们有必要运用标准分数。标准分数 *standard score*（用 Z 表示，因此也称为 Z 分数）是一个数据与它所在的样本或总体数据群的平均数的差除以该群数据的标准差所得的商。定义公式是：

$$Z=\frac{x-\overline{x}}{\sigma},\qquad \text{（公式 9.8）}$$

式中，Z 表示标准分数；

x 表示某一个数据的数值；

$\overline{x}$ 表示该群数据的算术平均数；

σ 表示该群数据的标准差。

根据标准分数，我们可以知道某个数据在其所属的数据群中居于什么地位。例如，在上面所提到的两组数据中，60 在 A 组的标准分数与在 B 组的标准分数分别是：

$$Z_A=\frac{60-78}{10.30}=\frac{-18}{10.30}=-1.7476,$$

$$Z_B=\frac{60-78}{16.31}=\frac{-18}{16.31}=-1.1036。$$

两个标准分数都是负数，这说明 60 在两组数据中都处于平均数之下。而 Z_A 的绝对值大于 Z_B 的绝对值，这又说明 60 在 A 组数据中与平均数的差距比在 B 组数据中更大。

一个学生在不同学科、不同时期的成绩的具体数值常常有变化，例如某学期语文成绩是 90 分，数学成绩是 88 分，我们不便于判断究竟哪一门课的成绩更好；可是，若将这些原始分数转换成标准分数，则我们可以有效地进行比较。比如说，该同学所在班同一学期的语文平均分是 85 分，标准差（σ）是 6；数学平均分是 83 分，标准差（σ）是 5，那么我们可以分别计算出这名学生的语文、数学成绩的标准分数：

$$Z_{语}=\frac{90-85}{6}=\frac{5}{6}=0.83,$$

$$Z_{数}=\frac{88-83}{5}=\frac{5}{5}=1。$$

我们有充分的理由说：(1) 这名学生的两个分数的标准分数都是正数，这说明他的两门课程的成绩是高于班级平均分数之上的；(2) 因为 $|Z_{语}|<|Z_{数}|$，所以他的语文成绩离开平均分的差距要小于他的数学成绩离开平均分的差距，也就是说，他的数学成绩在班上更为突出，因此数学成绩比语文成绩更好。依此类推，对一名乃至更多学生在不同学科、不同学期的成绩都可以这样进行比较。

需要提醒的一点是：在运用标准分数时，要注意正确理解其意义，不能简单地认为它十全十美，甚至可以取代原始分数。实际上，原始分数也是有其作用的。

（四）相关系数

1. 相关、相关散布图和相关系数

(1) 相关。

前面讲到的集中量数、差异量数和地位量数都是说明一种、一组或一群数据的特征的；而在实际的教育工作中，还有很多数据涉及到两个变量之间的关系问题，例如，学生年龄和学习成绩之间的关系、学生年龄与自主意识和自主能力之间的关系、语文成绩和英语成绩之间的关系、学生的学习效果和他的期望值的关系、学生的学习状况和家长文化素质之间的关系，等等。这些变量可以成对地测量到，因而被称为双变量，即对于一个变量 x 的每一个测定值 x_1，

x_2，x_3…x_n 都可以相应地测量到变量 y 的对应值 y_1，y_2，y_3…y_n。例如，我们可以测量到每个研究对象的年龄，再测量到他的某项学习成绩，于是，我们就可以得到一对对的年龄与成绩的数据，如甲生（10 岁，89 分）、乙生（9 岁，88 分）、丙生（12 岁，89 分）……

两个变量之间的关系，一般有两种情况：函数关系和相关关系。函数关系是指对于一个变量的任一确定数值在另一个变量中都一定有一个确定的数值与之对应，而且这种函数关系可以用一个函数关系式来表明。例如，当某商品的价格一定时，购买这种商品的数量与应付的总价钱之间就是一种函数关系，可以用函数关系式总价＝单价×商品数量来表示。而在相关（Correlation）关系中，一种变量与另一种变量确实有一定的关系，但不一定像在函数关系中那样由一个变量的确定值一定能得到另一个变量的相应的确定值。例如，学生的数学成绩与物理成绩之间有一定的关系，一般地说，数学成绩好的学生物理成绩也比较好，但这并不是绝对的，也有可能有的学生数学成绩好但物理成绩较差。

（2）相关系数。

相关系数（Correlation coefficient）是描述两个变量之间相关关系的一种量数，用符号 ρ 或 r 表示。

相关系数有两个性质：

①有界性

不管用什么方法进行计算，相关系数的取值范围一定是 $[-1, 1]$，即 $-1\leqslant r\leqslant 1$。r 的绝对值的大小表示相关程度的大小，见表 9.4。

表 9.4　相关系数绝对值大小的不同意义

r 的绝对值的取值范围	意义
0.00～0.19	极低相关
0.20～0.39	低相关
0.40～0.69	中度相关
0.70～0.89	高度相关
0.90～1.00	极高相关

②方向性

两个变量之间相关关系的性质可以由其符号反映出来，即

$r>0$，正相关，即两个变量的变化趋势相同；

$r<0$，负相关，即两个变量的变化趋势相反；

$r=0$，零相关，即两个变量的变化趋势没有一定规律。

2. 相关系数的计算方法

（1）积差相关系数。

$$r=\frac{\sum xy}{N\sigma_X\sigma_Y},\qquad（公式 9.9）$$

式中，r 表示相关系数；

x，y 表示具体的变量数值与其所在数据组的平均数的差；

N 表示成对数据的个数；

σ_X，σ_Y 表示两组变量的标准差。

若直接从原始数据求相关系数，可用下面的公式。

$$r=\frac{N\sum XY-(\sum X)(\sum Y)}{\sqrt{N\sum X^2-(\sum X)^2}\sqrt{N\sum Y^2-(\sum Y)^2}},\qquad（公式 9.10）$$

式中，X，Y 均表示具体的变量数值。

计算相关系数的过程比较复杂。如果运用现在已较常见的函数型计算器（如CASIO－3800P，CASIO－3600PV），我们就可以将需要求相关系数的数据成对地输入并按求相关系数的键（如 SHIFT，r），然后在显示屏上读取相关系数。很多数据处理工作也可以由这种计算器完成；如果运用高级的计算机软件（如 SPSS），则可以更方便地处理很多数据了。

（2）等级相关系数。

在教育实践中，还有很多场合我们得到的具体数据属于顺序变量（又称等级变量），如有的智力测验成绩使用 1，2，3，4，5 表示其分数，这其实是一种等级变量；再如，我们对一节课可以用优、良、中、差来评价，其实也可以分别赋值为 4，3，2，1，这也是等级变量。在成对

的变量中有一个或两个是等级变量时，要求它们的相关系数就可用等级相关系数公式。等级相关系数用 r_ρ 表示。

$$r_\rho=1-\frac{6\sum D^2}{N\ (N^2-1)},\qquad\text{（公式 9.11）}$$

式中：r_ρ 表示等级相关系数；

D 表示每个具体的成对数据的等级之差；

N 表示具体的成对数据的个数。

例 9.2 某组 10 名学生的语文成绩与其学习主动性的等级（得分值越小，主动性越强）如下表，求两变量的相关系数。

表 9.5　10 名学生的语文成绩与其学习主动性的等级统计表

学号	语文成绩（X）	等级	学习主动性（Y）	等级	等级差数（D）	差数的平方
01	98	1	2	4	−3	9
02	96	2	1	1.5	0.5	0.25
03	93	3	1	1.5	1.5	2.25
04	88	4	2	4	0	0
05	85	5	3	6.5	−1.5	2.25
06	80	7	2	4	3	9
07	80	7	3	5.5	1.5	2.25
08	80	7	4	8.5	−1.5	2.25
09	75	9	4	8.5	0.5	0.25
10	72	10	5	10	0	0
合计						27.5

$$r_\rho=1-\frac{6\sum D^2}{N\ (N^2-1)}=1-\frac{6\times 27.5}{10\times\ (10^2-1)}=1-0.1667=0.8333。$$

这里需要说明的是对变量赋予等级的方法。在分别将两个变量从好到差赋予等级时，方向要一致，即从 1 到 N（本例中 $N=10$）。其中最难的是对相同的值赋予等级；这时要用它们所占等级位置的平均数赋予等级，如上例中三个 80 分应占住第 6，7，8 三个等级，这里就用 6，7，8 的平均数 7 作为它们的等级。后面“学习主动性”中的两个 4 也是如此赋值为 8.5。

第二节　研究数据的推断统计方法

在实际的教育研究工作中，我们常常要对一些理论和假设进行实践检验；但这种检验又往往难以在全体研究对象中进行，所以只能经过抽样等技术对部分研究对象（样本）进行直接检验，然后对在这部分对象中进行的检验情况（即研究所取得的资料）进行分析、整理，最后推断这些由部分研究对象而得出的结论能否代表全部研究对象（总体）的情况；也就是根据样本中所包含的信息去推断总体的情况。系统的推断统计方法（*Inferential statics*）为理论和假设的科学检验提供了实用的、量化的、有充分科学依据的手段，它们是实践检验不可缺少的工具。常用的推断统计方法有：差异的显著性检验、列联表分析、方差分析，限于篇幅和学习的需要，下面我们就较具体地解释一下常用的差异显著性检验和 χ^2（读作卡方）检验的方法。

一、抽样方法

（一）概率

在科学研究中，人们把一个事物或一种行为的出现称为一个“事件”。在人们所知的许多事件中，有些是必然会发生的或必然不会发生的。例如，任何生物都会最终死去，这是必然会发生的事，可称为必然事件；有人长生不死，这是不可能发生的事，可称为不可能事件。大量存在的是在一定条件下可能发生也可能不会发生的事件；如某人参加考试，成绩可能是得 90 分，也可能不是 90 分；这种事件就称为随机事件。

概率（Probability）又称“或然率”，它是表示随机事件发生的可能性大小的一个数。我们可以把概率理解为一个随机事件在由可能发生的同类事件组成的总体中出现的比率。

不过这种理论上推理出的“或然率”或“概率”无法直接得到，

而只能经过具体的试验来估计。在一次试验中，随机事件是否发生，人们不能预先知道；但是随机事件发生的可能性是有大小之分的。例如，平时成绩总在90分以上的学生在某次考试中得到90分以上的成绩的可能性，就比平时成绩总在70分以下的学生要大得多。人们往往通过试验来研究这种可能性大小的规律。例如，取一枚硬币，“正面朝上”这种事件发生的可能性是多大？有人做了试验，其结果是：

表9.6　投掷硬币试验结果统计表

试验编号	投币次数（n）	正面出现的次数（m）	正面出现的频率（m/n）
1	2048	1061	0.518
2	4040	2048	0.5069
3	12000	6019	0.5016
4	24000	12012	0.5005

在具体的实际情况中，如果已有n次这种试验，其中某种事件出现了m次，我们就把$m:n$的比值（m/n）称为这个事件出现的相对频数（频率）；如果试验次数n无限增大，则此时该事件出现的次数m与n之间的比值m/n的极限就趋向于接近一个常数P。我们就用P表示这种事件出现的概率，也就是说，概率是当试验次数趋于无限大时，随机事件出现的相对频数的极限值。其公式是：

$$P=\lim_{n\to\infty}\frac{m}{n}。\qquad（公式9.12）$$

经过大量试验，人们认识到投掷硬币时正面出现的概率是0.5（50%），即有一半的可能性。

人们在长期的研究活动中已经认识到概率的如下三个性质：

1. 任何随机事件A的概率都是小于或等于1而大于或等于0的正数，即：$0\leqslant P(A)\leqslant 1$。

2. 不可能事件的概率等于零。

3. 必然事件的概率等于1。

（二）样本和总体

如上所述，很多研究因种种原因不能对所有研究对象进行考察，这就需要从所有研究对象（总体）中选取一些有代表性的、典型的对象（样本）。在教育研究中，总体（Population）是指由研究目的所决定的、一切按特定特征所描述的人物或行为反应的集合；它可以是教师、学生等不同类别的人，也可以是人的行为表现或其他特征。样本（Sample），也叫子样，是指从总体中抽取的用以进行调查研究的一部分研究对象，也包括人物或行为反应。例如，我们想研究某地区1998年所有一年级新生的素质情况，可因为人力、物力和财力的限制，我们不可能对研究的总体——这个地区全部的一年级新生进行调查研究，于是我们采用一定的抽样方法从总体中抽取一部分一年级新生组成研究的样本；然后对样本进行研究，并通过推断统计的方法作出关于总体的研究结论。

（三）抽样误差和抽样偏差

我们从总体中抽取的样本只能是总体的一部分，所以，样本不会与总体完全一样。即使样本的某些数据或特征与相对应的总体的数据或特征相等或相同，那也并不等于样本与总体是各方面完全相同的。这样，在选取一个样本时，它与总体之间一定存在着差异。

样本与总体的差异分为两种情况：抽样误差和抽样偏差。尽管这两个术语的意义完全不同，但有时仍易被混淆。

抽样误差是指由于随机波动所致的、不可避免的、在任何抽样中都可能产生的样本与总体的差异。运用统计分析的方法，我们能够获得一个抽样误差的估计值；一般地，随着样本容量的增加，由随机波动而产生的抽样误差会逐渐减少。

抽样偏差则是在选取的一个样本未能代表它所来自的总体时产生的样本与总体之间的差异。抽样偏差不是由于随机波动而产生的，因而并非不可避免的。

抽样偏差主要有工作误差和样本代表性误差两种。工作误差是指在抽样、研究和统计处理过程中，由于工作上的疏忽或失误而造成的误差。要控制工作误差，就要认真地根据科学方法来组织抽样研究工作。

样本代表性误差是指在选取样本时以及在将由研究样本而取得的结论进行总体推断时产生的误差，即样本本身没有有效地代表总体或由样本特征推断总体特征时不够科学。要控制样本代表性误差，就必须选取足够的样本、采用科学的方法选取在要研究的特征方面有代表性的样本。至于说样本数究竟应该是多少，这主要取决于总体的性质和研究的目的。如果研究的总体本来就不多（如全校在各种竞赛活动中获得奖励的学生），就可以直接研究总体而不必抽样；但若一项研究涉及的总体较大并且要求进行统计处理，则抽样个数不能少于30，有的学者甚至还认为样本数不能少于100。在确定样本容量时至少要考虑到两个方面：

（1）在具体研究过程，包括相应的统计处理过程中，抽取的样本单位可能会继续分解，如：有特长的学生→在具体某一方面有特长的学生→在具体某一方面的特长熟练程度不同的学生。这样，要保证每一类型的总体特征得到研究，就必须保证足够的样本容量。

（2）理论上预期的样本单位数量与实际的样本单位数量往往有所不同，例如因为调查对象不配合、合作能力有限或中途调离、上交无效问卷等而使实际样本数量减少。

我们强调样本容量必须足够大，并不等于说样本容量越大越好；这不仅因为大容量样本在抽取时会遇到很多实际困难，也因为过大的样本数量使得研究工作量和工作难度增大，从而降低了研究效率。此外，有的研究项目不需要很多的样本。所以，我们应该做到的是：选好能足够代表总体的样本并通过对样本的研究而对总体特征进行研究。

（四）概率抽样

抽样方法有概率抽样与非概率抽样两大类。这里首先讨论概率抽样的方法。

概率抽样是用以抽取概率样本的方法，其最大特点是：每个研究对象（抽样单位、个体）被选择的概率是已知的。概率抽样又可具体分为如下几种。

1. 随机抽样

随机抽样就是指在抽取样本时，总体中的每一个个体都有相等的被抽取的机会，而且每个个体的选择与其他个体的选择之间没有必然联系，也就是说，每个样本个体都是被独立地抽取的。

为了达到随机抽样的目的，人们一般采用如下方法：

(1) 将总体中的每个个体都编上序号，也可以采用原有的编号；如一个年级的 200 名学生分别编号为 1～200。

(2) 在随机数码表中随机地选择一行或一列开始，根据需要选择若干行、若干列，然后在每一个具体的随机数码中按同一标准（如都选前三位、或者都选后两位）选取符合要求的（即其数值在欲选取的样本的数目范围之内的）序号。

(3) 根据已选出的序号挑选样本。

随机抽样的优点是每个个体的被选择不受抽样者的偏见影响，并且能由总体的平均值和标准差而算出抽样误差的平均值（即后面要讲到的抽样分布的标准误 SE）。随机抽样的弱点就在于对于一个大样本或总体范围很大的抽样调查项目，其工作量相当大。目前人们已运用计算机进行抽样以克服随机抽样的这个弱点。

2. 系统抽样

为了简化随机抽样过程，特别是大样本随机抽样过程，人们设计了系统抽样的方法。系统抽样 (Egchematic sampling)，也可称等距抽样或机械抽样，是指将总体中的所有单位或个体按一定的顺序排列起来，然后每隔一定个数等距离地抽取样本的一种抽样方法。例如，我们要从 1500 个学生中随机抽取 100 个组成样本，就可以确定每隔 15 个个体抽取一个学生。此时，可运用公式求出间距常数，如 $K=N/n=1500/100=15$，式中 K 表示系统抽样所需的间距常数，N 表示已知总体或抽样范围的个体的数目，n 则表示我们预期的样本容量。在实际工作中，若算出的 K 值不是整数，可以取较接近 K 值的一个整数。

运用系统抽样方法时，除了可将总体按直线顺序进行排列外，还可将总体或抽样范围所有的 N 个个体排成一个圆圈，并随机抽取一个个体作为起点。后一种方法也被称为圆圈系统抽样方法。

3. 分层随机抽样

分层随机抽样 (Stratilied randam sampling) 也称分层抽样或类

型抽样。当总体是由大小不同或层次不同的小组构成时，若采用随机抽样就不能保证各小组得到同等的被选择的机会，此时可采用分层抽样方法。分层抽样就是指首先按某种特征将总体分成不同的层次或小组，然后在每个层次或小组中再随机抽样的方法。

这里对总体分层的主要目的是把总体中特征相近的个体集合在一起，以使不同层次之间的差别更为明显，同时使同一层次内各个个体的特征更为集中，从而增加各层样本的代表性，所以，分层是一个关键的步骤。为此，要注意三点：

（1）分层必须要有明确的标准。标准可以是一个，也可以是两个或两个以上。

（2）要知道各层中的个体数目及比例。

（3）分层不宜过多。

例如，我们要调查某校学生的消费情况，就可以首先将全校学生按年级分成六个组，然后再在每个年级中进行随机抽样。这样抽取的样本就可以更好地代表全校学生这个总体了。

当然，在分层抽样时还必须解决各小组抽取的样本究竟应该在最后形成的代表总体的样本中占多大比例的问题，也可以说，各小组所选的样本究竟应有多少个名额。这可以通过求出每个小组在总体中所占的比例来解决。如上例中，五年级学生占全校学生总数的十分之三，那么五年级所选的样本数也应占全部样本数的十分之三。

4. 整群抽样

整群抽样（Cluster samphling）也称区域抽样、聚类抽样或成组抽样。它是指成群或成组地抽取样本单位或个体的一种抽样方法；也就是说，它把总体中的群体而不是个体作为抽样单位进行随机抽样，然后把抽取的群体中的全部个体作为样本个体。

整群抽样通常用于抽样单位（群体）本身就是抽样分子，而且实际上不可能确定抽样范围的情况。例如，我们想调查一个县的适龄儿童入学情况，若首先确定一个包括该县所有适龄儿童的名单，显然不太容易；这时可采用整群抽样的方法，随机选取该县一些乡或村作为抽取的群体单位，再对这些乡（村）的适龄儿童进行调查。

整群抽样又可分为单阶段整群抽样、两阶段整群抽样和多阶段整群抽样。例如，两阶段整群抽样就是总体已划分为若干个一阶单位，每个一阶单位又再划分为若干个二阶单位；先从总体中随机抽取一部分一阶单位，然后从抽取的一阶单位中随机抽取一部分二阶单位。

（五）非概率抽样

与概率抽样相对，在非概率抽样中每个抽样单位被选择的概率是未知的，它常常被用于规模较小的教育研究中。

非概率抽样没有概率抽样那样的复杂程序，可以直接利用手边的甚至是偶然得到的抽样单位或抽样分子，因而其优点就在于简单易行、节约开支；其主要缺点在于选取的样本的代表性难以确定，其次误差难以有效地控制也难以估计，因此，其结果不便于作推广性的一般化和普遍化处理。

非概率抽样有其特定的有效使用范围，即研究者不打算对此阶段的研究结果作普遍化的推论，例如，所进行的研究只是一项更大规模、更正规研究的模拟试验。

非概率抽样主要有如下几种具体的抽样技术：

1. 方便抽样

方便抽样的全称是方便或偶遇抽样，它是一种只抽取对研究者来说最为简单方便的那一小部分研究对象作为样本的抽样方法。由此得到的样本称为方便样本或简便样本。例如，一名教师要了解学生在家中承担家务劳动的情况，他可以选取邻居、同事、朋友等家中的学生作为样本。

2. 定额抽样

定额抽样又称限额抽样。它其实是非概率分层抽样。运用这种方法时，也要对研究对象总体进行分层（组），并确定每层（组）样本在其所在总体中的比例；然后再根据这个比例确定各层（组）样本的名额，抽取样本。例如：某教师要了解全班学生的兴趣爱好，他可以先根据性别将学生分成男女两组，再根据他们在全班所占的比例（如男生 55%，女生 45%）确定样本中男女生的名额，如样本为 20 人，则可根据比例确定男生 11 人，女生 9 人。

定额抽样能以更低的代价利用分层抽样的优点，但在定额抽样中抽样者的判断或个人倾向往往决定着抽样的成败，如在上例中教师有可能选取较为外向的学生。

3．维度抽样

维度抽样就是根据研究目的对研究对象总体的有关特征（即变量或维度）作具体分析、组合，然后根据这些不同组合的类型而确定抽样范围，并抽取样本。它是定额抽样的一种形式。若一项研究只需要小样本，且研究对象的特征变量有不同组合类型，就可采用维度抽样的方法，从而有代表性地体现总体的特征。例如，我们想调查学生学习态度状况，可将学生学习态度的特征从两个维度进行分析：(1) 学习态度的认真程度；(2) 学习态度是否长期起作用。这两个维度就可组合成四种情况：认真且长期起作用，认真但不能长期起作用，不够认真且长期如此，不够认真但并非长期如此。这四种组合情况可以在一个较小的样本中得到全面的体现。

4．定标抽样

定标抽样又称有目的抽样、依意抽样、鉴定抽样或判断抽样。它是根据研究者对所要选取的抽样单位的了解和判断而进行抽样的方法。定标抽样主要用于总体无法确定分界标准、时间和设备等资源有限或由于伦理原因而不便做随机抽样的情况。例如，为了调查学生间的人际交往状况，我们可以选取一些表现较为典型的学生作为研究对象，包括比较外向与比较内向的学生。

其优点是研究者可运用已有知识技能和抽样经验去选取抽样单位；若研究者对研究目的、内容和对象有足够的了解，就可得到有足够代表性的样本。与此相随的是，虽然定标抽样不是随意进行的，但研究者的主观因素仍会影响抽样误差，因而运用定标抽样常常要冒很大风险。

5．“滚雪球”抽样

“滚雪球”抽样又称网络抽样、雪球抽样、滚雪抽样。它是指这样一种抽样方法：研究者首先通过某种方法找到一些研究对象（即被选择的个体），然后通过这些最初被选取的对象寻找到更多研究对象（个体）。

例如，我们要调查在小学任教的男教师对所从事的工作的态度，就可运用“滚雪球”抽样方法。首先找到并调查第一批小学男教师，然后通过他们的介绍找到并调查更多的小学男教师，如此循环下去，可得到越来越多的调查对象以满足研究工作的需要。

需要强调的是：上面介绍的概率抽样与非概率抽样的多种方法，彼此之间并非相互对立、相互排斥的关系，我们要注意分清它们的特点和适用条件，并在具体的教育研究工作中充分发挥各自的作用，有时还可以同时使用或交替使用它们，以达到研究目的。

二、平均数差异的显著性检验

在教育实践中，我们常常面临这样几种情况：

例 9.3　某校在某年级尝试进行一种新的教学方法实验。一轮实验之后，他们得到了如下数据资料：

①该校这个年级（五年级）有 5 名学生参加一次竞赛，分数分别是 85，87，78，92，88。该校所在区同年级学生参加同次数学竞赛的成绩呈正态分布，人均分是 78 分。

②在一次全区调考中，全区五年级学生的数学考试平均成绩是 87.5 分，标准差为 14.6；其中该校五年级 169 名学生的数学考试平均成绩是 92.5 分。

③这所学校的实验班 50 人本学年多科人均分为 92 分，标准差为 7；而对比班学生 50 人同次考试多科人均分为 86 分，标准差为 8。

现在我们知道，这个实验年级或实验班的学生成绩比同类学生的成绩高；但是我们需要再问一下：从教育科学研究的角度看，这个实验年级或实验班的学生成绩与同类学生的成绩的差别究竟是在正常的分数波动范围之内（因为任何学生在考试中的分数不可能每次都是同样的，也就是说，在正常情况下，学生的考试成绩仍存在着上下波动的情况），还是在此范围之外？用专业术语说，这个问题就是：这个实验年级或实验班的学生成绩与同类学生的成绩之间究竟是否有显著的差异？

上述三种情况，正好适合采用我们下面要讨论的“平均数差异的显著性检验”的三种方法。

1. 在第①种情况中，我们知道：

(1) 这 5 名学生的成绩作为一个样本，其样本容量 $N=5$，这显然是一个小样本。

（2）与之对比的全区同年级学生的成绩这个总体，呈正态分布。正态分布也称“常态分布”。是随机变量函数即统计量的一种非常重要的、应用最广的分布。在教育领域中很多生理、心理现象和教育现象如智力水平、身高、体重、学习成绩、运动技能等都不同程度地接近正态分布。我们平常观察了解到的“某个班或某年级学生的成绩一般是极高分和极低分都比较少，大多数是中间的分数”；“成绩靠近平均分的人最多”这类现象，其实和正态分布有很多相合之处，甚至就是正态分布的一种原始形态（可查阅有关统计学课本）。

（3）这是将样本与其所来自的总体进行比较，因此只涉及一个总体，即单总体。

在这种情形中，我们可以采用“平均数的单总体 t 检验”进行讨论。其步骤是：

①建立虚无假设：$H_0: \mu=\mu_0$（即假设这 5 名学生的成绩与全区同年级学生的成绩没有显著差别。）

②计算 t 值

$$\overline{X}=(85+87+78+92+88)/5=86,$$

$$S=\sqrt{\sum x_i/(n-1)}=5.15,$$

$$t=\frac{\overline{X}-\mu_0}{S/\sqrt{n}}=\frac{86-78}{5.15/\sqrt{5}}=3.44。\qquad（公式 9.13）$$

式中，$\overline{X}$ 表示已知样本的平均数；

μ_0 表示总体的平均数；

S 表示样本标准差，即 $S=\sqrt{\sum x_i/(n-1)}$（计算小样本标准差的公式）；

n 表示已知样本的容量。

③确定显著性水平 $\alpha=0.05$，自由度 $df=n-1=5-1=4$，查 t 分布表，得临界值 $t_{0.05(4)}=2.776$。

表 9.7　t 分布表（部分）

α / df	0.9　0.8…　　　0.1　0.05　0.02　0.01　0.001	α / df
1	……	1
2	……	2
3	……	3
4	……2.776……	4
⋮	……	⋮
30	……	30
⋮	……	⋮
120	……	120
∞	……	∞

④作出统计推断：如果$|t|>t\alpha$（df），则拒绝虚无假设 H_0；如果$|t|<t\alpha$（df），则接受虚无假设 H_0。

本例中，因为$|t|>t_{0.05(4)}=2.776$（这说明出现这种情况的概率低于 5%），所以拒绝虚无假设 H_0，即认为实验班学生与全年级学生数学竞赛成绩有显著差异。

在样本容量较小（$n<30$ 或 $n<50$）时，统计假设检验必须利用 t 检验的方法。例如，很多地方已实施小班化教学，相应地开展的教育科研就有很多场合需要用到 t 检验。所以，在具体进行平均数的差异显著性检验时，一定要注意根据适用条件正确选择 Z 检验或 t 检验的方法。

2. 在第②种情形中，我们知道：

实验年级学生成绩这个样本是与全区学生成绩这个总体进行比较；这个总体的分布形式未知，但该样本容量 $N=169$，是一个大样本，可以采用"平均数的单总体 Z 检验"的方法进行讨论。其步骤是：

(1) 建立虚无假设：$H_0：\mu=\mu_0$（即假设这个年级的学生成绩与全区同年级学生成绩没有显著差别）。

(2) 计算 Z 值

$$
\begin{aligned}
Z &= \frac{\overline{X}-\mu_0}{SE_{\overline{X}}}=\frac{\overline{X}-\mu_0}{\sigma/\sqrt{n}} \\
&= \frac{92.5-87.5}{14.6/\sqrt{169}} \\
&= 5/(14.6/13) \\
&= 5/1.1231 \\
&= 4.452,
\end{aligned}
$$

式中，$\overline{X}$ 表示已知样本的平均数；

μ_0 和 σ 分别表示总体的平均数和标准差；

n 表示已知样本容量；

$SE_{\overline{X}}$表示样本平均数的抽样分布的标准误（差），它等于总体标准差除以样本容量的平方根。

（3）确定显著性水平 $\alpha=0.01$，查标准正态分布表，得临界值 $Z_{0.01}=2.58$。

表 9.8　标准正态分布表（部分）

Z (μ)	0.00	0.01	0.02	0.03	0.04	0.05…	0.08	0.09	Z (μ)
−0.0					…				−0.0
−0.1					…				−0.1
−0.2					…				−0.2
⋮					…				⋮
−4.9					…				−4.9
0.0					…				−0.0
0.1					…				−0.1
⋮					…				⋮
2.5					…		0.99506…		−2.5
⋮					…				⋮
4.9					…				−4.9

[表中的 0.99506 表示在正态分布中，有 99.506%（0.99506）的数据分布在 Z 值为 2.58 的数据之下；因此只有（1−0.99506）×2

≈0.01=1%的数据的 Z 值的绝对值在 2.58 之外，包括 $Z>2.58$ 和 $Z<-2.58$ 两种情况。这可以理解为：要得到绝对值比 2.58 还大的 Z 分数，这只有 1%的概率。]

（4）作出统计推断：如果 $|Z|>Z\alpha$，则拒绝虚无假设 H_0；如果 $|Z|<Z\alpha$，则接受虚无假设 H_0。

本例中，因为 $|Z|>Z_{0.01}$（这说明出现了概率低于 1%的情况），所以，拒绝虚无假设 H_0，即认为该校参加这项教法实验的五年级学生语文毕业考试成绩平均分（92.5 分）与该区五年级学生成绩所代表的全体同年级学生成绩这个总体的平均数（以 87.5 分为代表）有显著差异。

要注意的是：如果样本来自正态分布的总体，且总体标准差 σ 已知。此时，不论样本容量多大，都可运用平均数的单总体 Z 检验方法进行检验。

在实际工作中，如果我们要检验作为样本的一个班、一个年级、一个学校某年级或各年级学生的成绩或某个方面的特征数据（如身高、体重）的平均数在它同一层次的更大范围内（如一区、一县或一省、一市的同一年级）是否明显地高或低，只要符合上述两个条件之一，就可以采用平均数的单总体 Z 检验方法进行检验。

3. 在第③种情形中，两个样本容量 $n_1=n_2=50$，说明两个样本都不是小样本；且两班分数的取得相互不受影响，是两个独立的大样本，可用“平均数的双总体 Z 检验”进行讨论。其步骤是：

（1）建立虚无假设：$H_0: \mu=\mu_0$（即假设两班成绩没有显著差异）

（2）计算 Z 值

$$Z=\frac{\overline{X}_1-\overline{X}_2}{\sqrt{\frac{S_1^2}{n_1}+\frac{S_2^2}{n_2}}} \qquad \text{（公式 9.14）}$$

$$=\frac{92-86}{1.50}=4.00,$$

式中，$\overline{X}_1$ 与 $\overline{X}_2$ 表示两样本的平均数；

S_1^2 与 S_2^2 分别表示两样本的方差；

n_1 与 n_2 表示两样本的容量。

（3）确定显著性水平 $\alpha=0.01$，查标准正态分布表，得临界值 $Z_{0.01}=2.58$。

（4）作出统计推断：如果 $|Z|>Z\alpha$，则拒绝虚无假设 H_0；如果 $|Z|<Z\alpha$，则接受虚无假设 H_0。

本例中，因为 $|Z|>Z_{0.01}$，所以拒绝虚无假设 H_0，即认为实验班与对比班的成绩有显著差异。

要注意的是：如果两相互独立的样本分别来自已知总体标准差为 σ_1 和 σ_2 的正态分布的总体。此时，不论样本容量是多大，都可以运用平均数的双总体 Z 检验方法进行检验。

如果我们要检验两个平行班或非平行班（如比较二年级实验班与四年级非实验班学生的阅读能力）、两校学生在某项成绩或特征数据上是否有明显的差异，只要符合上述两条件之一，就可以采用平均数的双总体 Z 检验的方法进行检验。

另外有一种平均数差异的显著性检验方法是平均数的双总体 t 检验。与平均数的双总体 Z 检验相比，平均数的双总体 t 检验也是要检验两个样本的平均数 $\overline{X}_1$ 与 $\overline{X}_2$ 的差异是否显著。当待进行平均数差异检验的两个样本的容量较小（$N<30$ 或 $N<50$）时，必须用平均数的双总体 t 检验；这一要求与前面的 t 检验是一致的。

由于平均数的双总体 t 检验涉及的公式和计算方法比较复杂，在此不便展开。如果学习者需要做进一步的了解和运用，可以查阅有关的教育统计学教材或参考书。

在进行平均数差异的显著性检验时，需要特别注意不同方法的适用条件，如样本容量大小和总体的分布形态等。如果读者想更深入地学习和运用这些方法，可以查阅有关的教育统计学教科书。

三、比例差异的显著性检验

比例差异的显著性检验，就是检验教育工作中经常用到的优秀率、合格率等比例之间的差异是否显著。

在实际工作中，我们有时会遇到下面这些情况：

例 9.4　某教师在任教的班级中采用某种教学方法进行教学。一年后，该班 49 名学生在这门课的考试中有 21 人达到 90 分以上。

①其所在区的同年级同学科同次考试 90 分以上学生的比例是 20%。

②对比班 52 名学生在同次考试中有 17 人达到 90 分以上。

③该教师所教的这个班一年前在这门课的考试中有 16 人达到 90 分以上。

问该教师进行这项教法改革对学生成绩是否产生了明显效果？

这三种情况就是我们要讨论的比例差异的显著性检验三种方法所涉及的情况。

1. 第①种情况其实就是这样一种情形：

一个总体（如一县、一区、一市或一省、全国的某类学生、教师及其某项特征数据）中某类个体所占的比例是 π_0，而某个样本（如一校、一班的同类学生、教师及其某项特征数据）中这类个体所占的比例是 P，要对这两个比例的差异显著性进行的检验，就是比例差异的显著性的单总体检验。应该注意，进行比例差异的显著性的单总体检验的条件是：样本容量 n 较大，P 不接近 0 或 1，即 nP 和 $n(1-P)$ 中最小者大于 5。

在本例中，已知总体的比例 $\pi_0=0.2$，样本比例 $P=21/49=3/7=0.429$，$nP=49\times0.429=21$，$n(1-P)=49\times(1-0.429)=28$，$nP$ 和 $n(1-P)$ 中最小者大于 5，所以可以运用比例差异的显著性的单总体检验方法。

(1) 建立虚无假设：$H_0：\pi=\pi_0$（即假设样本比例与总体比例没有显著差异）

(2) 计算 Z 值

$$Z=\frac{P-\pi_0}{\sqrt{\frac{\pi_0(1-\pi_0)}{n}}} \qquad \text{（公式 9.15）}$$

$$=4.01。$$

(3) 确定显著性水平 $\alpha=0.01$，查标准正态分布表，得临界值 $Z_{0.01}=2.58$。

(4) 作出统计推断：因为 $|Z|>Z_{0.01}$，所以拒绝虚无假设 H_0，即认为该教师进行这项教法改革对学生成绩产生了明显效果。

2. 第②种情况与第③种情况就是检验两样本比例 P_1，P_2 的差异是否显著，这就需要进行比例差异的显著性的双总体检验。根据两样本是否相互独立，比例差异的显著性的双总体检验可采用不同的检验方法。

（1）独立的比例差异的显著性的双总体检验

第②种情况就可用这种方法进行讨论。

当虚无假设是两个比例 P_1、P_2 所代表的总体的比例 π_1 和 π_2 无显著差异（即 $\pi_1=\pi_2$）时，运用独立样本的比例差异的显著性的双总体检验的条件是 n_1 和 n_2 都比较大，P_1，P_2 均不接近 0 或 1，即 n_1P_1，n_2P_2，n_1（$1-P_1$），n_2（$1-P_2$）中最小者大于 5。此时，可用 Z 分数检验。公式是：

$$Z=\frac{P_1-P_2}{\sqrt{\bar{p}\,\bar{q}\left(\frac{1}{n_1}+\frac{1}{n_2}\right)}},\qquad \text{（公式 9.16）}$$

式中，

$$\bar{p}=\frac{n_1P_1+n_2P_2}{n_1+n_2},\qquad \text{（公式 9.17）}$$

$$\bar{q}=1-\bar{p}。$$

（2）相关的比例差异的显著性的双总体检验

相关的比例差异的显著性的双总体检验可用于同一组对象前后两次测试结果的比例差异的显著性检验，也可用于配对的两组对象同一次测试结果的比例差异的显著性检验。第③种情况就可用此方法。

表 9.9　某实验班前后测验情况统计表

		第二次考试		
		90 以上	90 以下	合计
第一次考试	90 以上	12（a）	4（b）	16
	90 以下	9（c）	24（d）	33
	合计	21	28	49

其检验公式如下：

$$Z=\frac{b-c}{\sqrt{b+c}}。\qquad\text{(公式 9.18)}$$

公式中，b 代表第一次测验（或第一组结果）中具有某属性而第二次测验（或第二组结果）中不具有该属性的人数；c 代表第一次测验（或第一组结果）中不具有某属性而第二次测验（或第二组结果）中具有该属性的人数。它们的意义可参见表 9.9。

进行比例差异的显著性检验的步骤同上。

四、χ^2 检验

χ^2（读作卡方）检验是一种用途很广的显著性检验方法。运用 χ^2 检验，不受总体分布是否呈正态分布的限制，也不受数据类型的限制；此外，当研究对象或其性质被分成两个以上的类别，不便进行比例差异的显著性检验时，可采用 χ^2 检验法。

χ^2 检验的基本作用是检验实际观察得到的某样本的次数分布情况与有关总体的理论次数是否一致的问题。下面先看一个例子。

例 9.5　某学者进行一次面向七所学校的 134 名学生的问卷调查。他们对"你觉得班上的同学多些好还是少些好？"这一问题回答的结果已登记在下表的左边。问持这三种态度的学生人数是否有显著的差异？（即持这三种态度的学生人数是否真的不相等？）

表 9.10　学生对一个问题的回答结果统计表

选择项	人数（实际次数 f_0）	假设人数（理论次数 fe）	f_0-fe	$(f_0-fe)^2$	$(f_0-fe)^2/fe$
多些好	78	44.7	33.3	1108.89	24.81
差不多	12	44.7	−32.7	1069.29	23.92
少些好	44	44.7	−0.7	0.49	0.01
总和	134	134			47.39

运用 χ^2 检验的思路是：

（1）首先假设持这三种态度的学生人数相等，即没有显著差异。（此即虚无假设）

(2) 然后，看这一假设与实际结果是否吻合。

如果虚无假设成立，则持每种态度者人数均应占总数的 1/3，即假设人数（理论次数）应为 134×1/3=44.7。

(3) 从实际结果看，每种态度的赞成者人数或多于 44.7，或少于 44.7，即与理论次数有偏离。产生这种偏离的原因可能是下面两个中的一个：

①是抽样误差造成了实际次数与理论次数的偏离，因而虚无假设可以成立；

②学生中持这三种态度的人数本来就有很大差异，即虚无假设不能成立。

(4) 如果这些偏离是由第①种原因造成的，那么偏离程度不会超过一定限度；反之，如果这种偏离超过一定限度，以至于用抽样误差无法解释时，我们就要拒绝虚无假设，而认为这三种态度的人数有很大差异。

(5) 为此，我们利用 χ^2 这个统计量进行检验。

χ^2 就是各组实际观察次数与理论次数之差的平方除以理论次数所得的比值的总和，即

$$\chi^2=\sum\frac{(f_0-f_e)^2}{f_e}, \qquad \text{（公式 9.19）}$$

式中，f_0 表示实际次数（本例中即是实际人数）；

f_e 表示理论次数（本例中即是假设人数）。

可见，χ^2 值是反映实际次数与理论次数差异（偏离）程度的一个指标。若 f_0 与 f_e 相同，则 $f_0-f_e=0$，$\chi^2=0$；若 f_0 与 f_e 的差异增大，则 f_0-f_e 的绝对值也随之增大，χ^2 值也越来越大。反之，若 f_0 与 f_e 差异变小，则 f_0-f_e 的绝对值也变小，χ^2 值也就越来越小。

本例中，$\chi^2=(78-44.7)^2/44.7+(12-44.7)^2/44.7+(44-44.7)^2/44.7$

$=24.81+22.48+0.01$

$=47.30$。

在本例中，通过查 χ^2 分布表，查到当自由度 df=组数$-1=3-1=2$，显著性水平为 $\alpha=0.01$ 时，χ^2 值为 $\chi^2_{(2)0.01}=9.21$（见表

9.11)，这就是此时决定本例中差异显著与否的 χ^2 临界值.

本例中，$\chi^2=47.30>\chi^2_{(2)0.01}$. 可知，$\chi^2=47.39$ 是一个概率小于1%的 χ^2 值。如此罕见的事（出现的概率小于1%。实际上从表中可见概率还小于0.001，因为 $\chi^2_{(2)0.001}=13.816$）竟然发生了，由此可见有相当的把握拒绝虚无假设，而认为持这三种态度的学生人数确实有显著的差异。

表 9.11　χ^2 分布表（部分）

f \ α	0.99	0.98…	0.10	0.05	0.02	0.01	0.001	α / f
1			……					1
2			…	5.991	7.824	9.210	13.816	2
⋮								⋮
30			…					30

χ^2 检验主要用于如下方面：

1. 由一定比率决定理论次数的单项表的 χ^2 检验

单项表就是只根据一种特征对研究对象进行分类的统计表（参阅第一节）。对单项表中各类对象的实际次数与由一定比率决定的理论次数接近的程度，可用 χ^2 检验法进行统计分析。这类单项表的 χ^2 检验的自由度（df）等于组数-1，即 $df=r-1$。

上面所举的例9.5实际上就是由一种假设的比率（持每种态度者的人数相等，即各占1/3）决定各组假设人数（理论次数）的单项表的 χ^2 检验。在教育领域中这类单项表的 χ^2 检验可适用的问题还有很多。例如，某小学的师资学历结构是否已达到了该地区计划的2000年目标？(即该校教师学历结构与该市2000年师资学历结构目标是否有显著差异？)某校某年级优秀率与该地区优秀率的差异是否显著？(有些类似问题也可以用前面讲到的比例差异的显著性检验方法，结果与 χ^2 检验是一致的。)

这些题目的解答过程与例9.5是相同的，主要是：

(1) 提出虚无假设（……无显著差异）；

(2) 计算 χ^2 值；

(3) 查表确定临界值 $\chi^2(df)_{0.01}$ 或 $\chi^2(df)_{0.05}$；

(4) 作出统计判断，如果 $\chi^2>\chi^2(df)_{0.01}$ 或 $\chi^2(df)_{0.05}$，则拒绝虚无假设；

如果 $\chi^2<\chi^2(df)_{0.01}$ 或 $\chi^2(df)_{0.05}$，则接受虚无假设。

2. 以正态分布规律决定理论次数的 χ^2 检验（即正态分布的拟合性检验）

前面讲到很多检验方法都要求某个总体呈正态分布，而每组数据都通过画出次数多边图来判断是否呈正态分布又很不容易。为此，人们运用 χ^2 检验来作出推断。这种检验的作用就是判断实得的样本分布所代表的总体分布是否符合正态分布的规律，或者说它与正态分布之间是否有显著差异。

在进行这种 χ^2 检验时，我们必须有一个从总体得到的相当大的样本，并根据这个样本编制出次数分布表、计算其平均数和标准差，再通过标准正态分布表求出各组数据的理论次数，最后才能计算出 χ^2 值进行检验。

在以正态分布规律决定理论次数的 χ^2 检验（即正态分布的拟合性检验）中，自由度等于组数－3，即 $df=r-3$。

3. 独立性检验（双项表的 χ^2 检验）

对一组研究对象按两种分类标准进行分类，可以编制成双项表（如表 9.1），这也可称为 $r\times K$ 列联表（表 9.1 是 2×3 列联表），一共有 $r\times K$ 格。独立性检验就是要检验对同一组对象进行分类的两种分类标准是否相互独立；也可以说一种分类标准是否会影响另一种分类标准。如以表 9.12 为例，独立性检验就要回答：学生对兴趣活动的选择是否与他们的性别有关？或者说男女学生在选择兴趣活动时是否有差异？

下面就以此为例说明独立性检验的 χ^2 检验法。

例 9.6　某班学生自愿参加兴趣活动人数已统计在表 9.12 中。问：该班学生对兴趣活动的选择是否与他们的性别有关？（解答略）

表 9.12　某班学生参加兴趣活动人数统计表

人数　项目 性别	科技	文艺	体育	总和
男	11（10.4）	7（9.3）	10（8.3）	28
女	9（9.6）	11（8.7）	6（7.7）	26
总和	20	18	16	54

需要说明的是：

（1）在两因素相互独立（本例中，即该班学生对兴趣活动的选择与他们的性别无关，或男女学生在选择兴趣活动时没有显著差异）的假设成立的前提下，计算各格中理论次数的公式是：

$$f_e=\frac{n_r \cdot n_K}{n},\qquad \text{（公式 9.20）}$$

式中，f_e 表示某格的理论次数；

n_r 表示该格所在横行的次数和；

n_K 表示该格所在纵列的次数和；

n 表示总次数。

如表中第一行第一列这一格的理论次数是：$f_e=28\times20/54=10.4$。对此可以这样理解：参加科技活动的人数占总人数的 n_K/n（20/54）。如果兴趣活动的项目选择与性别无关，则男生和女生选科技活动的人数比例都应是 n_K/n（20/54）；现在男生实际人数（实际次数）是 28，所以选择科技活动的男生的理论次数（人数）应是 $28\times20/54$，即 $n_r\cdot n_K/n$。各格的理论次数，填在表中各格的括号内。

有了各格的理论次数，就可以用公式 9.19 计算 χ^2 值。

（2）如果用下面的公式则不用求理论次数。

$$\chi^2=n\left(\sum\frac{f_0^2}{n_r n_K}-1\right)。\qquad \text{（公式 9.21）}$$

这里必须说明的是：如果 $r\times K$ 列联表 χ^2 检验的结果是差异显著（即两个分类标准相互之间存在着一定的相关关系），这种结果也只是就整体而言的。例如，在表 9.12 中，若 χ^2 检验的结果是差异显著（即学生对兴趣活动项目的选择与他们的性别之间存在着一定的相关关系），那只能说男女学生总的来说在选择兴趣活动项目时有差异，并不意味着男女学生在选择某一具体的兴趣活动（如科技活动）时一定有差异。如果要确定男女学生在选择科技活动上有无差异，还要作具体的分解，作进一步的四格表的 χ^2 检验。例如，从表 9.12 中可以分解出如表 9.13 这样的四格表：

4. 四格表的 χ^2 检验

很明显，四格表是一种特殊的 $r \times K$ 列联表。对独立样本的四格表进行 χ^2 检验仍可用上述的方法。不过，四格表的 χ^2 检验仍有其特殊的情况和公式，下面作一介绍。

（1）独立样本的四格表 χ^2 检验

例 9.7　某班学生参加科技活动人数如表 9.13 所示，问：该班学生对科技活动项目的选择与学生性别是否有关？这种问题就属于独立样本的四格表 χ^2 检验。除了可以用公式 9.19 和 9.21 计算理论次数从而求出 χ^2 值外，还可以用下面的公式求出 χ^2 值，而且不用计算理论次数。

$$\chi^2=\frac{n\ (ad-bc)^2}{(a+b)\ (c+d)\ (a+c)\ (b+d)},\qquad \text{（公式 9.22）}$$

式中各字母的意义参见下表。

表 9.13　某班学生参加科技活动人数统计表

	参加	不参加	总和
男	12 (a)	16 (b)	$a+b$
女	8 (c)	18 (d)	$c+d$
	$a+c$	$b+d$	n

对这样的四格表所展示的问题，除了用 χ^2 检验法之外，还可用前面所讲的比例差异的显著性检验方法，结果应该是一致的。

（2）相关样本的四格表 χ^2 检验

相关样本的四格表 χ^2 检验所适用的情况同前面介绍的“相关的

比例差异的显著性的双总体检验”所适用的情况相同，即：①同一组对象前后两次测试结果的数据；②一一配对的两组对象同一次测试得到的两组数据。

例 9.4（表 9.9） 的问题也可以用相关样本的四格表 χ^2 检验方法进行解答。

相关样本的四格表 χ^2 检验可以用下面的简便公式求 χ^2 值。

$$\chi^2=\frac{(b-c)^2}{b+c},\qquad\text{（公式 9.23）}$$

（式中字母意义同前）

如果用 χ^2 值的基本公式（公式 9.23），则只用计算 b，c 两格的理论次数，公式是：

$$f_e=(b+c)/2。\qquad\text{（公式 9.24）}$$

思考题：

1. 解释下列名词术语：

（1）描述统计法　推断统计法

（2）单项表　双项表

（3）线形图　散点图

（4）次数多边形

（5）集中量数　差异量数

（6）总体　样本

（7）概率抽样　非概率抽样

（8）系统抽样　整群抽样　定额抽样　维度抽样

2. 统计图、统计表各有什么优点和缺点？

3. 怎样制作简单次数分布表和次数多边形？试根据一个班的某次考试成绩数据仿照课本中的例子作一个次数分布表并制作一个次数多边图。

4. 什么叫概率？它有哪些性质？

5. 将平均数差异、比例差异的显著性检验和 χ^2 检验方法列表对照。（栏目分为：假设条件、虚无假设、统计量、附注。附注中注明其他相关数据的计算公式，如自由度。）

6. 某组学生某次测试成绩如下，求它们的平均数、方差和标准差：

88，78，78，89，98，65，77，85，85，85，94。

7. 某学生参加语文数学统考成绩分别是93分和82分，已知全体学生同次考试的语文平均分是90分，标准差是4.30，数学平均分是88分，标准差是5.42。问这名学生哪门课成绩好些？

8. 10名学生某学期的英语和语文考试成绩如下：

英语：85，94，86，56，79，98，67，65，78，82；

语文：83，88，78，65，87，90，76，87，85，83。

求这两门学科成绩的积差相关系数。

9. 已知某区三年级数学统考平均分是84，标准差是12.42分；该区某实验班45名学生同次考试成绩平均分是88分。问该班成绩与全区成绩是否有显著差异？

10. 从两个班各抽取10名学生，他们的语文考试成绩是：A班：86，56，79，98，67，85，94，86，56，79；B班：83，88，76，98，67，65，78，87，85，83。问他们的平均成绩有无显著差异？

11. 将课文中所举的尚未解答的例子解答出来。

第十章　教育科学研究成果的表述与评价

本章提要

教育科研成果必须按照一定的规范撰写，才能得到认可、交流和应用。本章介绍了教育科研成果的主要类型，各种研究报告和学术论文的撰写格式及其基本要求，还简要介绍了研究报告的评价。学习本章应了解教育科研成果的类型，掌握研究报告和学术论文的撰写格式和要求，学会独立撰写研究报告和对他人的研究报告做出评价。

第一节　教育科学研究成果的表述

一、教育科研成果的分类

所谓教育科研成果（Product ofeducationd research），是教育科学研究者运用科学研究方法，利用已有的知识，经过脑力劳动——智力加工而产生出来的具有一定学术价值、社会价值或经济效益并且被同行专家认定的增值知识。在这个定义中，增值二字是认定一项研究结论（结果）是否为“成果”的关键词。

依据进行教育研究所使用的方法和所研究内容的不同，可以粗略地将教育研究成果分为以下三类：

（一）关于教育事实的研究报告

关于教育事实的研究又可分为描述研究和实验研究。描述研究亦即狭义的实证研究，它是关于“是什么”“怎么样”的回答，它描述、记录、分析和解释实际的教育事实。描述研究包含某种比较和对照，并试图发现教育事实的非控制变量之间的联系。实验研究回答在审慎控制或处理某些变量时将会怎样的问题，它重点放在变量之间的关系。关于教育事实的研究报告的具体形式有教育观察报告、教育调查报告、教育实验报告、教育测量报告和教育经验总结报告、教育文献研究报告等。这类报告主要有这样两方面的特点：第一，都以对事实直接研究所得的第一手材料为基础，事实材料是报告的主要内容；第二，报告须详细说明研究方法与研究过程。研究者是以什么样的设计思路、针对什么样的研究对象、使用什么研究材料、采用何种具体的方法和操作步骤，才得到了在报告中所陈述的事实，因为这些因素都直接影响到对事实形成什么样的认识。例如，要测定一种新的教学方法的效果，只有通过一定的实证研究才能确立，研究中采用的测评方法、测评指标、操作步骤都影响着研究结果，所以必须说明上述事项，同时这也利于他人作验证性研究。总之，关于教育事实的研究报告是以确凿的事实和科学（实验）操作方法作为其研究结论的基础。

（二）关于教育理论的研究成果，如学术论文、专著及部分学位论文

理论性研究成果是以深刻的理论分析和严密的逻辑论证来说明问题。它以阐述对某一事物、问题的理论性认识为主要内容，要求能提出新的观点或新的理论体系，并阐述新旧理论之间的关系。要求论点鲜明、论据确凿，论述严密，清楚地展示理论观点、体系的形成过程和逻辑思路。高水平的理论性研究成果富有深刻哲理性和强大的逻辑力量。

（三）综合性研究成果，即以上两种研究的综合成果

很多教育研究成果中，既有对事实的发现和报告，又有在此基础上所作的理论性分析和阐述。例如，某一领域的专门著作，可能既有一系列实验结果和教育情况调查。又包含研究者构建的理论体系或理论要点。综合性研究成果中对于事实和理论的侧重可以根据具体研究情况而有所不同。

教育研究成果的表述形式是多样的，以上三类只是一个粗略的

划分，还有一些特殊的形式，如某地区的教育发展规划、作为研究工具的教育测量表等。

二、研究报告的一般格式

研究报告相对比较简短，与学术论文或学位论文有较大差异。下列提纲代表了在典型报告中的一系列标题。这部分内容来自美国心理学会（*APA*）的出版手册（1983年），它是具有代表性的，符合国际惯例规范的。

1. 题目页

（1）题目

（2）作者姓名和隶属机构

（3）每页连续出现的（简略）标题

（4）致谢（如果有的话）

2. 摘要

3. 引言（不使用其他任何标题）

（1）问题的陈述

（2）背景/文献综述

（3）目的和理由/假设

4. 方法

（1）被试

（2）装置和仪器（如有必要）

（3）程序

5. 结果

（1）表格和图（恰如其分的）

（2）统计描述

6. 讨论

（1）支持或否定假设

（2）实践和理论上的意义

（3）结论

7. 参考文献

8. 附录（如果是恰当的）

题目　题目应当简洁，并且应能清楚表达研究的目的。作者应当牢记它对那些查阅文献的读者的可能用途。题目不应当比文章的实际内容宽，它不应表达的如此之宽，以致它似乎提供了一个答案，但读者却从作者收集的数据和采用的方法中无法得出这个答案。例如，对武汉市的一所小学的一组儿童做了简单的、描述性的自我概念研究，这个题目不应当定为“城市儿童的自我概念”。更恰当的题目可能是“一组武汉市儿童的自我概念”，前一个题目比实际研究的范围宽得多。

在中国，致谢多半放在报告的最后部分，一般称为“后记”，现在已有趋向按国际惯例放在“题目页”中。致谢（或称“后记”）用来表示一项研究的基础，资助，对这份手稿以往草稿的回顾，及其在实施过程中和（或）手稿准备期间得到的支持。它们应当清楚地和直接地加以陈述。

摘要　或称内容提要，用 100～300 个字对这个研究加以描述，包括研究的问题，被试的特征，所用的程序（如数据收集技术，干扰程序），研究的发现，以及得到的结论。一个良好的摘要将增加文章的可读度，因为许多人的浏览习惯是从阅读摘要开始的。现在许多研究报告和学术论文还要求有主题词，又称关键词，它是对论文或报告所研究的范围、方向作出的标志。主题词的使用十分方便论文在文献检索时分类。主题词为专业，一般一篇论文的主题词以 3～5 个为宜，在排列上，通常依概念的由大至小或论述问题的先后顺序。如，张捷、陈铭的《当今国外学校管理改革的新趋向》（《外国教育研究》1998 年第 3 期）一文的关键词为：学校管理　独立自主性　国际化　社会化。

报告的主体　研究报告的主体分为四个部分：引言、方法、结果和讨论。

引言，起始于新的一页，不需要其他标号。一个良好的引言有三个成分：第一，研究者必须给出一个清楚的和明确的问题陈述。这个问题必须表明有研究的价值，并且能取得预期的结果。同样有必要表明，为什么这个问题在理论上和在实践上是重要的；第二，与这个题目有关的以往文献的回顾，研究者必须说明已有的文献与此项研究有关。尽管在学术论文或学位论文中进行广泛的综述是恰当的，但在研究报告中不必如此。作者应该假定读者对所研究的领域有一定的知识，文献综述中只须包括与研究有关的问题，并且需要将以往的文献与目前的工作逻辑地连结起来；第三，引言应清楚地阐述假设所依据的原理，定义被研究和控制的变量，以及每个假设的正规陈述。每个假设的陈述应能做到它将如何进行检验。术语必须清楚地加以描述，并且预期的结果必须是可以测量的。例如，研究智力落后的儿童在早期干扰程序影响下的结果，不应假设，“在实验组中的智力落后儿童在智力上将有较多的提高。”我们需要知道智力落后儿童的智力提高与谁比较，智力是如何加以概念化的。对这个研究来说一个更好的假设是，“得到干扰程序的智力落后儿童将比控制组的同伴取得更高的智商。”

引言之后是方法部分。它包括两个或多个子部分，极其仔细地描述研究者在研究中的作为。这样允许读者决定程序的合理程度以及结果的可信度。一个良好的方法部分提供了充分的细节，能使读者重复研究的组成部分。方法部分包括至少两个方面：被试和程序。被试部分需要识辨研究的参加者、人数、以及所选被试的平均特征。主要的描述特征，如年龄、性别、社会经济地位和种族等，如与研究有关就应包括在内。提供的信息能使读者重复你的样本。程序部分描述研究实际进行的步骤。这包括测量工具（假如有单独陈述的话，就包括在这一部分）；实验处理，被试在实验组或控制组中的安置；如果需要作多次评定，其评定的顺序；时间周期（如果与研究有关联的话）；以及任何用于控制潜在的混淆变量的设计特征。

其他部分包括那些不可缺少的内容。例如，若使用了一套复杂的测验，应对这个测验作些讨论。复杂的设计最好也作分开描述。

报告主体的第三部分是结果。结果部分呈示数据和统计分析，但对结果的含义不作讨论。个体分数或原始数据只有在单个被试或作很小的样本的研究中才呈示出来。所有的相关发现都被呈示出来，也包括那些对假设不支持的发现。表和图常用于弥补或补充文字叙述的材料，当数据不能用较少的句子作出表述时，就可以使用表或图。在表和图中应表明读者期望看到的检验，以便澄清它们的意义。统计分析的显著性水平应当加以描述。

最后，报告的主体由讨论部分加以总结。在结果的描述之后，就可以决定研究的含意，包括假设是否得到支持，或应拒绝假设。另外，还可以讨论研究的理论意义和实际意义。简短讨论当前研究的局限性以及为将来进一步研究提出建议都是恰当的。如果数据不支持原来的假设，新的假设可以被提出来。报告最后还应包括结论，反映作为这次研究的结果，原来的问题是否已有更深入的了解，或已得到解决。

参考文献和附录

文稿的参考文献部分起始于新的一页，用"参考文献"作为标题。它包括文献的正文中提到的期刊中的文章、书籍、章节、技术性报告等。未正式出版作品一般不能引用。参考文献部分不应与书目相混淆：书目包括参考文献中所有内容，再加上其他有用的文献，但这些文献在文稿中并没有加以引用。研究报告一般不提供书目；通常仅包括参考文献。

参考文献的一般排列方式如下：期刊，依次列出作者姓名、文章标题、期刊刊名和期号；书籍，依次列出作者姓名、书名、出版社名、出版时间及页码。

附录可用于提供详尽的信息，这些信息在报告的主体中呈现，正文就显得冗长。每一附录起始于新的一页，用"附录"作为标记，在标记之后是附录的题目，然后是附录的内容。附录中收入的内容通常有实验所用的问卷、量表或其他具体材料的样例，实验或调查中的重要原始数据，某些重要的、不宜插入正文的旁证性文献，实验中采用的测评的具体标准等。

引文注释分为页末注（脚注）、文末注（段后注或篇后注）、文内注（行内夹注）等形式。论文中引用文字或观点一定要清楚、如实地注明出处，依次包括作者、书刊名、文献篇名、卷数或期数、页码、出版处和时间。若转引，一定要注明"转引自"或"参见"，以说明是采用了别人的某理论观点或事实材料。

三、研究报告的具体格式

上文介绍的研究报告的格式是一个很全面、规范的格式，下面具体介绍调查报告和实验报告的格式。

（一）教育调查报告

教育调查报告一般由题目、前言、正文、总结及附录五部分组成。

1．题目　鲜明扼要地反映所研究的主要问题。如有必要，可以加副标题来补充说明主标题未能包含的信息，诸如调查进行的范围、背景等。

2．前言　要求清楚地交待调查的目的、意义、任务和所采用的方法。还要说明调查的基本情况，如调查的时间、地点、对象、范围、取样等。另外，对开展本次调查的有利条件和不利因素也可作些简单分析。

3．正文　详述调查内容。通过叙述、图表、统计数字及有关文献资料，用纲目、项或篇、章、节的形式把主体内容揭示出来。

调查报告的正文可有多种写法，主要的有两种：一种是并列分述式，即把教育调查的基本情况按种类分成并列的几个部分或方面来叙述。例如，对一个地区教育状况的调查，可分为该地区经济发展水平、文化水平、学校教育、社会教育状况等几个方面，其中学校教育又可分为学校规模、教育经费、课题设置、教学设备、师资队伍等不同项目。将有关专项的材料分别加以组合，使论述相对集中。另一种写法是层层深入式，即将调查的基本情况按照事物发展的逻辑顺序演变过程加以排列、各个部分互相衔接、层层深入。这也就是按所调查的教育现象产生、发展、变化的过程来写。

正文在观点和材料处理上，可以先列出材料，然后进行分析和讨论，最后得出结论；也可以先摆出观点和结论，然后用调查得到的事实材料展开说明。

4．结论和建议　在对调查内容进行总体的定性、定量分析的基础上，归纳、概括出事物内在联系，并提出关于所调查现象的新见解和参考意见。

5．附录　在必要时附上调查中所用的工具或其他原始材料，为读者提供可供分析的原始材料，以便鉴定，也利于其他研究借鉴、参考。附录的具体内容包括各种调查表格、原始数据、调查结果的处理方法等。

（二）教育实验报告

教育实验报告是对所进行的教育实验作出的全面的书面总结。它应使读者对所报告的实验有全面、系统的了解，为读者评判、应用实验研究的成果提供依据。报告包括题目、前言、方法、结果、讨论等部分。

1. 题目　常直接采用研究课题的名称作为题目，直接指明所研究的主要变量。题目应简练、具体、精确、严谨、逻辑性强。

2. 前言　包括：提出问题，阐明研究的目的；通过对有关文献的回顾和概括，说明选择本项实验的依据、意义和价值；简要说明国内外在本课题方面的研究成果、现状、问题及趋势，该项实验选要解决的问题以及研究的理论设想。

可以用平铺直叙的方式阐明研究目的，也可以从提问出发来揭示矛盾，好的问题可以引起读者的兴趣和积极思考。说明选题的依据和价值一般从两个方面展开：一方面指出实验在学术上的理论价值，说明它能在哪些方面提供新的认识；另一方面指出课题的现实意义，说明所进行的实验对教育实践工作的直接或间接、当前或长远的指导意义。

3. 方法　这部分阐明实验所使用的研究方法，主要是让读者理解实验的设计思路，了解结果是在什么条件和情况下、通过什么方法、根据什么事实得来的，以便于读者鉴定实验过程的科学性、客观性和实验结果的真实性、可靠性；同时也便于他人用一定的方法进行重复性实验。主要内容有：（1）对实验报告中出现的主要概念作出定义和阐述，有时，还将一些概念转化为可操作性的。（2）说明实验中被试的条件、数量和取样方法。（3）说明实验的设计、实验组与控制组的设置情况、实验的自变量、实验处理的实施及条件控制。（4）实验的基本程序，如实验的时间安排和具体步骤。（5）实验中所用到的工具、材料的简要说明。（6）实验数据的搜集、处理和结果的检验方式。“方法”部分的内容在结构上并不一定要求上述各项俱全，可根据具体实验而有所取舍。

4. 结果　是实验报告的主要部分，要求全面准确地呈现出实验中得到的各种结果，并简要说明每一结果与研究假设的关系。

结果部分的内容包括两个方面：一是对实验中所搜集的原始数据、观察资料、典型案例进行客观的呈现和整理分析。既有定性资料的归纳，又有对定量资料的统计分析。二是在对数据资料整理分析的基础上，采用逻辑的或统计的技术手段，得出研究的各方面结果及结果之间的相互关系。

5. 讨论　对实验结果的含义和可能的因果关系或相关关系作出分析和评价。可以从理论上加深对实验结果的认识，为本研究的结论提供理论依据。

讨论的内容根据具体的实验课题作出不同安排，其基本内容包括如下方面：（1）对实验结果进行理论上的分析和论证。可摘要概述研究的结果，阐明其意义，以及对本实验课题多次研究的结果作综合分析，而且在与前人的研究结果的比较分析中，将自己的实验结果纳入某一理论框架，引申、完善理论观点或提出创见。（2）对本实验研究方法的科学性和局限性进行探讨，如对结果统计的误差、显著性等指标进行分析，对实验结果的可靠程度和适用范围作进一步的说明。（3）讨论中应提出经过实验所发现的可供深入研究的问题，以及本实验中尚未解决或尚需进一步探讨的问题，对以后的研究的方向、方法以及如何推广或验证已有的实验结果提出建议。

实验报告的讨论不同于结果或结论：结果或结论所呈现的是研究中的客观事实，它可以在相同的研究中重复出现；而讨论多是对有关结果的主观认识与分析，是研究者将实验结果向理论和应用方向所作的引申。对实验结果的讨论可以仁者见仁、智者见智，可以试图解释和回答问题，也可侧重于质疑。讨论可以从多侧面、多维度展开，充分发挥研究的洞察力和创造力。

6. 参考文献

7. 附录　并不是每篇实验报告必备的，在确有必要时才编制附录。附录中收入的内容通常有实验所用的问卷、量表或其他具体材料的样例，原始数据，某些重要的、不宜插入正文的旁证性文献，实验中采用的测评的具体标准等。

四、学位论文或学术论文

学位论文和学术论文与上面所描写的研究报告有着一样的轮

廓，主要的区别是长度和综合性。当把一篇文章交付期刊发表时，长度要加以限制。学术论文包括的范围很广，如论述创造性新成果的理论性文章、某些实验性或观测性的新知识的科学记录、某些科学原理应用于实验取得的进展总结等。

学术论文的主要特点是学术性，具体表现为两大方面：其一是逻辑性，即论据确凿、论证清楚。言之有理、实事求是，表现出严密的逻辑性；其二是创新性，要对所研究的课题在理论上有所发展，或在方法上有所改进，或在事实上有新的发现，能对教育问题提出新的、前人不曾有的认识。

学术论文的写作风格和类型是多种多样的。按照研究的目的，可以将教育研究中的学术论文分为三种类型：(1) 理论探讨型：对教育发展及学科建设中的重要课题，运用有关文献资料和现实材料，通过分析综合、推理论证，提出新观点、新理论。(2) 综合论述型：针对实际工作或学术界已经提出的问题，从历史和现状等角度加以综合概括，说明研究脉络，分析难点，探明进一步研究的方向。(3) 预测性论文：以实证材料和理论原理为依据，对某一教育现象进行分析，指出发展的趋势并预测以后发展的方向和可能性。

学术论文的全部观点和材料，分析和论证，都要遵循一定的逻辑顺序，有机地组织在一起，体现出文章雄辩的说服力。论点和论据的联系，论述的先后次序，文章的层次推理，这些都要根据事物的内在规律，并考虑论证效果来组织安排。学术论文的本论部分的结果安排一般有以下三种形式：即平列分论式、层递推论式和平列层递结合式。

(1) 平列分论式　即围绕中心论点设立若干分论点，这些分论点与中心论点是垂直关系，分别论证中心论点；各分论点之间是平列关系，对中心论点的论证，构成不同角度不同侧面的格局。

(2) 层递推论式　本论部分分为若干层次，论证时层层展开，步步深入，直到最后得出结论，文章中各层次之间呈递进关系。

(3) 平列层递结合式　平列分论式有利于获得对问题的横向拓展、全面认识。层递推论式有利于对问题的纵向深入、拨云见日。在实际教育问题的论述中，往往必须从横的纵的两个方面去加以认识和阐述。面对一些错综复杂的问题，作者应当不断变换角度不断深入突破阐述之。如汪古逊《在教学中如何培养发展学生中的非智力因素》(北京师范学院出版社),《中学生物教师教学基本功讲座》一文，文章由“一、什么是非智力因素”、“二、非智力因素的重要教学功能”、“三、培养和发展学生非智力因素的方法”等三个大的部分组成，结构上是采取“提出问题——分析问题——解决问题”这样一个纵式递进方式,但在具体展开时,又是以横向并列的方式,如第二部分“非智力因素的重要教学功能”又列出了“激发作用”、“维持作用”、“补偿作用”等几个方面。

五、教育研究成果撰写的基本要求和写作方式

作为教育研究成果的表述形式，研究报告或学术论文的质量高低首先取决于研究工作本身的质量,取决于研究课题的理论基础、理论价值和实践价值、研究操作的规范性和结果解释的合理性，但同时也取决于研究者的分析综合能力、专业基础以及写作能力。因为研究报告和论文的形成是一个复杂的理论思维过程，不是对研究过程的简单、机械记录。要从复杂多样的事实材料中提炼出科学观点,并以有逻辑、有组织的抽象文字符号表达出来，就得处理好教育研究成果表述中的各种内在关系，遵循其基本要求。否则“言之无文，行而不远”，将因为表述不当而损害研究成果的价值。

教育研究成果的表述有如下基本要求：

(一) 在科学求实的基础上创新

研究报告和学术论文的目的是要在已有研究的基础上推进一步，有所创新，反映出在科学探索中获得的新事实、新见解、新理论。所探讨的内容是前人所未知的，或是在前人研究基础上，以新的材料、从新的角度进行探索。或是为了探讨和解决在新形势下出现的新问题,从而提出新颖独到的观点。研究者的创新是以严谨、客观、科学性为基础的。主要体现在：首先，在成果的论证上，用充分、确凿的论据，如精确可靠的实验观察数据、明确的客观事实等，借助于逻辑严密的论证来证明研究成果；其次，论文的内容要实事求是，无论是立论还是分析、推论，都应恰如其分，正确反映客观事实；第三，理论观点表述要准确、系统和完善。用词要体现论文特殊要求，概念明确不含糊，词语达意不空洞。研究报告和学术论文是规范的科学文献，不同于小说、散文，必须首先遵循科学性和严谨性。

（二）观点和材料的一致性

科学研究必须以客观事实为依据，对研究中所获得的大量材料进行一番整理、提炼，精选出最有价值、最典型的事实材料作为立论的依据。如若不重视事实材料，东拼西凑、妄加推测，或者对材料不加整理、简单铺陈，就会使论点和论点赖以立论的论据脱节，缺乏说服力。因此，教育科研成果的表述中要处理好观点和材料的关系。

要保证观点和材料的一致性，必须从选取材料和提出观点两方面着手。选取材料时应遵循以下要求：（1）要围绕研究的主要问题选材。（2）材料要典型、具有广泛的代表性和说服力。（3）要认真鉴别材料的真伪和价值程度。（4）应尽可能选取新颖生动、反映时代现实的材料。选材脱离时代，容易令人感到脱离现实、毫无生气，从而缺乏感染力和说服力。在选取材料的基础上，才能提出实事求是的观点。提出观点时应该做到如下几点：（1）言之有据：从已有事实材料出发，经过严密的逻辑论证得出观点，不要凭空臆造，丢掉“逻辑良心”。（2）尊重事实，排除偏见和陈见：不能先入为主地臆断结论，而应该充分尊重事实，哪怕事实不符合研究者原有的主观预期，也应以事实为依据来提出观点。（3）提出观点时应逻辑严谨、概括正确：在掌握大量材料的基础上，研究者应对材料进行正确、集中的分析、归纳和综合，提取论点，概括出结论。

（三）在独立思考基础上借鉴吸收

任何研究都是在已有研究的基础上向前推进的。在教育研究成果的表述中必须正确处理借鉴吸收他人研究成果与研究者独立思考的关系。孤高自傲易导致重复研究，而全盘照搬，为引用而引用，或断章取义、任意发挥等做法，都是无益于科学研究的。

对所引用的观点和文献，首先要搞清作者的原意、文献价值，有针对性地抓住文献的实质及其与当前课题的关系，将文献与当前课题有逻辑地连结起来。其次要善于从众多的已有文献中选择最典型的、富有说服力的材料，简单罗列和大量堆砌的做法只能降低文献材料的作用，丧失材料的论证价值，使文章拖沓。

（四）书写格式符合规范，文字精练，表达准确完整

需要指出的是，研究报告和学术论文的格式是严格、规范的。为什么要如此？因为论文的目的是用其他学者容易理解的形式来交流思想、提供资料，它已经形成了一种惯用的形式。创造性表现在思想和观点中，而不是表现在报告的形式上。而且现在研究方面的出版物数量浩繁，没有或很少有读者从头到尾地读完研究报告和学术论文，他们总是有选择地快速读完某些部分。论文不是小说，它是知识的有机排列。因为这些知识是按标准格式组织在一起的，所以读者可以迅速地找到他想了解的某项研究内容。

研究报告和论文的撰写都有相对固定的格式，很多专门学术刊物还对稿件有专门的要求。论文和报告应以一种创造性的、清楚的和精炼的方式来呈现。措词应当是高雅的和直接了当的，而不需要枯燥无味的或学究气十足的语言。甚至最高深的思想最好能用简单的语言及短而连贯的句子加以解释。

俚语、陈旧的短语、俗语应该避免，不能以日常用语代替科学术语。因为客观性是首要的目标，不应有劝告或说教的成分。研究报告应当是描述和解释，学术论文应当是说理和论证。

报告和论文的一般文笔应是不带个人色彩的，应不用或避免用“我”字，像“我的意见”、“从作者的观点来看”等短语同样应避免。人们认为这种用法有损于客观性，读者只是对你的证据而不是你的意见感兴趣。然而，现在情况似乎在改变。但作者应当抑制使用复数人称代词（如我们），除非有多个作者。

避免用缩写词，除非是像“科研”这样最普通的缩写词，但即使这样一些大家熟知的缩写词，在第一次出现时也应给出全称，因为读报告的人不一定都知道这些缩写词的真实含义。

提到权威人士一般只使用名字，像校长、教授、主任这类头衔最好省去。

第二节　教育科学研究成果的评价

教育科学研究是一个无穷的、系统的探索过程，对科研成果的评价是教育科研过程的最后一个重要环节，又为更进一步的研究提供了思路。教育科研成果最终目的是要对教育理论和实践发挥作用，得到学术界和社会的承认。一项教育科研的成果能否达到这一目的，必须经过鉴定和评价。

一、教育科研成果评价的意义

教育科研成果的评价是指对已经得出的教育研究成果进行检查、分析和评定，对研究过程、研究结果的科学性和质量作出判断。它是完善和推广教育科研成果、改善教育科研工作、推动教育科研发展的一项重要工作，也是教育科研管理工作的一个重要环节。

在科学研究繁荣的今天，对教育科研成果的评价是使社会接受并传播这些成果的重要途径。通过评价，可以及时发现教育研究成果在改进教育实践和发展学术理论等方面的价值，便于学术界和社会了解、承认，进而促进教育科学知识的普及和教育科研成果的应用推广。

教育科研成果的评价是沟通和反馈科研信息的重要渠道。一项教育科研课题取得成果之后，及时组织鉴定、评价并予以公布，可以沟通学术信息、避免他人的重复研究。评价所提供的反馈，有助于研究者按照更高、更新的标准对后续研究的目标、过程和方法进行及时调整，更好地把握方向。通过对相关研究的对比评价，还可以了解各项研究特色和水平，便于认识各自的现状、优势和差距，从而相互学习、共同提高。因此，评价过程同时是一个不断提高教育科学整体研究水平，使研究者不断自我完善的过程。

通过评价还可以搜集教育科学研究的有关资料。有利于教育行政部门加强本地区、本单位教育科研的宏观管理和指导。尤其是我国教育研究资源非常有限，在科研的选题、计划、实施、检验等方面的准确指导和调控显得更有价值。

对教育科研成果的评价也有利于确立教育科研的基本要求和规

范，指导教育研究工作逐步达到高质量、高水平，对于总结和改进教育科研的方法、发现和选拔优秀教育科研人才、建立有效的教育科研体系都有重要意义。

二、教育科研成果评价的标准

教育科研成果作为知识性的精神产品，它对教育事业和人类精神生活所产生的作用和影响一般来说并不是立竿见影的，而是长期的、渗透性的。对教育科研成果进行评价的标准主要有学术价值和社会价值两个方面。

不同类型的教育科学研究成果有着不同的价值表现。一般说来，基础理论研究成果更多地表现为学术价值。学术价值主要指成果在学术上对增加教育科学知识的贡献、表现在理论和方法应用的深广度、理论观点上的创新、研究方法上的突破、学术空白的填补以及成果对其他学科领域的借鉴和启迪意义等。简言之，表征教育科研成果在多大程度上向未知领域推进。

应用型研究成果也有其学术价值，但它们的作用更多地以社会价值表现出来。所谓社会价值是指成果对教育发展和精神文明建设所发挥的现实作用，它包括为政府、教育行政部门和学校提供认识某一教育问题的理论观点，或为解决某些教育实际问题提出建议、方案和方法，并在实践运用中取得了一定的社会效益或经济效益。教育科研成果中的教育经验总结就是应用型研究成果的典型代表。

评价教育研究成果社会价值的大小，不仅要考虑成果对教育实践的直接效益和指导意义，而且要考虑它对教育发展的间接推动作用，不能偏废。例如，某项教学实验的成果，在直接效益上能大面积提高教学质量，而间接地在研究的思想和方法上对整个教学改革也有启发意义。

值得注意的是，教育科研成果的学术价值和社会价值很多情况下并非立刻就能呈现出来，而是要经历相当长一段时间的实践反复检验，这是由教育培养周期长和教育成效的多因素性决定的。

教育研究成果的评价，大致要经历如下基本过程：确定总目标→制定评价的指标体系→选择制作评价工具→实施评价→收集评价信息并整理分析得出结论。在这个过程中，确定评价的指标体系是十分关键的一环。建立教育科研成果评价的指标体系应遵循以下要求：

1．一致性：指标体系必须与总体目标相一致。指标体系中评什么、不评什么，重视什么，忽略什么都要直接反映研究的目标，研究目标决定评价指标体系的方向和内容。

2．可测性或有效性：确定的每个指标都是可以进行实际测量或观察的，同一层次的指标不相互重叠、不存在因果关系，各类指标界定清晰、便于操作。

3．精练可行：在指标体系科学完整的前提下力求精练、明了、简化。指标体系不宜庞杂，信息量少、区分度和效度不高、难于操作的指标应剔除。

三、教育科研成果评价的方法及组织形式

教育科研成果评价的方法可大体分为定性方法和定量的方法两类，也有定性与定量相结合的方法。由于教育科研成果是人文社会学科，定量考察困难，所以目前大部分采取的是定性评价的方法。

定性评价主要是按评定标准对成果作出评语式的鉴定。在鉴定过程中，评定者除了阅读、分析研究报告之外，还需研究该研究报告的主要的原始资料。此外，评定者对研究的过程、方法也要作一番深入的了解。在一些应用性成果的评定时，评定者还应深入到该课题研究所在地采用实地考察、参观、听课，与学生、教师、管理人员接触、开座谈会等形式作一番研究、考证。然后将实地考察的结果与研究报告对照起来分析。评定者应注意力戒偏见或倾向性因素的干扰，在文字上力求准确、具体、条理分明。在肯定研究成绩的同时，指出不足或进一步研究的方向。

定量评价是通过数量化的评价方法来判定教育研究成果的质量和价值。由于教育直接与人相关，教育因素的复杂性，目前，定量评价方法还在探索阶段，仅仅用定量评价尚不足以说明科研成果的质量。因此，较为有效的评价是定性与定量相结合，在大多数评价中仍以定性为主，定量方法起参考作用。

成果评价的方式有通讯评价和会议评价。这两种方法都要求提前向有关方面提交成果，以便评定者有足够的时间阅读、思考并作出评定。通讯评价是将成果以邮寄的方式交给评定者，然后，在规定的时间内，评定者将评定结果邮寄给有关部门。会议评价是专门召开的研究成果讨论会，评定者之间、评定者和有关研究人员之间展开交流、讨论。通讯评价和会议评价各有利弊、适用的范围不尽相同。

成果评价的组织形式是多种多样的，大致可分为三类：研究者自我评定、同行专家论证和行政部门评审。自我评定虽不能作为成果评定的主要依据，但它有利于研究者提高科研水平、完善研究意识。研究者通过对照评价标准来衡量自己的研究成果，总结经验教训，为今后或下一步研究提供有力的帮助。更重要的是，自我评定是以当事人自己的主观感受和眼光看待自己的研究成果，可以反映出此项研究成果的许多重要的信息，为其他的评定提供重要的参考。

同行专家的论证、鉴定对教育研究成果具有判别意义。参加评定的专家应是研究工作以外的人员。专家评定可以个别进行，由每个专家各自按标准作出评定，最后汇总得出结论，也可以经过专家组集体讨论研究得出评价结论。前者的长处是专家之间的观点较为独立和客观，相互之间不受影响，但有可能因专家水平不同，对成果评价的角度、眼光不一，评价标准不具体而造成各专家之间评论结论相差甚大；后者便于专家之间充分讨论沟通，澄清有关问题，但有可能受到权威人物观点或人际关系、交往互动的影响。不论哪种形式，参评专家都要具备相符的学术水平和科学求实的态度。

行政部门评审一般是由某一级省地行政部门成立有权威性的、成员相对稳定的教育研究成果委员会来实施具体评定工作。为保证评审结果的科学性、严肃性和权威性，应严格挑选参评专家，避免由行政机构代替专家作出决定。

思考题：

1. 解释下列名词（术语）：

（1）教育科研成果

（2）成果的学术价值

（3）成果的社会价值

2. 教育科学研究成果可以分为哪几类?

3. 研究报告的格式大体是怎样的?它的每个部分的写作有哪些要求和规范?

4. 教育研究成果的撰写有哪些基本要求?

5. 为什么要进行教育科研成果的评价?

6. 建立教育科研成果评价指标的基本要求是什么?

后记

《小学教育科学研究》自学考试教材是根据全国高等教育自学考试小学教育专业（专科）考试计划的要求编写的。1998年7月，全国高等教育自学考试指导委员会及全国高等教育自学考试指导委员会教育类专业委员会召开会议对本教材初稿进行了讨论审定。

本书导言、第一、二章由杨小微（华中师大教授）撰稿，第四、五、八章由郭元祥（华中师大副教授）撰稿，第三、九章由李伟胜（教育科研方法专业硕士研究生）撰稿，第六、七、十章由易东平（教学论专业硕士研究生）撰稿，阎旭蕾（教学论专业硕士研究生）参与了第二章的写作。全书由杨小微统稿。本教材由北京师范大学副校长王英杰教授、北京教育学院李春山副教授、北京师范大学博士生刘志军同志审稿，并提出了修订意见。

本书最后由教育类专业委员会主任王英杰教授审定。

全国高等教育自学考试指导委员会

教育类专业委员会

1998年9月

附

小学教育科学研究
自学考试大纲

全国高等教育自学考试指导委员会　制定

《自学考试大纲》出版前言

为了适应社会主义现代化建设培养人才的需要，我国在20世纪80年代初开始实行了高等教育自学考试制度。它是个人自学、社会助学和国家考试相结合的一种新的教育形式，是我国高等教育体系的一个组成部分。实行高等教育自学考试制度，是落实《中华人民共和国宪法》规定的“鼓励自学成才”的重要措施，是提高中华民族思想道德和科学文化素质的需要，也是造就和选拔人才的一种途径。应考者通过规定的考试课程并经思想品德鉴定达到毕业要求的，可以获得毕业证书，国家承认学历；按照规定享有与普通高等学校毕业生同等的有关待遇。

1985年，全国有30个省、自治区、直辖市先后成立了高等教育自学考试委员会，开展了高等教育自学考试工作。为了统一各地高等教育自学考试的专业设置标准，全国高等教育自学考试指导委员会陆续制定了几十个专业考试计划。各专业委员会按照有关考试计划的要求，从造就和选拔人才的需要出发，编写了相应专业的课程自学考试大纲，进一步规定了课程学习和考试的内容与范围，有利于社会助学，使自学要求明确、考试标准规范化、具体化。

教育类专业委员会根据国务院发布的《高等教育自学考试暂行条例》，参照教育部拟定的普通高等学校有关课程的教学大纲，结合自学考试的特点，编写了《小学教育科学研究自学考试大纲》。现经全国高等教育自学考试指导委员会审定，教育部批准，颁发试行。

《小学教育科学研究自学考试大纲》是该课程编写教材和自学辅导书的依据，也是个人自学、社会助学和国家考试（课程命题）的依据，各地高等教育自学考试委员会应认真贯彻执行。

全国高等教育自学考试指导委员会

1998年9月17日

Ⅰ 课程性质与设置目的

一、课程性质和特点

《小学教育科学研究》以小学教育科学研究活动及其方法为研究对象，在小学教育专业考试计划中列为必修科目。设置本课程意在使考生了解教育科学研究的一些基本常识，掌握教育科学研究的一些常用方法，树立科研意识，养成现代教师必备的科研能力。

二、本课程的基本要求

本课程应达到的总体目标是：理解小学教育科学研究的基本原理，掌握小学教育科学研究的常用方法以及问卷设计等基本技能，形成科研兴教意识，为在本职工作中开展教育科研奠定理论基础和能力基础。学习本课程应注意理论联系实际。

三、本课程与相关课程的关系

学习本课程应具备教育学心理学基本知识及统计、测量知识，因此，本课程的先修课程是《教育原理》、《小学教育心理学》、《小学语文教学论》等，这些课程从内容上奠定小学教育科学研究的知识基础；考生随后将学到的《计算机应用基础》、《现代教育技术基础》等课程，则进一步为考生了解和从事小学教育科学研究提供现代化技术工具。本课程的重点章是第一至六、九章，难点是教育实验、教育理论研究、研究数据的处理技术等章，全结构观察法、内容分析步骤等内容也较难理解，应考者应加以重视。

Ⅱ 课程内容与考核目标

（考核知识点、考核要求）

第一章　小学教育科学研究概述

一、学习目的与要求

学习本章应理解科学研究及其价值，深刻理解在小学开展教育科研的意义；理解教育科学研究的对象和主体；了解教育科学研究的基本阶段，理解教育科学研究的操作原则和伦理原则，并从总体上把握教育科学研究方法的基本类型。

本章的重点内容是教育科学研究的意义、对象、主体及研究的基本阶段，难点是教育科学研究的对象及其特殊性。

二、课程内容

第一节　小学教育科学研究的含义

（一）科学研究及其价值

（二）在小学开展教育科学研究的意义

第二节　小学教育科学研究的对象和主体

（一）小学教育科学研究的对象及其特殊性

（二）小学教育科学研究的主体

第三节　教育科学研究的过程和原则

（一）教育科学研究的一般过程

（二）教育科学研究的原则

第四节　小学教育科学研究的基本方法

（一）科学方法及其特殊性

（二）小学教育科学研究方法的分类

（三）小学教育科学研究中常用的方法

三、考核知识点

第一节　小学教育科学研究的含义

（一）科学研究及其价值

1. 什么是科学研究

（1）对科学的三种理解。

（2）科学研究的含义

2. 科学研究有何特性

(1)问题性；(2)创造性；(3)历史继承性；(4)规范性。

3. 教育科研有何价值

（1）深化认识；（2）改进实践。

（二）在小学开展教育科学研究的意义

1. 小学教育的地位、特点及改革与发展状况

2. 开展小学教育科学研究的意义

第二节 小学教育科学研究的对象和主体

(一) 小学教育科学研究的对象及其特殊性

1. 小学教育科学研究的对象是教育问题

(1) 人不是教育科学研究的全部对象；

(2) 揭示教育规律是教育科学研究的目的；

(3) 研究客体不等于研究对象。

2. 教育科学研究对象的特殊性

(1) 复杂性；(2) 整合性；(3) 二难性；(4) 开放性。

(二) 小学教育科学研究的主体

1. 作为科研群体的研究者主体

(1) 科研群体的涵义；

(2) 科研群体的类型；

(3) 科研群体的合理结构。

2. 作为个体的研究者主体

(1) 研究能力的构成；(2) 研究人员的基本修养。

第三节 教育科学研究的过程和原则

(一) 教育科学研究的一般过程

1. 对教育科学研究过程的基本认识

2. 教育科学研究过程各阶段的主要工作及实施要领

(1) 准备阶段的工作及要领；(2) 实施阶段的工作及要领。

(二) 教育科学研究的原则

1. 教育科学研究的操作原则

(1) 客观性；(2) 操作性；(3) 公共性；

(4) 检验性；(5) 系统性；(6) 解释性。

2. 教育科研工作者必须遵循的伦理原则

(1) 尊重受试者权利；

(2) 审慎解释研究成果；

(3) 避免给受试者不适当的压力和负担；
(4) 消除或避免不良后果。

第四节　小学教育科学研究的基本方法

(一) 科学方法及其特殊性
1. 方法与科学方法
(1) 方法的含义；(2) 方法的性质。
2. 科学方法的特殊性
(1) 服从并服务于科研任务；
(2) 具有更为严格的规范性。
(二) 小学教育科学研究方法的分类
1. 科学方法的由来
2. 教育研究方法的分类
(三) 小学教育科学研究中常用的方法
1. 准备阶段的研究方法
2. 实施阶段的研究方法
3. 总结评价阶段的研究方法

四、考核要求

第一节　小学教育科学研究的含义

(一) 科学研究及其价值
1. 识记：(1) 科学研究的含义。
2. 领会：(1) 科学研究的特性；(2) 教育科研的价值。
(二) 在小学开展教育科学研究的意义
1. 领会：(1) 小学教育的地位、特点及改革与发展状况；(2) 开展小学教育科学研究的意义。

第二节　小学教育科学研究的对象和主体

（一）小学教育科学研究的对象及其特殊性

1. 领会：（1）教育对象与教育科学研究对象的区别；（2）研究对象与研究客体的区别；（3）教育科学研究对象（即教育问题）的特殊性。

（二）小学教育科学研究的主体

1. 识记：（1）科研群体的涵义；（2）科研群体的类型；（3）科研群体的合理结构。

2. 领会：（1）个体研究者研究能力的构成；（2）研究人员的基本修养。

第三节 教育科学研究的过程和原则

（一）教育科学研究的一般过程

1. 识记：（1）教育科学研究过程的三个基本阶段

2. 领会：（1）教育科学研究过程是思维过程与工作步骤的统一；（2）教育科学研究准备阶段的工作及要领；（3）教育科学研究实施阶段的工作及要领。

（二）教育科学研究的原则

1. 识记：（1）教育科学研究的操作原则；（2）教育科研工作者必须遵循的伦理原则。

2. 简单应用：（1）运用教育科学研究的操作原则分析小学教育科研案例；（2）运用教育科研工作者必须遵循的伦理原则分析小学教育科研案例。

第四节　小学教育科学研究的基本方法

（一）科学方法及其特殊性

1. 识记：(1) 方法的含义；(2) 方法的性质。

2. 领会：(1) 科学方法的特殊性

(二) 小学教育科学研究方法的分类

1. 识记：(1) 科学方法的由来

2. 领会：(1) 教育研究方法的分类

(三) 小学教育科学研究中常用的方法

1. 识记：(1) 准备阶段的研究方法；(2) 实施阶段的研究方法；(3) 总结评价阶段的研究方法。

第二章　小学教育科学研究课题的选择与设计

一、学习目的与要求

学习本章要求了解课题的来源与类型，理解发现问题的思维策略及确定课题的步骤和方法，理解假设的作用和类型，掌握假设的表达方法；了解文献综述和课题论证的意义，掌握制定研究方案的技术。

本章的重点是问题的发现和课题的确定，难点是假设的提出和表述。

二、课程内容

第一节　问题的发现与课题的确定

（一）课题的来源与类型

（二）发现问题的思维策略

（三）确定课题的步骤与方法

第二节　文献检索与课题论证

（一）文献的检索与综述

（二）课题论证的步骤和内容

第三节　假设的提出与表述

（一）假设及其作用

（二）假设的基本类型

（三）假设的表达方法

第四节 研究方案的形成

（一）确定研究对象

（二）选择研究方法、手段

（三）制定行动计划

三、考核知识点

第一节 问题的发现与课题的确定

（一）课题的来源与类型

1. 课题的来源

（1）纵向的来源；（2）横向的来源；（3）研究者自选。

2. 课题的类型

（1）理论性课题和应用性课题；（2）承续性课题、再生性课题、热门性课题、创见性课题、开拓性课题。

（二）发现问题的思维策略

1. 发现问题的前提

（1）保持关注；（2）不安于现状。

2. 发现问题的具体策略

（1）怀疑；（2）变换思考角度；（3）类比与移植（4）探究与体察。

（三）确定课题的步骤与方法

1. 确定研究对象与内容

2. 考察主客观条件

（1）研究者的知识结构、研究能力和兴趣；

（2）设备、工具、经费；

（3）研究者工作性质和环境。

第二节　文献检索与课题论证

（一）文献的检索与综述

1. 了解前人的工作

2. 限定课题及假设

3. 提供研究思路和方法

（二）课题论证的步骤和内容

1. 课题论证的意义和步骤

2. 课题论证的实例

第三节　假设的提出与表述

（一）假设及其作用

1. 假设及其特性

2. 假设的作用

（二）假设的基本类型

1. 归纳假设、演绎假设和研究假设

2. 描述性假设、解释性假设和预测性假设

（三）假设的表达方法

1. 研究变量的含义

2. 确定因变量

3. 研究变量与假设

第四节　研究方案的形成

（一）确定研究对象

1. 明确对象总体和分析单位

2. 选择抽样方法

（1）概率抽样；（2）非概率抽样。

（二）选择研究方法、手段
（三）制定行动计划

四、考核要求

第一节　问题的发现与课题的确定

（一）课题的来源与类型
1. 识记：（1）课题的来源。
2. 领会：（1）课题的类型。
（二）发现问题的思维策略
1. 识记：（1）发现问题的前提。
2. 领会：（1）发现问题的具体策略。
3. 综合应用：（1）运用这些策略思考工作中的问题。
（三）确定课题的步骤与方法
1. 识记：（1）确定研究对象与内容；（2）考察主客观条件。

第二节　文献检索与课题论证

（一）文献的检索与综述
1、识记：文献检索对选题的意义
（二）课题论证的步骤和内容
1. 领会：（1）课题论证的意义和步骤。
2. 简单应用：分析课题论证的实例。

第三节　假设的提出与表述

（一）假设及其作用
1. 识记：（1）假设的含义；（2）假设的特性。
2. 领会：（1）假设的作用。
（二）假设的基本类型

1. 识记：(1) 归纳假设、演绎假设和研究假设；(2) 描述性假设、解释性假设和预测性假设。

2. 领会：(1) 研究任务、研究对象与假设类型的关系。

(三) 假设的表达方法

1. 识记：(1) 研究变量的含义；(2) 确定因变量；(3) 研究变量与假设的关系。

2. 综合应用：(1) 结合工作实际提出并表述1～2个假设。

第四节　研究方案的形成

(一) 确定研究对象

1. 识记：(1) 明确对象总体和分析单位。

2. 简单应用：(1) 根据需要选择抽样方法。

(二) 选择研究方法、手段

1. 领会：研究方法、手段与研究任务之间的对应性。

(三) 制定行动计划

1. 综合应用：(1) 结合工作实际提出一个研究课题并简要地写出方案及其执行计划（提纲式）。

第三章　教育观察法

一、学习目的与要求

学习本章应了解观察法在科研活动中的重要作用，理解教育观察法的涵义、特点、功能、类型和优缺点，理解并掌握教育观察法的设计及现场观察的实施，还应对观察法在小学教育研究中的综合运用有所了解。

本章重点是观察法的一般原理、教育现场观察的实施、观察法在小学教育研究中的综合运用，难点是观察法的设计。

二、课程内容

第一节　教育观察法概述

（一）教育观察法的含义、特点和功能

（二）教育观察法的分类

（三）教育观察法的优缺点

第二节　教育观察法的设计

（一）确定观察内容

（二）选择观察方式

（三）制定观察记录表和记录代码系统

（四）训练观察人员

第三节　教育现场观察

（一）教育现场观察的实施步骤

（二）教育现场观察的利与弊

第四节 观察法在小学教育研究中的综合运用

（一）无结构的非参与观察
（二）无结构参与观察
（三）有结构、非参与式时间取样观察
（四）有结构、非参与式事件取样观察

三、考核知识点

第一节 教育观察法概述

（一）教育观察法的含义、特点和功能

1. 教育观察法的含义

（1）教育观察法的定义；（2）教育观察法与日常观察的异同。

2. 教育观察法的主要特点

（1）有明确的观察目的；（2）有系统的计划；（3）处于自然状态。

3. 教育观察法的功能

（1）了解学生各方面情况；（2）了解教师的教育教学活动；（3）了解师生关系；（4）了解学生或教师的群体气氛；（5）了解其他教育影响的作用。

（二）教育观察法的分类

1. 自然观察法和实验观察法

（1）这两种观察法的含义、特点；（2）这两种观察法的比较。

2. 直接观察法和间接观察法

（1）这两种观察法的含义、特点；（2）这两种观察法的比较。

3. 参与观察法和非参与实验观察法

（1）这两种观察法的含义、特点；（2）这两种观察法的比较。

4. 有结构观察法和无结构观察法

（1）这两种观察法的含义、特点；（2）这两种观察法的比较。

5. 时间取样观察法和事件取样观察法

(1) 这两种观察法的含义、特点；(2) 这两种观察法的比较。

(三) 教育观察法的优缺点

1. 教育观察法的主要优点

2. 教育观察法的主要缺点

第二节　教育观察法的设计

(一) 确定观察内容

(二) 选择观察方式

(三) 制定观察记录表和记录代码系统

1. 制定观察记录表

2. 制定记录代码系统

(四) 训练观察人员

第三节　教育现场观察

(一) 教育现场观察的实施步骤

1. 获准进入现场

2. 与现场有关人员建立友善关系

3. 观察和记录

(1) 写现场笔记的要求；(2) 现场笔记的内容。

4. 对付危机

5. 整理分析资料

(二) 教育现场观察的利与弊

1. 教育现场观察的主要优点

2. 教育现场观察的主要缺点

第四节　观察法在小学教育研究中的综合运用

(一) 无结构的非参与观察

1. 特点　2. 内容　3. 方式

（二）无结构参与观察

1. 特点　2. 步骤及实例

（三）有结构、非参与式时间取样观察

1. 步骤　2. 实例

（四）有结构、非参与式事件取样观察

1. 确定所要观察的事件或行为

2. 制定记录表并实施观察和记录

四、考核要求

第一节　教育观察法概述

（一）教育观察法的含义、特点和功能

1. 识记：(1) 教育观察法的定义。

2. 领会：(1) 教育观察法与日常观察的异同；(2) 教育观察法的主要特点；(3) 教育观察法的功能。

（二）教育观察法的分类

1. 识记：(1) 自然观察法和实验观察法的含义、特点及二者的比较；(2) 时间取样观察法和事件取样观察法的含义、特点及二者的比较。

2. 领会：(1) 直接观察法和间接观察法的含义、特点及二者的比较；(2) 参与观察法和非参与实验观察法的含义、特点及二者的比较；(3) 有结构观察法和无结构观察法的含义、特点及二者的比较。

（三）教育观察法的优缺点

1. 识记：(1) 教育观察法的主要优点；(2) 教育观察法的主要缺点。

2. 简单应用：(1) 思考在实践中如何扬长避短。

第二节　教育观察法的设计步骤

（一）确定观察内容

1. 识记：合格观察内容应具备的条件。

2. 简单应用：设想哪些行为表现可以作为“疲劳”（或其他现象）的观察项目。

（二）选择观察方式

1. 简单应用：对儿童攻击性（或其他）行为的性别差异的研究可采取哪些观察方式。

（三）制定观察记录表和记录代码系统

1. 识记：观察记录表的功能。

2. 领会：弗兰德斯师生互动观察类目系统设计的意图。

3. 简单应用：制定一套儿童家庭饮食（或其他）情况观察项目及代码系统。

（四）训练观察人员

1. 领会：训练观察人员的重要性。

第三节　教育现场观察

（一）教育现场观察的实施步骤

1. 识记：（1）获准进入现场的条件；（2）现场观察记录的方式；（3）现场笔记的内容和要求。

2. 领会：（1）与现场有关人员建立友善关系的意义；（2）对付危机的策略及重要性；（3）观察资料整理分析的步骤及要求。

3. 简单应用：联系实际思考教育现场观察在小学教育科研中运用的重要性和普遍性。

（二）教育现场观察的利与弊

1. 识记：（1）教育现场观察的主要优缺点。

2. 简单应用：（1）思考在实践中如何扬长避短。

第四节　观察法在小学教育研究中的综合运用

（一）无结构的非参与观察

1. 识记：（1）无结构非参与式模式的内容（情境、人物、行为表现、频率及持续时间）；（2）无结构非参与式观察的方式。

2. 领会：无结构非参与式观察的特点及意义。

（二）无结构参与观察

1. 识记：无结构参与式观察的步骤。

2. 领会：无结构参与式观察的特点。

3. 简单应用：分析无结构参与式观察实例。

（三）有结构、非参与式时间取样观察

1. 识记：有结构、非参与式时间取样观察的实施步骤。

2. 简单应用：分析有结构、非参与式时间取样观察实例。

（四）有结构、非参与式事件取样观察

1. 领会：有结构、非参与式事件取样观察的实施要点（确定所要观察的事件或行为，制定记录表并实施观察和记录）。

第四章　教育调查法

一、学习目的和要求

学习本章的目的在于领会教育调查法的含义、特点、类型及其优缺点，了解教育调查法的实施过程，领会问卷调查法与访谈调查法的异同，掌握问卷调查法和访谈调查法的基本原理、研究技术以及实施规范。

本章重点是教育调查法的含义、特点、类型及其优缺点，难点是问卷调查法和访谈调查法的原理和技术。这是考生在学习过程中应重点领会和把握的。

二、课程内容

第一节　教育调查法概述

（一）教育调查法的含义和特点

（二）教育调查法的功能及其优缺点

（三）教育调查法的类型

（四）教育调查研究的一般步骤

第二节　问卷调查法

（一）问卷调查法的特点

（二）问卷的种类

（三）问卷的设计与编制

第三节　访谈调查法

（一）访谈调查法的含义及特点

（二）访谈调查法的类型

（三）访谈调查的过程与访谈技巧

第四节　测量调查法

（一）测量的含义

（二）常用测量工具简介

（三）常用的测量方法

三、考核知识点

第一节　教育调查法概述

（一）教育调查法的含义和特点

1. 教育调查法的概念

（1）教育调查法的定义；（2）教育调查法要考察的四个层次

2. 教育调查法的基本特点

（1）研究对象上的特点；（2）研究目的上的特点；（3）研究方法性质上的特点。

（二）教育调查法的功能及其优缺点

1. 教育调查法的基本功能

2. 教育调查法的优点和缺点

（三）教育调查法的类型

1. 常模调查与比较调查

（1）含义及特点；（2）二者的比较。

2. 普遍调查与抽样调查

（1）含义及特点；（2）二者的比较。

3. 问卷调查与访谈调查

（1）含义及特点；（2）二者的比较。

4. 综合调查与专题调查

（1）含义及特点；（2）二者的比较。

5. 团体调查与个案调查

(1) 含义及特点；(2) 二者的比较。

(四) 教育调查研究的一般步骤

1. 确定与明确调查研究课题

2. 选取调查对象

3. 确定调查内容、编制或选用调查工具

4. 制定调查的实施计划

5. 搜集整理调查资料、撰写研究报告

第二节 问卷调查法

(一) 问卷调查法的特点

1. 问卷调查法的概念

2. 问卷调查法的优缺点

(二) 问卷的种类

1. 封闭式问卷和开放式问卷

2. 标准化问卷和自编问卷

3. 送发问卷和邮寄问卷

(三) 问卷的设计与编制

1. 问卷的一般结构

2. 问题的设计

(1) 问题的类型：事实性问题和态度性问题；(2) 问题的表述；(3) 问题答案的设计；(4) 问题的数量；(5) 问题的排列。

3. 问卷设计的步骤

(1) 初步设计；(2) 试用；(3) 修订。

第三节 访谈调查法

(一) 访谈调查法的含义及特点

1. 访谈调查法的概念

2. 访谈调查法的优缺点

3. 访谈调查法与问卷调查法的比较

（二）访谈调查法的类型

1. 结构性访谈与非结构性访谈

2. 一次性访谈和重复性访谈

3. 个别访谈和集体访谈

（三）访谈调查的过程与访谈技巧

1. 访谈调查的基本过程

（1）设计访谈问题；（2）访谈准备；（3）正式提问。

2. 访谈调查过程的基本要求

第四节 测量调查法

（一）测量的含义

1. 测量的定义

2. 测量的要素

（二）常用测量工具的简介

1. 成就测验

2. 智力测验

3. 能力倾向测验

4. 人格测验

（三）常用的测量方法

1. 客观测量法

2. 主观反应测量法

四、考核要求

第一节 教育调查法概述

（一）教育调查法的含义和特点

1. 识记：（1）教育调查法的定义；（2）教育调查法要考察的四个层次。

2. 领会：(1) 教育调查法在研究对象上、研究目的上和研究方法性质上的特点。

(二) 教育调查法的功能及其优缺点。

1. 领会：(1) 教育调查法的基本功能；(2) 教育调查法的优点和缺点。

(三) 教育调查法的类型

1. 识记：(1) 常模调查与比较调查的含义、特点及二者的比较；(2) 普遍调查与抽样调查的含义、特点及二者的比较；(3) 综合调查与专题调查的含义、特点及二者的比较；(4) 团体调查与个案调查的含义、特点及二者的比较。

2. 领会：(1) 问卷调查与访谈调查这两种调查法的含义、特点及二者的比较。

(四) 教育调查研究的一般步骤

1. 领会：(1) 确定与明确调查研究课题；(2) 选取调查对象；(3) 确定调查内容、编制或选用调查工具；(4) 制定调查的实施计划；(5) 搜集整理调查资料、撰写研究报告。

2. 综合应用：(1) 能按这一基本步骤要求构思研究计划。

第二节　问卷调查法

(一) 问卷调查法的特点

1. 识记：(1) 问卷调查法的概念；(2) 问卷调查法的优缺点。

(二) 问卷的种类

1. 识记：(1) 封闭式问卷和开放式问卷；(2) 标准化问卷和自编问卷；(3) 送发问卷和邮寄问卷。

(三) 问卷的设计与编制

1. 识记：(1) 问卷的一般结构。

2. 领会：(1) 问题的设计；(2) 问卷设计的步骤。

3. 综合应用：(1) 按要求编制一份问卷。

第三节　访谈调查法

（一）访谈调查法的含义及特点

1．识记：（1）访谈调查法的概念；（2）访谈调查法的优缺点。

2．领会：（1）访谈调查法与问卷调查法的比较。

（二）访谈调查法的类型

1．识记：（1）结构性访谈与非结构性访谈；（2）一次性访谈和重复性访谈；（3）个别访谈和集体访谈。

（三）访谈调查的过程与访谈技巧

1．领会：（1）访谈调查的基本过程；（2）访谈调查过程的基本要求。

2．综合应用：（1）按要求编制一份访谈提纲；（2）尝试一次访谈。

第四节　测量调查法

（一）测量的含义

1．识记：（1）测量的定义；（2）测量的要素。

（二）常用测量工具简介

1．识记：（1）成就测验；（2）智力测验；（3）能力倾向测验；（4）人格测验。

（三）常用的测量方法

1．识记并能应用（1）客观测量法；（2）主观反应测量法。

第五章　教育实验法

一、学习目的和要求

学习本章的目的是：了解教育实验法的历史、类型；领会教育实验法的含义、特征、优缺点；掌握教育实验的基本结构、教育实验变量控制的原理与方法、教育实验评价理论与策略。

本章的重点和难点在于教育实验过程的一般原理与技术，特别是教育实验的变量的设计与控制。

二、课程内容

第一节　教育实验法概述

（一）教育实验法的历史发展
（二）教育实验的含义及特点
（三）教育实验的基本结构
（四）教育实验法的类型
（五）教育实验法的优缺点
（六）教育实验法的基本步骤

第二节　教育实验的设计与变量控制

（一）教育实验的设计
（二）变量控制

第三节　教育实验质量的评价

（一）教育实验方案的评价
（二）教育实验过程与结果的评价

三、考核知识点

第一节　教育实验法概述

（一）教育实验法的历史发展

1. 自然科学实验发展的简要脉络

2. 教育实验法的产生和发展

（二）教育实验的含义及特点

1. 教育实验法的概念

2. 教育实验法的质的规定性

3. 教育实验法的特点

（三）教育实验的基本结构

1. 自变量

2. 因变量

3. 无关变量

4. 三个变量之间的逻辑关系

（四）教育实验法的类型

1. 实验室实验和自然实验

2. 前实验、准实验和真实验

3. 探索性实验和验证性实验

4. 单因子实验和多因子实验

（五）教育实验法的优缺点

1. 教育实验法的优点

2. 教育实验法的局限性

（六）教育实验法的基本步骤

1. 教育实验的准备

（1）确定课题；（2）提出理论假设；（3）选择被试、分解实验变量、进行实验设计；（4）选择或编制实验工具或手段。

2. 教育实验的实施

（1）操纵自变量；（2）控制无关变量；（3）观察和测量因变量。

3. 教育实验的总结与评价

（1）整理资料、得出实验结论；（2）评价实验结论；（3）撰写实验报告。

第二节　教育实验的设计与变量控制

（一）教育实验的设计

1. 前实验的概念、设计的特点

2. 准实验的概念、设计的特点

3. 真实验的概念、设计的特点

（二）变量控制

1. 被试分配方法

2. 自变量的选择与操纵

3. 因变量的观测

4. 无关变量的来源及控制

第三节　教育实验质量的评价

（一）教育实验方案的评价

1. 教育实验方案的构成

2. 教育实验方案的评价

（二）教育实验过程与结果的评价

1. 实验的内在效度

2. 实验的外在效度

四、考核要求

第一节　教育实验法概述

（一）教育实验法的历史发展

1. 领会：（1）自然科学实验发展的简要脉络；（2）教育实验法

的产生和发展。

（二）教育实验的含义及特点

1. 识记：（1）实验法的含义；（2）教育实验法的概念。

2. 领会：（1）教育实验法的质的规定性；（2）教育实验法的特点。

（三）教育实验的基本结构

1. 识记：（1）自变量的含义；（2）因变量的含义；（3）无关变量的含义。

2. 领会：（1）三个变量之间的逻辑关系。

（四）教育实验法的类型

1. 识记：（1）实验室实验和自然实验；（2）前实验、准实验和真实验；（3）探索性实验和验证性实验；（4）单因子实验和多因子实验。

2. 简单应用：（1）识别实验案例的类属。

（五）教育实验法的优缺点

1. 识记：（1）教育实验法的优点；（2）教育实验法的局限性。

（六）教育实验法的基本步骤

1. 识记：（1）教育实验的准备；（2）教育实验的实施；（3）教育实验的总结与评价。

第二节　教育实验的设计与变量控制

（一）教育实验的设计

1. 领会：（1）前实验的概念、设计的特点；（2）准实验的概念、设计的特点；（3）真实验的概念、设计的特点。

2. 简单应用：识别文献资料中教育实验研究案例的设计类型及特点。

（二）变量控制

1. 领会：（1）自变量的选择与操纵；（2）因变量的观测；（3）无关变量的来源及控制。

2. 简单应用：识别文献资料中教育实验研究案例里的各种变

量。

3. 综合应用：会使用几种基本的被试分配方法。

第三节 教育实验质量的评价

（一）教育实验方案的评价

1. 识记：（1）教育实验方案的构成。

2. 简单应用：（1）教育实验方案的评价。

（二）教育实验过程与结果的评价

1. 领会：（1）实验的内在效度；（2）实验的外在效度。

第六章　教育经验总结

一、学习目的与要求

学习本章要求理解经验、经验思维方法、教育经验总结的意义和特点，掌握个人经验总结和群体经验总结的方法，能分析评价他人的经验总结。

本章的重点内容是经验总结法的基本原理，群体经验总结的步骤，难点是经验思维方法和理论思维方法的关系。

二、课程内容

第一节　教育经验总结概述

（一）经验和教育经验
（二）教育经验总结中的经验思维方法和理论思维方法
（三）教育经验总结的意义
（四）教育经验总结的特点

第二节　教育经验总结的方式和步骤

（一）个人教育经验总结的基本方式
（二）群体经验总结的主要步骤

第三节　教育经验总结研究案例

（一）某县总结数学教学经验的实例
（二）对这个案例的评价

三、考核知识点

第一节　教育经验总结概述

（一）经验和教育经验

1. 经验的含义

2. 教育经验的含义和层次

（二）教育经验总结中的经验思维方法和理论思维方法

1. 教育经验总结的含义

2. 在教育经验总结的不同阶段运用不同的思维方法

（三）教育经验总结的意义

1. 丰富和发展教育理论

2. 有助于行政和研究人员了解实际

3. 为教育实践提供指导

4. 找到教育科研深化发展的起点

5. 增进教师素质、提高教育质量

（四）教育经验总结的特点

1. 经验模式的独特性

2. 加工对象的生动性

3. 方法的综合性和感性具体性

4. 方式的回溯性

第二节　教育经验总结的方式和步骤

（一）个人教育经验总结的基本方式

1. 理论转化

2. 问题－改进－总结

3. 点滴积累

（二）群体经验总结的主要步骤

1. 发现经验

2. 总结和筛选经验

3. 推广经验

第三节　教育经验总结研究案例

（一）某县总结数学教学经验的实例

（二）对这个案例的评价

四、考核要求

第一节　教育经验总结概述

（一）经验和教育经验

1. 识记：（1）经验的含义；（2）教育经验的含义和层次。

（二）教育经验总结中的经验思维方法和理论思维方法

1. 领会：（1）教育经验总结的含义；（2）在教育经验总结的不同阶段运用不同的思维方法。

（三）教育经验总结的意义

1. 领会：（1）教育经验总结的意义：丰富和发展教育理论、有助于行政和研究人员了解实际、为教育实践提供指导、找到教育科研深化发展的起点、增进教师素质、提高教育质量。

（四）教育经验总结的特点

1. 领会：（1）经验模式的独特性；（2）加工对象的生动性；（3）方法的综合性和感性具体性；（4）方式的回溯性。

第二节　教育经验总结的方式和步骤

（一）个人教育经验总结的基本方式

1. 领会：个人经验总结的三种基本方式：理论转化、问题－改进－总结、点滴积累。

（二）群体经验总结的主要步骤

1. 领会：（1）群体经验总结的主要步骤：发现经验、总结和筛选经验、推广经验。

第三节　教育经验总结研究案例

（一）某县总结数学教学经验的实例

1. 简单应用：（1）概括这个实例的主要内容。

（二）对这个案例的评价

1. 综合应用：（1）评价这个研究案例。

第七章　教育文献研究

一、学习目的与要求

学习这一章要着重理解文献、教育文献及其研究的一般原理，深刻理解文献法和内容分析法的联系与区别，初步掌握这两种方法的实施步骤。

本章的重点是文献法和内容分析法的含义、特点及二者之间的联系与区别，难点是内容分析的基本模式。

二、课程内容

第一节　教育文献研究概述

（一）文献及文献等级

（二）教育文献的主要分布

第二节　文献法及其实施

（一）文献法概述

（二）教育文献的搜集、鉴别与整理

第三节　内容分析法及其实施

（一）内容分析法概述

（二）内容分析法的实施步骤

三、考核知识点

第一节　教育文献研究概述

（一）文献及文献等级

1. 文献的含义

2. 文献的等级划分

（二）教育文献的主要分布

1. 书籍

2. 报刊

3. 教育档案类

第二节　文献法及其实施

（一）文献法概述

1. 文献法的含义

2. 文献法的特点与局限性

3. 文献法在教育研究中的作用

（二）教育文献的搜集、鉴别与整理

1. 教育文献的搜集

2. 教育文献的鉴别

（1）外审法；（2）内审法。

3. 教育文献的整理

第三节　内容分析法及其实施

（一）内容分析法概述

1. 内容分析法的含义

2. 内容分析法与文献法的异同

（二）内容分析法的实施步骤

1. 抽取文献样本

2. 界定分析类目和记录单位

3. 对文献内容作量化处理

4. 比较分析数据、得出研究结论

四、考核要求

第一节　教育文献研究概述

（一）文献及文献等级

1. 识记：（1）文献的含义；（2）文献的等级划分。

（二）教育文献的主要分布

1. 识记：（1）文献的主要分布：书籍、报刊、教育档案类。

第二节　文献法及其实施

（一）文献法概述

1. 识记：（1）文献法的含义；（2）文献法的特点与局限性。

2. 领会：（1）文献法的特点与局限性；（2）文献法在教育研究中的作用。

（二）教育文献的搜集、鉴别与整理

1. 识记：（1）外审法；（2）内审法。

2. 领会：（1）教育文献的搜集；（2）教育文献的鉴别；（3）教育文献的整理。

第三节　内容分析法及其实施

（一）内容分析法概述

1. 识记：（1）内容分析法的含义。

2. 领会：（1）内容分析法与文献法的异同。

（二）内容分析法的实施步骤

1. 识记：（1）抽取文献样本；（2）界定分析类目和记录单位；（3）对文献内容作量化处理；（4）比较分析数据、得出研究结论。

2. 综合应用：(1) 选择恰当的内容分析模式，进行以文献为对象的课题研究。

第八章 教育理论研究

一、学习目的和要求

学习本章的目的是：了解教育研究的一般特点、功能及其一般过程；领会教育理论构成要求，并掌握教育定义、教育命题的意义和方法；把握教育理论研究的具体方法。

本章的重点和难点是教育定义、教育命题的意义和方法、教育理论研究的具体方法。

二、课程内容

第一节 教育理论研究概述

（一）教育理论研究及其任务
（二）教育理论的构成
（三）教育理论研究的特点
（四）教育理论研究的功能

第二节 形成教育理论的过程和方法

（一）教育理论研究的基本过程
（二）形成教育理论研究的基本方法

三、考核知识点

第一节 教育理论研究概述

（一）教育理论研究及其任务

1. 理论及教育理论

2. 教育理论研究的基本任务

（二）教育理论的构成

1. 教育概念

(1) 教育概念的类型；(2) 教育概念之间的关系。

2. 教育命题

(1) 教育命题的类型；(2) 教育命题的意义性。

（三）教育理论研究的特点

1. 概括性和间接性

2. 多样性和不确定性

3. 继承性和超前性

（四）教育理论研究的功能

1. 深化认识、揭示规律

2. 构建、完善理论

3. 检验观念、证明研究成果

第二节　形成教育理论的过程和方法

（一）教育理论研究的基本过程

1. 确定课题

2. 搜集和分析文献

3. 明确理论分析框架、选择具体的研究方法

4. 撰写论文或报告

（二）形成教育理论研究的基本方法

1. 教育历史－逻辑方法：教育研究的历史感

2. 基本的逻辑思维方法

(1) 比较与分类；(2) 分析与综合；(3) 归纳、演绎和类比。

3. 系统科学方法

(1) 系统方法；(2) 信息和控制方法；(3) 结构与功能方法。

四、考核要求

第一节　教育理论研究概述

（一）教育理论研究及其任务

1. 识记：（1）理论；（2）教育理论。

2. 领会：（1）教育理论研究加工的对象；（2）教育理论研究的基本任务。

（二）教育理论的构成

1. 识记：（1）概念，教育概念；（2）命题，教育命题。

2. 领会：（1）教育概念的类型：正概念和负概念；集合概念和非集合概念；关系概念和属性概念；约定性定义、描述性定义与纲领性定义；（2）教育概念之间的关系：相容关系和不相容关系。

3. 领会：（1）教育命题的类型：模态命题和非模态命题；事实命题与价值命题；（2）教育命题的意义性。

4. 简单应用：（1）能指出教育学专著、教材中一些概念的类属；（2）能指出教育学专著、教材中一些命题的类属。

（三）教育理论研究的特点

1. 领会：（1）教育理论研究的特点：概括性和间接性、多样性和不确定性、继承性和超前性。

（四）教育理论研究的功能

1. 领会：（1）教育理论研究的功能：深化认识、揭示规律，构建、完善理论，检验观念、证明研究成果。

第二节　形成教育理论的过程和方法

（一）教育理论研究的基本过程

1. 识记：（1）确定课题；（2）搜集和分析文献；（3）明确理论分析框架、选择具体的研究方法；（4）撰写论文或报告。

2. 简单应用：（1）按这一过程构思一项研究。

（二）形成教育理论研究的基本方法

1. 识记并领会：（1）教育的历史－逻辑方法，教育研究的历史感；（2）识记并初步掌握：基本的逻辑思维方法：比较与分类；分析与综合；归纳、演绎和类比。

2. 识记：系统科学方法：系统方法；信息和控制方法；结构与功能方法。

第九章　研究数据的处理技术

一、学习目的与要求

学习本章应理解教育统计的一般原理，掌握最常用的教育统计的技术和方法，以便适应小学教育科学研究中处理数据的要求。

本章的重点内容是常用的统计表、统计图、统计量数（如集中量数、差异量数、地位量数和相关量数），还有抽样方法。本章中的相关系数、正态分布和差异显著性检验属难点内容，为了不加重学习负担，在考试大纲中只是作为参考内容，试卷中至多以概念题方式出现。

二、课程内容

第一节　研究数据的描述统计方法

（一）描述统计方法简述

（二）统计表

（三）统计图

（四）次数分布表与次数分布图

（五）常用统计量数

第二节　研究数据的推断统计方法

（一）抽样方法

（二）平均数差异的显著性检验

（三）比例差异的显著性检验

（四）χ^2 检验

三、考核知识点

第一节　研究数据的描述统计方法

（一）描述统计方法简述

1. 数据处理方法的分类

2. 描述统计方法的优点

（二）统计表

1. 统计表的功能

2. 编制统计表的一般要求

3. 几种常用的统计表

（三）统计图

1. 统计图的意义与特点

2. 几种常用的统计图

（四）次数分布表与次数分布图

1. 次数分布表

2. 次数分布图

（五）常用统计量数

1. 集中量数

2. 差异量数

3. 地位量数

4. 相关系数（仅就概念方面命题）

第二节　研究数据的推断统计方法

（一）抽样方法

1. 概率

2. 样本和总体

3. 抽样误差和抽样偏差

4. 概率抽样

5. 非概率抽样

（二）平均数差异的显著性检验（不考计算，只考概念）

（三）比例差异的显著性检验（不考计算，只考概念）

（四）χ^2 检验（不考计算，只考概念）

四、考核要求

第一节　研究数据的描述统计方法

（一）描述统计方法简述

1. 领会：数据处理方法的分类

（二）统计表

1. 识记：（1）统计表的功能；（2）统计表的分类。

2. 简单应用：编制几种常用的统计表。

（三）统计图

1. 识记：（1）统计图的意义与特点；（2）几种常用统计图。

2. 简单应用：绘制几种常用的统计图。

（四）次数分布表与次数分布图

1. 识记：（1）次数分布表；（2）次数分布图。

2. 简单应用：绘制上述表、图。

（五）常用统计量数

1. 识记：（1）平均数的概念和计算公式；（2）标准差的概念和计算公式；（3）标准分数的概念和计算公式；（4）相关系数的概念和计算公式。

2. 领会：（1）平均数等集中量数的意义；（2）标准差等差异量数的意义；（3）标准分数等地位量数的意义；（4）相关系数的意义。

3. 综合应用：根据研究的需要计算平均数、标准差、标准分数等基本统计量数。

第二节　研究数据的推断统计方法

（一）抽样方法

1. 领会：（1）概率的含义；（2）样本和总体的含义；（3）抽样

误差和抽样偏差的含义；（4）概率抽样的含义和用途；（5）非概率抽样的含义和用途。

2. 综合应用：根据研究的需要选用合适的抽样方法。

（二）平均数差异的显著性检验

1. 领会：平均数差异的显著性检验的含义和作用。

（三）比例差异的显著性检验

1. 领会：比例差异的显著性检验的含义和作用。

（四）χ^2 检验

1. 领会：χ^2 检验的含义和作用。

第十章　教育科学研究成果的表述与评价

一、学习目的与要求

本章的学习要求理解教育科学研究成果的分类、研究报告的格式，理解教育科学研究成果评价的意义、标准、方法及组织形式，学会撰写小型课题研究的报告和篇幅不长的学术论文。

本章的重点是教育科学研究成果的表述，尤其是教育调查、教育实验报告和学术论文的撰写；关于教育科学研究成果表述的基本要求，在理解上虽不难，但要实际做到并非易事。

二、课程内容

第一节　教育科学研究成果的表述

（一）教育科研成果的分类
（二）研究报告的一般格式
（三）研究报告的具体格式
（四）学位论文或学术论文
（五）教育科研成果撰写的基本要求和写作方式

第二节　教育科学研究成果的评价

（一）教育科研成果评价的意义
（二）教育科研成果评价的标准
（三）教育科研成果评价的方法及组织形式

三、考核知识点

第一节　教育科学研究成果的表述

（一）教育科研成果的分类

1. 关于教育事实的研究报告

2. 关于教育理论的研究成果

3. 综合性研究成果

（二）研究报告的一般格式

1. 题目和摘要

2. 报告的主体：引言、方法、结果和讨论。

3. 参考文献、附录和注释

（三）研究报告的具体格式

1. 教育调查报告

2. 教育实验报告

（四）学位论文或学术论文

1. 学术论文的特点

2. 学术论文本论部分的论述形式

（1）平列分论式；（2）层递推论式；（3）平列层递结合式。

（五）教育科研成果撰写的基本要求和写作方式

1. 在科学求实的基础上创新

2. 观点和材料的一致性

3. 在独立思考基础上借鉴吸收

4. 书写格式等合乎规范，文字精炼，表达准确完整

第二节　教育科学研究成果的评价

（一）教育科研成果评价的意义

（二）教育科研成果评价的标准

1. 学术价值和社会价值

2. 建立教育科研成果评价指标体系应遵循的要求

（三）教育科研成果评价的方法及组织形式

1. 定性评价和定量评价

2. 通讯评价和会议评价

3. 三类评价主体：自我、同行专家、行政部门。

四、考核要求

第一节　教育科学研究成果的表述

（一）教育科研成果的分类

1. 识记：（1）关于教育事实的研究报告；（2）关于教育理论的研究成果；（3）综合性研究成果。

（二）研究报告的一般格式

1. 识记：（1）题目和摘要；（2）报告的主体：引言、方法、结果和讨论；（3）参考文献、附录和注释。

（三）研究报告的具体格式

1. 识记：（1）教育调查报告；（2）教育实验报告。

2. 综合运用：结合前面章节的学习，尝试研究报告的撰写。

（四）学位论文或学术论文

1. 识记：（1）学术论文的特点；（2）学术论文本论部分的论述形式。

2. 综合应用：尝试撰写学术论文。

（五）教育科研成果撰写的基本要求和写作方式

1. 领会：（1）在科学求实的基础上创新；（2）观点和材料的一致性；（3）在独立思考基础上借鉴吸收；（4）书写格式等合乎规范，文字精炼，表达准确完整。

2. 应用：用上述要求指导写作或评价他人写作。

第二节　教育科学研究成果的评价

（一）教育科研成果评价的意义

1. 领会：（1）教育科学研究成果评价的意义。

（二）教育科研成果评价的标准

1. 识记：（1）学术价值和社会价值；（2）建立教育科研成果评价指标体系应遵循的要求。

（三）教育科研成果评价的方法及组织形式

1. 识记：（1）定性评价和定量评价；（2）通讯评价和会议评价；（3）三类评价主体：自我、同行专家、行政部门。

2. 应用：初步掌握定性、定量两种评价方法。

Ⅲ　有关说明与实施要求

为了使本大纲的规定在个人自学、社会考试命题中得到贯彻和落实，特对有关问题作如下说明，并进而提出具体实施要求：

一、关于考核目标的说明

为使考试内容具体化和考试要求标准化，本大纲在列出考试内容的基础上，对各章规定了考核目标，包括考核知识点和考核要求。明确考核目标，使自学应考者能够进一步明确考试内容和要求，更有目的地系统学习教材；使考试命题能够更加明确命题范围，更准确地安排试题的知识能力层次和难易度。

本大纲在考核目标中，按照文科类专业课程自学考试的识记、领会、简单应用、综合应用四个层次规定其应达到的能力层次要求。四个能力层次是递进等级关系。各能力层次的含义是：

识记：要求能知道本课程中有关的名词、概念、原理、知识的含义，并能正确认识和表述。是初级层次的要求。

领会：要求在识记的基础上，能全面把握本课程中的基本概念、基本原理、基本方法，能掌握有关概念、原理、方法的区别与联系。是较高层次的要求。

简单应用：在领会的基础上，能运用本课程中的基本概念、基本原理、基本方法中的少量知识点分析和解决有关的理论问题和实际问题。

综合应用：是要求在简单应用的基础上，能用学过的本课程规定的多个知识，综合分析和解决比较复杂的问题。是最高层次的要求。

二、关于自学教材

指定教材:《小学教育科学研究》,全国高等教育自学考试指导委员会组编,杨小微主编,高等教育出版社出版。

推荐参考材料:《教育研究方法导论》,裴娣娜编著,安徽教育出版社,1994 年版。

《教育研究及其方法》,叶澜著,中国科学技术出版社,1990 年版。

三、自学方法指导

1. 在全面系统学习基础上掌握基本理论、基本知识、基本方法。本课程内容涉及教育科学研究的基本原理、主要方法和技术及其在小学教育领域中的应用,知识范围广泛,各章之间既有联系又相对独立。自学应考者应首先全面系统地学习各章,记忆应当识记的基本概念、名词,深入领会基本理论,弄懂基本方法的内涵;其次,要认识各章之间的联系,注意区分相近的概念和相通的方法,并掌握它们之间的联系;再次,在全面系统学习的基础上掌握重点,有目的地深入学习重点章节,但切忌在没有全面学习教材的情况下孤立地去抓重点。

2. 把学习有关方法的原理和应用这些方法结合起来。本课程内容既有理论又有方法,自学应考者应在学习教育科学研究基本原理的同时掌握具体实用的方法。首先要弄懂各种方法(包括计算公式)所包含的观念、程序(步骤)和要领;其次,要学会正确运用这些方法去解决有关的教育问题。

3. 重视理论联系实际,结合教育改革的实践进行学习。本课程阐述的内容来源于教育改革实践,与国家的教育事业发展及个人成长密切相关。自学应考者在学习中应把课程的内容同我国现实教育生活联系起来,与自己的本职工作实践联系起来,以增强感性认识,更深刻地领会教材的内容,将知识转化为能力,提高自己提出问题和解决问题的能力,逐步树立科研兴教的现代观念。

四、对社会助学的要求

1. 社会助学者应根据本大纲规定的考试内容和考核目标,认真钻研指定教材，明确本课程与其他课程不同的特点和学习要求，对自学应考者进行切实有效的辅导，引导他们防止自学中的各种偏向，把握社会助学的正确导向。

2. 要正确处理基础知识和应用能力的关系，努力引导自学应考者将识记、领会同应用联系起来，有条件的应适当组织应考者开展科研实践，学会把基础知识和理论转化为应用能力，在全面辅导的基础上，着重培养和提高自学应考者的提出问题和解决问题的能力。

3. 要正确处理重点和一般的关系。课程内容有重点与一般之分，但考试内容是全面的，而且重点与一般是相互联系，不是截然分开的。社会助学者应指导自学应考者全面系统地学习教材，掌握全部考试内容和考核知识点，在此基础上再突出重点。总之，要把重点学习同兼顾一般结合起来，切勿孤立地抓重点，把自学应考者引向猜题押题。

五、关于命题考试的若干要求

1. 本课程的命题考试，应根据本大纲所规定的考试内容和考试目标来确定考试范围和考核要求，不要任意扩大或缩小考试范围，提高或降低考核要求。考试命题要覆盖到各章，并适当突出重点章节，体现本课程的内容重点。

2. 本课程在试题中对不同能力层次要求的分析比例，一般为：识记占 15%；领会占 30%；简单应用占 35%；综合应用占 20%。

3. 试题要合理安排难度结构。试题难易度可分为易、较易、较难、难四个等级。每份试卷中，不同难易度试题的分数比例一般为：易占 20%；较易占 30%；较难占 30%；难占 20%。必须注意，试题的难易度与能力层次不是一个概念，在各能力层次中都会存在不同难度的问题，切勿混淆。

4. 本课程考试试卷采用的题型，一般有：单项选择题、多项选择题、填空题、名词解释题、计算题、简答题、论述题等。各种题型的具体形式可参见本大纲附录。

附录 题型举例

一、单项选择题（在备选答案中只有一个是正确的，将其选出并把它的标号写在题后括号内）

1. 若因变量为思维的敏捷性，那么其检测的最适宜指标是（ ）。

A. 难度

B. 强度

C. 灵活度

D. 反应速度

2. 最早提出实验科学这一概念的是（ ）。

A. 弗朗西斯·培根

B. 罗吉尔·培根

C. 伽利略

D. 亚里士多德

二、多项选择题（在备选答案中有二至五个是正确的，将其全部选出并把它们的标号写在题后括号内。错选或漏选均不给分）

1. 在研究报告的一般格式中，属于其主体部分的内容有（ ）。

A. 引言

B. 方法

C. 结果

D. 讨论

E. 参考文献

2. 问卷调查的优点是（ ）。

A. 标准化程度高

B. 匿名性强

C. 效率高

D. 信息丰富

E. 过程灵活

三、填空题（将正确答案填入空内）

1. 根据是否使用仪器设备，可把观察分为__________观察和__________观察。

2. 教育实验中的基本变量是__________变量、__________变量和无关变量。

四、名词解释题

1. 科学研究

2. 真实验

五、计算题（根据所给资料及要求计算出结果或制作图表）

1. 求下列数据的标准差和平均数：

88　78　89　98　65　77　88　94

2. 试根据某班某次考试成绩的原始分数列出一个次数分布表，并作出一个次数多边图。(数据略)

六、简答题

1. 教育理论研究法有何特点？

2. 文献法与内容分析法有何异同？

七、论述题

1. 在小学教育研究中如何发现问题如何确定课题？

2. 试用教育实验法理论来评述某一个小学教育实验范例。

后记

《小学教育科学研究自学考试大纲》是根据1998年制定的全国高等教育自学考试小学教育专业考试计划的要求编写的。1998年7月教育类专业委员会召开审稿会议，对本大纲初稿进行了讨论、审查；1998年8月经主审复审定稿。

本大纲由华中师范大学杨小微教授主持编写。参加本大纲审稿会议并提出宝贵意见的有北京师范大学王英杰教授（主审）、北京教育学院李春山副教授、北京师范大学刘志军同志（参审）。

本大纲最后由教育类专业委员会主任王英杰教授审定。

全国高等教育自学考试指导委员会
教育类专业委员会
1998年9月